Chinese Creation

共和大業

金冲及　主編
歐陽軍喜
王憲明　等著

INTRODUCTORY

總序

席捲全國的辛亥革命，到現在整整一百年了。黨的十五大報告指出：「一個世紀以來，中國人民在前進道路上經歷了三次歷史性的巨大變化，產生了三位站在時代前列的偉大人物：孫中山、毛澤東、鄧小平。」第一次歷史性巨變是辛亥革命；第二次是中華人民共和國的成立和社會主義制度的建立；第三次是改革開放，爲實現社會主義現代化而奮鬥。這對辛亥革命是一個很高的評價，解決了辛亥革命的歷史定位問題。

在過去很長時間裏，人們對於辛亥革命的認識是不夠的，往往講它的消極和失敗的方面比較多，講它的歷史意義和對中國歷史的推進作用比較少。這有認識上的原因，也有時代的原因。曾經參加過辛亥革命的林伯渠同志於一九四一年在延安《解放日報》上寫了一篇文章，其中講道：「對於許多未經過帝王之治的青年，辛亥革命的政治意義是常被過低估計的。這並不足怪，因爲他們沒看到推翻幾千年因襲下來的專制政體是多麼不易的一件事。」當年的青年現在如果還在世的話已經九十來歲了。林伯渠同志七十年前講這番話的時候尚且如此，今天的青年對辛亥革命的認識嚴重不夠也就不難理解了。

時代的原因也很重要：辛亥革命雖然取得了很大成功，但並沒有從根本上推翻帝國主義和封建勢力的統治，中國半殖民地半封建的社會性質並沒有改變，人民的悲慘境遇也沒有改變。孫中山也總是強調「革命尚未成功，同志仍須努力」。所以在民主革命階段，包括共產黨人在內的先進人士著重強調的常常是辛亥革命並沒有從根本上解決問題這一面，以鼓舞人們繼續奮鬥去奪取勝利。因此，以前對辛亥革命的不足方面講得比較多是可以理解的。現在，已經過了一百年，中國人民已經站立起來並且取得了偉大的勝利，回過頭來看，我們自然可以對辛亥革命的歷史功績作出更冷靜、更全面、更客觀的評價。

把辛亥革命看作是二十世紀中國的第一次歷史性巨變，它的主要歷史功績至少體現在以下三個方面。

一 辛亥革命開創了完全意義上的近代民族民主革命

這是黨的十五大報告中對於辛亥革命的表述。但這句話似乎並沒有引起人們足夠的注意。說辛亥革命開創了完全意義上的近代民族民主革命，是說它在中華民族的歷史發展上提出了新的目標。

近代以來，中華民族遭受到的苦難實在太深重了。中華民族在古代曾經創造過燦爛的文明，但是到近代卻大大落後了。鴉片戰爭是中國近代歷史的開端，因爲從那時起，中國開始喪失作爲一個獨立國家擁有的完整主權和尊嚴，走上了聽憑外國殖民者欺淩和擺佈的半殖民地道路。此後，中華民族逐漸陷入苦難的深淵。當時，壓在中國人心頭的有兩塊巨石，一塊是帝國主義的壓迫，一塊是清政府的反動腐朽統治。

在一八九四年至一八九五年的中日甲午戰爭中，中國戰敗並被迫簽訂《馬關條約》。此後，民族危機空前加劇。親歷這場事變的革命前輩吳玉章同志在回憶錄中寫道：「這眞是空前未有的亡國條約！它使全中國都爲之震動。從前我國還只是被西方大國打敗過，現在竟被東方的小國打敗了，而且失敗得那樣慘，條約又訂得那樣苛，這是多麼大的恥辱啊！……我還記得甲午戰敗的消息傳到我家鄉的時候，我和我的二哥曾經痛哭不止……我們當時悲痛之深，實非言語所能表述。」可見甲午戰爭對中國人的震動和影響之大。

但事情的發展遠沒有到此爲止。一八九七年冬，德國出兵強租膠州灣，自此各國紛紛在中國強租領土，劃分勢力範圍。一九〇〇年，八國聯軍入侵中國，世界上幾乎所有帝國主義國家聯合起來，共同向一個國家發動戰爭，這在歷史上還是第一次。此後，八國聯軍佔領中國的首都——北京長達一年之久，並實行分區管制，居民要分別懸掛佔領國的國旗。這種恥辱，不能不深深刺痛中國人的心。九〇年後鄧小平同志還談道：「我是一個中國人，懂得外國侵略中國的歷史。當我聽到西方七國首腦會議決定要制裁中國，馬上就聯想到一九〇〇年八國聯軍侵略中國的歷史。七國中除加拿大外，其他六國再加上沙俄和奧地利就是當年組織聯軍的八個國家。要懂得些中國歷史，這是中國發展的一個精神動力。」接下來的一九〇四年至一九〇五年，日本和沙俄爲了爭奪在華利益，在中國東北進行了一場日俄戰爭，給中國人民帶來巨大災難。中朝兩國歷來唇齒相依，唇亡齒寒。一九一〇年，日本正式吞併朝鮮，又給了中國人很大的刺激。中華民族已到了瀕臨滅亡的邊緣。

長期以來，清政府以「天朝大國」自居，許多國人盲目自大、安於現狀。即便鴉片戰爭後，中國已開始淪爲半殖民地，但一般人的認識還很不足，危機意識不強。一八九四年甲午戰爭前夜，鄭觀應在其名著《盛世危言》中看到「時勢又變，屏藩盡撤，強鄰日逼」的嚴重局面，覺得需要危言聳聽地提出一系列改革主張，但是在書名中一定要加上「盛世」兩字，不敢說已是「盛世」，不然受到的壓力就太大了。一八九四年，孫中山成立了興中會，第一次提出了「振興中華」的口號。第二年，改良派的嚴復寫了一篇《救亡決論》，最先喊出「救亡」的口號。陳天華在《警世鐘》中說：「要革命的，這時可以革了，過了這時沒有命了」，反映出當時中國人那種焦慮和急迫的心情。

我們再來看看清政府的狀況。八國聯軍入侵中國後，流亡西安的清政府發出一道上諭，宣稱要「量中華之物力，結與國之歡心」。此時的清政府已儼然成爲一個「洋人的朝廷」。清政府還是一個極端專制的政府。在民怨沸騰、革命高潮日益逼近之際，清政府於一九〇八年頒佈的《欽定憲法大綱》的第一條就是：「大清皇帝統治大清帝國，萬世一系，永永尊戴。」它還規定國家頒佈法律、召開議會、調集軍隊、對外宣戰、簽訂條約等權力都集中在君主手中，特別強調「宣戰、講和、訂立條約及派遣使臣與認受使臣之權。國交之事，由君上親裁，不付議院議決」。可見，即使已到了窮途末路，清政府依然堅持那種極端專制的制度。甲午戰爭前，清政府每年的財政收入大體在白銀八千萬兩。而甲午戰爭失敗後向日本的賠款就達兩億三千萬兩白銀，加上分期繳付所需利息，相當於三年的全部財政收入。《辛丑合約》按照人均一兩白銀的標準，規定中國向列強賠款四億五千萬兩。這些錢從哪裏來？一方面，清政府大量舉借外債，這大大加深了對列強的依賴；另一方面，只能加重稅收、加緊搜刮國民。至宣統三年，國家的財政收入猛增到三億兩白銀。當然，這不是生產發展而只能是加緊剝削的結果。

如何改變這樣的危局？中國的出路在何方？太平天國運動、義和團運動、維新變法等許多嘗試最終都以失敗告終。此時，以孫中山爲代表的資產階級革命派登上了歷史舞臺。他不僅首先提出了「振興中華」的口號，而且組建成立了同盟會，提出了「民族、民權、民生」三大主義。也就是要實現民族獨立、民主政治、民生幸福，並且要通過革命的手段來實現。這在當時是最進步的思想，反映了時代的要求和人民的願望。所以，毛澤東同志說過：「中國反帝反封建的資產階級民主革命，正規地說起來，是從孫中山先生開始的」。儘管孫中山的思想中有著空想的成分，並沒有找到實現這些目標的具體道路，但這些目標的提出畢竟激勵了不止一代的中國人爲之奮鬥。辛亥革命沒有完成這個任務，但它的歷史功績是不可磨滅的。正是在這個意義上，我們一直把自己看作是孫中山先生開創的革命事業的繼承者。

二　辛亥革命推翻了統治中國幾千年的君主專制制度

中國在君主專制政體統治下經歷過幾千年的漫長歲月。這是一個沉重得可怕的歷史重擔。多少年來，人們從幼年起，頭腦中就不斷被灌輸「三綱五常」這一套封建倫理觀念，把它看成萬古不變的天經地義。「國不可一日無君」。中國君主專制制度的經濟基礎是封建土地制度，而君主專制制度反過來又從政治上保障維護了封建土地制度。君主彷彿代表天意，站在封建等級制度的頂巔。《紅樓夢》裏的王熙鳳有一句名言：「捨得一身剮，敢把皇帝拉下馬。」可見在那個時候，誰要是想「把皇帝拉下馬」，就得要有「捨得一身剮」的勇氣，一般人是連想都不敢想的。而辛亥革命砍掉了皇帝這個封建社會的「頭」，整個舊秩序就全亂了套。從此以後，從北洋軍閥到蔣介石南京政府，像走馬燈那樣一個接一個登場，舊社會勢力卻再也建立不起一個統一的比較穩定的政治秩序來。這樣的狀況和辛亥革命以前顯然不同。

有人評價辛亥革命導致了中國軍閥割據，社會更加混亂。似乎革命徒然造成社會的混亂，妨礙了中國現代化的實現。這其實是一種目光短淺的看法。實際上，辛亥革命將清政府打倒後，舊勢力只能靠赤裸裸的野蠻的軍事統治，顯然這是無法持久的。而且，軍閥混戰使舊統治勢力四分五裂，也有利於以後人民革命的開展。所以儘管軍閥混戰對中國人民的傷害極大，但如果從稍長時段的歷史眼光來看，這種動盪和陣痛是社會轉型期常需經歷的過程。可以說，辛亥革命在這方面正給以後中國人民革命的勝利打開了道路。

三 辛亥革命帶來了民主意識的高漲和思想的大解放

民主意識就是指國民對自己在國家中所處地位的認識。在封建君主專制的社會裏，一切都是皇帝「乾綱獨斷」，老百姓根本談不上有對國家建議和管理的權力。戊戌變法前的「公車上書」當時在全國引起很大震動，但上書的都是有功名的舉人，並且由於都察院拒絕代遞，所上之書也沒有能送達朝廷。辛亥革命後，臨時政府公佈了《中華民國臨時約法》，孫中山特別提出要寫上「中華民國之主權屬於國民全體」，這是他最看重的一點。雖然中華民國並沒有給人民帶來當家作主的現實，但民眾的心理發生了很大變化，覺得自己是國家的主人了。民國成立後，各種政治團體紛紛成立，報紙雜誌空前活躍，群眾活動多了。可以這樣說，沒有辛亥革命就沒有五四運動，因爲如果沒有辛亥革命創造的這種社會氛圍和民眾心理狀態，五四運動很難發生。另一點是思想的解放，辛亥革命將過去被看得至高無上的皇帝推翻了，連皇帝都可以打倒，那麼，還有什麼陳腐的過時的東西不能懷疑、不能推倒呢？陳獨秀在《新青年》寫了一篇《偶像破壞論》說：「其實君主也是一種偶像，它本身並沒有什麼神奇出眾的作用，全靠眾人迷信他，尊崇他，才能夠號命全國，稱作元首。一旦亡了國……比尋常人還要可憐。」五四運動時期對許多舊事物的懷疑和批判，同辛亥革命帶來的思想解放有很大關係。

從近代歷史上說，太平天國洪秀全做了天王實際上還是皇帝；戊戌變法是想靠一個好皇帝來實現；義和團運動打的還是「扶清滅洋」的旗號。從世界範圍來說，世界大國實行共和政體的只有美國和法國，其他的都不是共和政體。辛亥革命在中國建立了共和政體，這件事不能小看。當然，我們還要看到，以孫中山爲代表的資產階級革命派也有嚴重的弱點和不足。爲什麼辛亥革命這樣一場全國規模的革命運動，並不能改變中國半殖民地半封建的社會性質和人民的悲慘境遇？第一，它沒有一個明確的反帝反封建的革命綱領，對帝國主義和封建主義都沒有足夠的認識，許多人認爲推翻清政府後革命就成功了，失去繼續前進的方向和動力，妥協心理上升爲主流，導致革命半途而廢。第二，它沒有廣泛地發動並依靠群衆，特別是占中國人口絕大多數的工農大衆。辛亥革命的主幹力量是受過近代教育的愛國青年。他們在會黨和新軍中做了許多工作，開展了有力的革命宣傳，博得了相當廣泛的同情。這是武昌起義後能夠迅速得到多數省回應的重要原因。它在一定程度上發動了群衆，所以能取得一定的成功。但它並沒有能依靠和發動占中國人口絕大多數的勞動群衆，特別是在農村沒有一個大變動。而沒有中國最廣大的農民參加和支持，在強大的帝國主義和封建勢力面前就覺得自己勢單力孤而易於妥協，這是它失敗的重要根源。第三，同盟會是一個相當鬆散的組織，成員複雜，當革命取得初步勝利後，內部就四分五裂，無法形成一個把革命推向前進的堅強核心。歸納起來就是一句話，沒有一個能提出科學的明確的革命綱領、能依靠和發動最大多數群衆、由有共同理想和嚴格紀律的先進分子組成的堅強有力的黨。因此，儘管辛亥革命取得了那麼大的成績，但仍沒有解決根本問題。這也促使許多投身過這場革命或受到它影響的愛國者不能不嚴肅地重新思考國家社會的許多根本問題，尋找新的出路。

走了第一步，就會有第二步和第三步。辛亥革命的勝利和失敗，從正反兩個方面，爲五四運動的興起，爲馬克思主義在中國的傳播，直到中國共產黨的建立，準備了重要的條件。

歷史事件是一步一步走的。中國的近代史就好像接力跑一樣，後來的人以前面跑到的地方作爲起點，接棒，然後又遠遠地跑到前一個人的前面去。從辛亥革命到中國共產黨的建立這十年的歷史，是不斷探索、不斷在矛盾中前進的歷史。它留下的經驗教訓，不僅使我們瞭解共產黨建立的必然性，而且對我們今天仍有重要的啓示。

對辛亥革命的研究，已經取得衆所公認的突出成績。但有一個問題仍是很值得注意的：中國版圖遼闊，人口眾多，情況複雜多樣。各個地區的自然環境、社會結構、文化傳統、風俗習尚等等，都有很大的差異。辛亥革命是一場全國規模的革命運動，它的發展在各個地區並不是以同一模式再演。共同性和差異性同時存在，這在研究中國各個時期歷史時都需要重視，對辛亥革命的研究也是如此。如果目光只集中在少數最引人注目的地區，很容易有簡單化的缺陷，不足以完整地表現出這場革命的全貌，也難以看清這場革命在整個中國造成怎樣的歷史性巨大變化。

分省研究還有一個好處，就是便於比較。這部叢書的內容幾乎涵蓋了全國絕大多數省區。中國各地的情況複雜多樣，叢書各卷分別對這些省在辛亥革命前的社會狀況、哪些社會力量發動了當地的革命、清朝疆吏是如何應對的、革命引起了哪些巨大的社會變化、舊社會勢力怎樣反撲等等，都有相當詳細的描述和分析。這就便於進行比較研究：從相同的地方可以加深對這場革命共同規律的理解，從不同的地方又可以看到各個地區的不同特點，這就是中國的實際國情。不作這種比較，既難更深入地把握住這場革命的發展規律，也難以看到各個不同地區的特點。所以，這項工作對推進辛亥革命研究走向深入有著不可替代的作用。這是我長期以來一直期待著的。

但是，要進行這樣全國性的大協作談何容易。我很欽佩人民出版社和各省人民出版社有這樣的眼光，下決心齊心合力來從事這項巨大工程。由人民出版社和十七家地方人民出版社共同策劃並組織出版的這套《辛亥革命全景錄》叢書，在新聞出版總署支持下，列入國家「十二五」規劃重點出版專案。其中，《共和大業——聚焦一九一一》作爲綜合卷，總述辛亥革命的全過程；地方卷幾乎每省一冊（《直隸驚雷——辛亥革命在京津冀》包括了今天的兩市一省）。這樣，便全方位地概述了辛亥革命在各地的發展（可惜缺少了新疆、廣西、福建和東北）。

承擔了這項任務的出版社都把這項工作放在十分重要的地位，各社社長擔任叢書的編委會委員，親自抓，稱爲「社長工程」。編委會先後召開三次編輯工作會議，確定：作爲歷史性紀實叢書，內容必須眞實、準確，不得虛構；圖文並茂，注意可讀性；還制訂了叢書的裝幀設計方案和印刷技術標準等。

叢書作者都是年富力強、學有專長的本地學者。書稿重點突出地方特色，對辛亥革命中的全局性活動及跨界活動，不寫或只作簡單的交代。由本地學者寫本地事件，有許多優點：史料搜集相對較易，除充分使用現存的文學資料外，作者還親歷有關歷史遺跡，走訪當事人及其後代，收集整理了不少口述史料，經認眞考證後使用，使本書提供了較多新的資料。爲了做到圖文並茂，責任編輯協助作者查閱大量檔案資料，找到不少以往鮮爲人知的珍貴歷史圖片，爲叢書增色不少。

總之，這是一部集體努力的產物，必須歸功於人民出版社、各省人民出版社和當地專家學者。我所做的工作很少很少，由出版社邀約而承擔了主編的名義，主要是表示對這項很有意義的工作支持和能夠順利完成的興奮。我很希望各界學者能夠充分利用這部叢書的成果，並且指出它的不足之處，以便把辛亥革命研究更有力地推向前進！

金冲及

INTRODUCTORY

導言

西元一九一一年十月十日，也就是清宣統三年八月十九日，武昌起義爆發。在隨後的一個多月裏，革命的烈火幾乎燃遍了全國，各省紛紛宣佈脫離清廷獨立。八十一天後，中華民國在南京宣告成立。又過了四十二天，清帝宣佈退位，延續了兩千多年的君主制度從此退出了中國的歷史舞臺，而「共和」從此引導著中國前進的方向，塑造並改變著人們的思想和生活。

這無疑是中國有史以來最重大的變革之一。中國自秦至清，儘管歷代風尚各有不同，制度多有損益，但總體上保持了一致性，實行的都是君主制，「皇權」始終支配著人們的思想和行爲。在兩千多年裏，對君主制度的批判雖然很多，要求變革的呼聲也一直存在，但都是「體制內」的批評，所關注的無非是漕運、鹽政、治水、治邊、吏治之類的「體制內」的改良，對這一制度存在的合理性和必要性從未有過懷疑。直到十九世紀後半葉，特別是第二次鴉片戰爭之後，中國在與西方的抗爭中屢屢失敗，並因失敗感受到喪權辱國的切膚之痛，才有一部分中國人意識到，中國所處的國際環境已經改變，中國遭遇到幾千年未有之大變局和幾千年未遇之強敵。對君主制的懷疑產生了，「改制」的呼聲出現了。也就是在這一背景下，西方的「共和」制度開始成爲先進中國人所追求的共同理想和救國藥方。

「共和」原本是一個古老的中文辭彙，但現在卻被賦予了全新的內涵，它被用來指稱一種與君主政體相對應的政體。要「共和」，就必然會動搖現行的君主制度和社會秩序。對統治者而言，實行制度的變革往往是被動的、極不情願的。晚清的統治者在內外壓力下，不斷進行著「自改革」：從最初的「師夷之長技」，到後來的「采萬國之美法」，再到後來的「預備立憲」，力度日漸增強，範圍日益擴大，於是新式企業建立起來了，學堂出現了，責任內閣組成了，憲法大綱公佈了。儘管一切在朝著人們所希望的方向發展，但清廷在變革過程中所表現出來的遲疑和被動、在對外戰爭中表現出來的無能和懦弱、在內政方面表現出來的貪婪和殘暴，都無法使國人相信它能把中國引上一條富強之路。儘管人們渴望秩序與和平，儘管很少有人願意通過急劇的、暴力的革命方式去實現國家的變革，但殘酷的現實迫使越來越多的人放棄和平改良的幻想，轉而同情或支持革命。這樣，隨著清廷改革的深入，人們變革的要求不是得到了滿足，而是變得更加強烈，於是越來越多的人走上了革命救國的道路，他們有一個共同的目標，那就是要在中國建立起一種西方式的共和制度。革命、共和，就這樣成爲歷史的選擇。

但是，共和大業的建立遠沒有想像的那麼容易。在經歷了無數次的失敗之後，武昌起義成功了，中華民國建立了，中國實現了從「君主制」向「共和制」的轉變。儘管後來的事實證明，民主共和在當時只具形式，但是民主共和的觀念從此深入人心，中國走上民主共和的道路已是不可逆轉。從世界範圍看，這是亞洲出現的第一個民主共和國，從歷史上來看，這是中國走向建立一個現代民主國家進程中邁出的重要一步，具有重大而深遠的歷史意義。現在，就讓我們跟隨歷史的步伐，一起來探尋近代中國是如何走向共和的吧。

目次

CHAPTER 4

04

CHAPTER 5

05

06

CHAPTER 6

第一章　走向革命

一、變革的開始

二、民族危機進一步加劇

三、「新政」與舊秩序的動搖

四、新型社會力量的出現

五、早年孫中山

第一章 走向革命

CHAPTER 1

在經歷了差不多整個十八世紀的「盛世」之後，中國開始出現衰敗的景象。特別是到十九世紀末，在帝國主義列強的步步進逼和國內民衆愈演愈烈的反抗聲浪的雙重打擊下，清王朝的統治已是搖搖欲墜了。從世界範圍看，從歷史上看，當政治敗壞到難以維持正常統治的時候，當民衆無法照常生活下去的時候，革命就是不可避免的了。晚清的統治者當然意識到了自身所面臨的這種危機，從十九世紀六〇年代起，他們就試圖通過某些局部的、緩進的變革，來緩和日趨激烈的社會矛盾，阻撓和防止革命的發生。然而，當變革的閘門一打開，中國從此便進入了「變」的軌道。一旦進入變革——哪怕是微小的變革——的歷史軌道，往下的發展就由不得統治者的意願了。洋務運動之後不久，戊戌年出現了康有爲、梁啓超等維新派所推動的激烈變革。當康、梁的變法被慈禧太后鎮壓之後，不到三年，慈禧本人又不得不推出比康、梁更爲激進的「新政」變革。慈禧「新政」施行的結果，使中國民族資本主義有了發展，中央和地方、國家和社會的矛盾進一步加劇，特別是湧現出來了一個新型知識份子群體。這一切意味著一場更激烈的變革，即革命的風暴已是近在眼前。晚清政局，就這樣沿著從小變到大變，從緩變到激變的軌道向前發展，迎來了辛亥革命的風暴。

一 變革的開始

讓我們從洋務運動說起。

從十九世紀六〇年代開始的洋務運動是在經歷了兩次鴉片戰爭的打擊之後出現的。一八四〇年，鴉片戰爭爆發。戰爭持續了兩年多的時間，結果中國戰敗，被迫與英國簽訂了《南京條約》，中國的大門從此被打開。鴉片戰爭的失敗，證明了中國政治上、制度上、觀念上全面落後，非徹底改革無以自強。然而，當時的清政府並沒有意識到世界的趨勢和中國所面臨的處境，朝野上下仍然沉浸在「天朝上國」的美夢之中，對外國仍存輕視之心。與此同時，西方殖民勢力卻不滿足於他們在鴉片戰爭後所獲取的權益。他們希望中國能增開通商口岸，並允許外國派使駐京，但都遭到清政府的拒絕。為此，英、法兩國發動了第二次鴉片戰爭。侵略者佔領了北京，火燒了圓明園，再一次用武力迫使清政府屈服。在經歷了這一次的打擊之後，清朝統治集團內部開始發生分化。一部分人仍然頑固不化，極端地仇外和排外。另一部分人則震驚於列強的「船堅炮利」，主張對列強妥協，創造一個和平的國際環境，同時學習西方的先進技術，進行「自強」。這部分人就是通稱的「洋務派」，其代表人物有朝臣奕訢、文祥，疆臣曾國藩、李鴻章、左宗棠、張之洞等。他們積極推動清廷在外交、軍事、教育各領域的變革，洋務運動由是而起。

洋務運動的興起，標誌著清廷統治政策的方向性轉變，這就是由原來的「閉關鎖國」轉向「守約自強」。所謂「守約」，就是要遵守與西方各國簽訂的條約，不再與西方各國對抗，而是盡力與西方合作。爲此，一八六一年清廷專門設立了一個負責處理與各國外交及通商事務的專門機構——總理各國事務衙門。在此之前，中國並無近代意義上的外交機構，所有與外國相關的事務均由理藩院和禮部辦理。總理衙門的設立，標誌著中國近代新式外交的開始。在隨後的幾年間，清廷不僅接納了各國派駐北京的使節，而且自己也往各國派駐使節。同治年間志剛、孫家穀之隨蒲安臣出使美歐，是中國向外國派遣專使的開始，而光緒初年郭嵩燾、陳蘭彬諸人分使英、美，是中國對外派遣駐使的開始，實際上也是中國主動融入世界的開始。

洋務運動的一個重要內容就是「自強」，而「自強」的核心就是創辦新式企業。自十九世紀六〇年代至九〇年代，洋務派在「自強求富」的旗號下，開辦了一批軍用工業和民用工業。其中著名的有江南製造總局、金陵機器局、馬尾船政局、天津機器局、湖北槍炮廠、輪船招商局、開平礦務局、上海機器織布局、漢陽鐵廠等。這些企業的建立，標誌著中國現代化事業的啓動。爲了達到自強求富的目的，洋務運動還開始了教育文化方面的變革。一方面設立新式學堂，傳授外國的語言文字和聲光化電之學；另一方面是派遣留學生。一八七二年，清廷向美國派出了第一批留美幼童。雖然幼童留美的計畫後來中斷，但留學的風氣卻延續了下來。

洋務運動開始了新式外交，

第一批留美幼童（部分）

創辦了新式企業，開辦了新式教育。凡此種種，較之以前進步是非常明顯的。然而此種進步與當時西方世界日新月異的變化相比較，則仍然相形見絀。十九世紀六〇至九〇年代，正是世界性改革的時代。英國率先完成了工業革命；俄國完成了農奴制改革；美國通過南北戰爭完成了第二次資產階級革命；德國、義大利等實現了國家統一；日本完成了維新變法。與這些國家相比，中國的變化仍然是小的。就像田徑場上賽跑一樣，中國雖然已經起步，但速度明顯不如他人。中國與列強各國的差距不是在縮小，而是在進一步拉大。中國仍然落於人後，仍然不足以應付外力之侵凌。

洋務運動被時人也被後人稱爲「同治中興」。正是在洋務運動期間，太平天國被鎮壓下去了，撚軍被消滅了，陝、甘等地的回民起義被平定了，一支號稱亞洲第一的海軍艦隊建立起來了，中外也由對抗轉變爲合作了，的確出現了一片「中興」景象。然而，這只是一種表面現象。由於洋務運動是在政治制度、意識形態不能根本變革的前提下進行的，這就決定了洋務運動具有濃厚的保守性。張之洞在後來寫的《勸學篇》中提出的「中學爲體，西學爲用」的主張，就充分反映了他們當初辦洋務的指導思想。洋務派是從舊官僚中分化出來的，他們引進西方技術，不是爲了發展資本主義，而是要鞏固舊的體制。事實上，秦漢以來沿襲下來的君主制度恰恰是阻礙中國資本主義發展的最大因素。洋務運動企圖在舊框框裏實現「自強」，這無異於空想。另一方面，由於洋務運動是外國侵略者侵華政策變化的產物，這就決定了洋務運動事事處處依賴洋人，具有半殖民地買辦性特徵。儘管有的興辦者不無擺脫外國控制的主觀願望，但舊官僚的腐朽本質，決定了他們沒有能力擺脫對洋人的依賴。洋務派辦的軍工廠，不僅機械設備、原材料從外國運來，工程師、工匠從外國請來，甚至連執掌企業大權的正副監督也從外國「引進」。他們把辦好洋務企業的希望完全寄託在洋人身上，而外國侵略者是不會讓中國富強的，洋務運動的致命弱點就在於此，這註定了洋務運動不會成功。甲午一役，中國大敗，徹底宣告了洋務運動的破產。它表明，舊的制度已經腐敗，中國要實現富強復興，就必須打破舊的體制，建立起一種新的社會制度。

其實，就在洋務運動期間，一些有識之士已經意識到了洋務運動自身所具有的局限性，一種新的危機意識和救國思路產生了，鄭觀應的《盛世危言》就典型反映了這一傾向。在時人都認爲「中興」到來的時候，鄭觀應卻看到了「時勢又變，屏藩盡撤、強鄰日逼」的嚴重局面。鄭觀應認爲，西方富強的根本，不在船堅炮利，而在其所實行的「議院」制度。在他看來，有了議院，「昏暴之君無所施其虐，跋扈之臣無所擅其權，大小官司無所卸其責，草野小民無所積其怨。」鄭觀應由此

康有為像

推論，中國要想富強，康有爲像也必須組建議院，實行君民共主的政治制度。沿著這種思路走下去，西方式的「民主共和」制度，就這樣進入了中國人的視野。

一八九四—一八九五年的甲午之戰可以說是對洋務運動的一次總檢驗。戰爭給中國帶來的屈辱是空前的，如果說在這之前中國還只是敗給西方的列強，這一次可是敗給了向來就沒有被中國人放在眼裏的東鄰日本，這對中國人的刺激實在太大了，用梁啓超的話說，就「像睡夢中著了一個霹靂」[1]。戰爭給中國造成了嚴重的後果，中國被迫割讓臺灣、澎湖給日本，賠款白銀二億三千萬兩。當《馬關條約》簽

① 梁啓超：《五十年來中國進化概論》，見《最近之五十年——申報館五十周年紀念》，上海書店印行。

訂的消息傳到北京時，恰好各省舉人在北京參加會試。廣東籍舉人康有爲聯絡各省舉人，發動了著名的「公車上書」，提出了「拒和」、「遷都」、「練兵」、「變法」的主張。雖然此次上書並未眞正實現，但「變法」的思想卻傳播開來。兩年後，國事更加敗壞，康有爲又連續兩次上書光緒帝，痛陳變法的必要性和緊迫性。他引波蘭、安南、印度等國亡國的史實，籲請光緒帝效法日本明治天皇，進行變法。康有爲強調指出，「能變則全，不變則亡；全變則強，小變仍亡。」中國只有速變、全變，才能救亡。

一八九八年（光緒二十四年）六月十一日，在康有爲、梁啓超等的推動下，光緒帝頒佈「明定國是」詔，宣佈變法維新。隨後，一項項改革措施接連出臺。政治方面，刪改則例，裁汰冗

京師大學堂

員，澄清吏治，廣開言路；經濟方面，設立農工商總局，鐵路礦務總局，開辦實業，改革財政，獎勵發明；文教方面，廢八股，改試策論，開辦京師大學堂，派人出國留學，設立譯書局，准許自由創辦報刊、組織學會；軍事方面，設軍工廠，編練新軍等。然而，好景不長，變法很快遭到了來自慈禧太后方面的巨大壓力。九月十二日，光緒帝還頒佈上諭，剴切佈告變法之意，並令各省督撫將所有關乎新政之諭旨，迅速刊刻謄黃，切實開導。又令各州縣教官詳切宣講，務令家喻戶曉。兩天後則風雲突變，光緒帝「密詔」楊銳，稱太后不欲將法盡變，若強行變法，帝位恐將不保。光緒要楊銳與劉光第、譚嗣同、林旭等商量對策，使新政能及時舉行，又不致開罪慈禧。然而，還沒等維新派佈置妥當，慈禧太后已決定提前動手。光緒帝只得密令康有爲等迅速出走，以免不測，以圖將來。九月二十一日，政變發生。是日，西太后從頤和園還宮，將光緒帝囚禁於瀛台，同時下令捕拿康有爲、梁啓超及與新政有關的維新志士。康有爲、梁啓超無法在國內待下去了，只好亡命日本，而康廣仁、楊深秀、楊銳、劉光第、譚嗣同和林旭六人則先後被捕，不久遇害。全國上下一時腥風血雨。

也就在政變發生當天，慈禧太后以光緒帝的名義發佈上諭，宣告由她出來「訓政」。她一方面廢除康、梁變法期間所施行的新政，另一方面恢復被康、梁廢除或已改變的舊政，復八股、禁報館、捕主筆人、罷經濟特科、停漕折，等等，結果除了鐵路礦務總局及大學堂得以倖免外，其他一切都恢復了舊觀。

康梁亡命日本，「六君子」被殺，新政措施被廢除，從這個意義上說，由康、梁推動的這場變法運動失敗了。但是，另一方面，維新變法的失敗產生了兩個意義重大且影響深遠的結果。首先，變法失敗後，國人「變革」意識不是消沉而是增強了。換言之，維新變法的形式雖然失敗了，但變法的精神卻流傳了下來，並且愈益深入人心。這是因為，「變」是甲午戰後中國歷史發展的主議題。統治集團中的主要人物在經歷了甲午戰敗的慘痛之後都開始嚴肅思考「變」的問題，有的當權者已經意識到，只有變法才能圖存，不變則毫無出路。應該說，處於統治集團核心地位的慈禧太后和光緒皇帝都有變革的迫切願望，但他們所希冀的變法與康、梁所追求的目標是有原

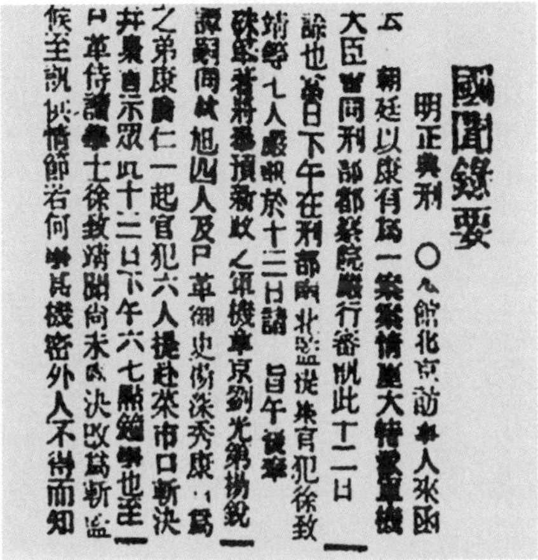

國聞錄要

明正典刑 ○本館北京訪事人來函云 朝廷以康有為一案案情重大特派軍機大臣會同刑部都察院嚴行審訊此十三日諭也當日下午在刑部南北監提集官犯徐致靖等七人嚴訊於十三日請 旨午後奉硃諭著將預聞政事之軍機章京劉光第楊銳譚嗣同林旭四人及戶部御史楊深秀康有為之弟康廣仁一起官犯六人提赴菜市口斬決并梟首示眾此十三日下午六七點鐘事也至戶部侍讀學士徐致靖[illegible]尚未定決改為斬監候至訊供情節若何事屬機密外人不得而知

“六君子”遇害時的新聞報導

則區別的。無疑，康、梁帶有強烈的理想主義色彩，希望從官制改革和人事變革入手，進而建立起一種新的政治體制。對這種「改制」傾向，慈禧本能地表現出一種警惕和反對態度。但她也並不一味反對任何變革，而是希望在現有體制允許的範圍內變法。事實上，在康梁事發之後，朝廷仍令講求農工商務，京師大學堂也仍如前議，各省之裁汰冗員也無一人復官。因此，從本質上講，維新變法運動期間兩派的鬥爭，並不是「變」與「不變」的鬥爭，而是誰來變，怎麼變以及變什麼的分歧。所以，西太后雖然鎮壓了康、梁的變法運動，但卻沒有也不可能擋住「變法」前進的道路。「變法」仍然在一些地方和部門悄悄地進行。從普通民衆一方來說，變法的失敗也進一步激發了人們的政治熱情，使人們更迫切地感到改革的需要。可見，「變法」的思想在維新變法失敗後繼續蔓延，並且普及到商人、士大夫和普通民衆中去了，而且更爲強烈。從這種意義上說戊戌變法沒有失敗。梁啓超指出：「戊戌維新之可貴，在精神耳！若其形式，則殊多缺點。殆猶大輅之僅有椎輪，木植之始見萌坼也。當時舉國人士，能知歐美政治大原者，既無幾人，且掣肘百端，求此失彼，而其主動者，亦未能遊西域讀西書，故其措置不能盡得其當，殆勢使然，不足爲諱也。若其精神，則純以國民公利公益爲主，務在養一國之才，更一國之政，採一國之意，辦一國之事，蓋立國之大原，於是乎在。精神既立，則形式隨之而進，雖有不備，不憂其後之不改良也，此戊戌維新之眞相也。」①梁啓超是變法活動的主要人物之一，此番議論，十分中肯。

戊戌變法失敗的另一個結果，就是啓蒙思想的迅速傳播，從而爲後來的革命播下了火種。戊戌變法前，康、梁也曾做過理論準備。但康有爲的變法理論主要出自他的《新學僞經考》和《孔子改制考》二書，他所依賴的依然是傳統的學術形式，這固然有他對減少變法阻力的考慮，也反映了他對用西學來進行啓蒙的認識還不夠自覺。變法失敗後，維新派總結經驗，終於認識到，「變法不變本原，而變枝葉，不變全體，而變一端，非徒無效，只增弊耳。」②這裏所說的「本原」，就是維新派常說的「民智民力民德」，在他們看來，強國必須從培養造就「新民」做起，於是他們的工作重點便轉向開展社會啓蒙上來。康、梁流亡到日本後，創辦了《清議報》，繼續宣傳他們的維新變法主張，同時進行思想啓蒙。《清議報》的宗旨，就

① 梁啓超：《康有爲傳》，轉引自《康南海自編年譜》（外二種），中華書局一九九二年版，第二百四十三—二百四十四頁。
② 梁啓超：《戊戌政變記》，見中國史學會主編《戊戌變法》（一），神州國光社一九五三年版，第二九三頁。

是「主持清議，開發民智。」①它所說的「主持清議」，就是猛烈抨擊西太后主持下的朝政，鼓吹「尊皇」、「保皇」。它所說的「開發民智」，就是介紹並鼓吹西方社會政治學說，進行思想啓蒙。其中最重要的，就是「倡民權」。資產階級的自由平等、天賦人權的學說，正是《清議報》宣傳的重點。他們把伸張民權同確立國權聯繫在一起，強調民權興則國權立，民權滅則國權亡。然而，提倡民權必然會導致人們對皇權神聖的懷疑，並進而導致對現存政治秩序的懷疑。而這種懷疑，正是引導人們起來推翻君主專制制度的最初心理依據。

就這樣，戊戌變法之後中國思想界出現兩種趨勢，一方面是變革意識的進一步增強，變革的要求越來越強烈，它推動統治者沿著變革的軌道繼續向前滑行，一樁樁新事物萌生出來，它與舊的體制越來越勢不兩立，於是革命就成爲不可避免的事情了。另一方面，維新派在戊戌政變之後幾年間致力於思想啓蒙工作，客觀上引起了人們對王權和現存政治秩序的懷疑，爲資產階級革命思想的傳播創造了條件，同時也就在許多人的心中播下了革命的火種。歷史就是如此的無情，一八九八年維新

① 《本報改完章程告白》，《清議報》第十一冊，一八九九年四月十日。

變法失敗了，但它卻成了後來辛亥革命爆發的遠因。

二 民族危機進一步加劇

就在維新變法前後的幾年間，列強加強了在中國的爭奪，中國所處的國際環境更爲險惡，亡國滅種的民族危機進一步加劇。

亡國的危機，源自《馬關條約》。由於《馬關條約》簽訂後，俄國與法、德兩國一起，迫使日本將遼東半島歸還中國，所以中日戰後，三國都要求中國給予回報。首先採取行動的是德國。德國早就想在中國建立一個海軍基地，一八九七年十一月，德國藉口兩名德國傳教士在山東巨野被殺，出兵佔領了青島，隨後強迫中國簽訂了《膠州灣租借條約》，租期九十九年，同時中國允許德國在山東省內修築鐵路和開採礦山，山東成爲德國的勢力範圍。俄國同樣想在中國取得一個不凍港。在一八九六年中俄簽訂的密約中，中國曾答應把膠州灣租給俄國，現在膠州灣被德國佔領，於是俄國的注意力迅速轉移到旅順口。在德國人突入青島不到一個星期的時候，俄國軍艦就開到了旅順口，中國因爲與俄有密約在先，對此無法做出任何反抗，只好與俄國簽訂租借旅順大連的條約，規定租期爲二十五年，期滿之後再由兩國會商續租，同時准許俄國修築從哈爾濱到大連的鐵路，這樣，整個東北成爲俄國的勢力範圍。法國密切注視著俄、德兩國的動作。當俄、德兩國的目的達到後，法國立即在廣州灣升起了法國旗，宣佈中國已允許將廣州灣連同附屬島嶼租給法國，租期爲九十九年。一八九八年五月，法國向中國提出簽訂租借條約，但直到一九〇〇年初，清政府才批准了《廣州灣租借條約》，同時讓給法國一項鐵路權，法國在中國的權益大大加強。德、俄、法的行爲固然不是英國所希望的，但是它也無力來阻止或推遲這種「瓜分」，它對此的反應就是自己也加入到「瓜分」中國的行列之中。當俄國有了旅順大連的租借權後，英國認爲俄國對北京的影響力將增強到損害英國利益的程度，因此極力想取得對威海衛的租借權。其時威海衛尚在日本佔領之下，而德國又視山東爲禁臠，英國要取得威海衛的租借權，尚需得到日、德兩國的諒解。由於日本希望在遠東有一個牽制俄國的力量，而德國也願意看到英、俄之間的衝突，所以在得到了英國關於支持日本將來對中國的要求及絕不損害德國在山東的權益的保證之後，兩國都對英國強租威海衛的要求給予了支持。這樣，中英之間於一八九八年七月簽訂了《威海衛租借條約》，租期與旅順、大連相同。[1]

列強除了要求租借地外，還要求中國劃定特殊的勢力範圍。法國要求中國永不將海南島讓與他國，也不將與越南接壤的各省的全部或一部讓與他國；英國要求中國政府保證不將長江沿岸各省以任何名義讓與他國；日本則要求中國保證不將福建的任何地方讓與他國。而這些要求，也都得到了清廷的保證。

時局圖

當上述各國在「瓜分」中國時，美國正與西班牙爭奪古巴和菲律賓，一時無暇顧及中國。當它戰勝了西班牙並從西班牙手裏奪取了菲律賓時，中國已基本上被瓜分完

① 參見【美】馬士著，張匯文等譯：《中華帝國對外關係史》第三卷，上海世紀出版集團、上海書店出版社二〇〇六年版；【美】斯塔夫裏阿諾斯著，吳象嬰、梁赤民譯：《全球通史：一五〇〇年以後的世界》，上海社會科學院出版社一九九二年版。

畢。在這種情形下，美國提出了「門戶開放」政策，要求在中國角逐的列強各國保證在他們各自的「勢力範圍或利益範圍」內，就關稅、鐵路運費及港口稅等方面，不妨害他國國民的權利均等。這一原則後被各國所接受，美國也由此達到了保證它在中國的利益的目標。

本來，維新變法失敗後，國內守舊勢力開始抬頭，而列強在中國掀起的瓜分狂潮，更進一步助長了中國國內守舊勢力和排外勢力的增長。一些守舊的官僚乘機煽動對外國人的不滿情緒。在帝國主義侵略的刺激下，在一些朝廷保守派和地方統治者的默許乃至鼓勵下，義和團運動爆發了。義和團原名義和拳，最初是集拳、教於一的秘密反清組織。一八九八年後，義和拳開始改稱義和團，其鬥爭的目標也由「反清復明」改爲「扶清滅洋」，活動方式也由秘密轉爲公開。義和團也就由原來的反清秘密組織演變成以農民爲主體的、具有廣泛群眾基礎的反帝愛國組織了。義和團首先興起於山東，之後蔓延到毗鄰的直隸省，並迅速發展壯大。到一九〇〇年春夏之間，義和團開始進入京津地區，並繼續向全國各地蔓延。團民所到之處，「挑鐵路，把線砍，旋再毀壞大輪船」，鬥爭的矛頭直接指向帝國主義。毋庸諱言，義和團對帝國主義的認識還停留在感性階段，表現出籠統排外的傾向，對滿清統治者的本質也認識不清，帶有嚴重的迷信落後色彩，但義和團運動畢竟是在清王朝行將崩壞時，下層民衆自發的偉大反帝運動，它直接打擊了帝國主義和封建主義，動搖了它們在中國統治的根基，從這種意義上說是有利於中華民族建立現代國家的發展趨勢的。

對於義和團運動，帝國主義列強曾不斷警告中國當局，要求儘快加以剿滅。當時清政府態度曖昧，引起列強不滿。各國於是決定以保護使館僑民的名義出兵中國。一九〇〇年五月三十日，由英、法、俄、美四國公使組成的代表團前往總理衙門，通知中國政府，「不管中國政府的態度如何，各外國公使已決定調兵來北京。」[1]六月十二日，英國艦隊司令西摩爾率領由俄、美、英、日、德、法、意、奧八國組成的聯軍，從天津出發，向北京進犯。六月二十一日，清廷向各國「宣戰」。八月十四日，北京陷落。慈禧太后帶著光緒帝倉皇逃往西安。

慈禧太后在逃經山西時，授權李鴻章爲全權議和大臣，希望他儘快與列強和談。列強各國清楚地意識到，完全瓜分中國是不可能的，他們仍需保留清政府，

① 《英國駐華公使竇訥樂致英外交大臣密件》，見復旦大學歷史系編《中國近代對外關係史資料選輯》上卷第二分冊，上海人民出版社一九七七年版，第一百三十二頁。

繼續爲他們服務，因此也決定議和，但各國之間在採取什麼方式議和及提出哪些要求方面存在很大分歧。特別是在「懲凶」和賠款的問題上各國爭論不休。而清廷爲了儘快結束戰爭，儘量滿足各帝國主義的各項要求。十二月二十二日，各帝國主義國家提出《議和大綱》十二條強迫清政府接受。十二月二十七日，清政府電告奕劻、李鴻章，「所有十二條大綱，應即照允。」①一九〇一年九月七日，英、俄、德、法、

八國聯軍軍官在紫禁城宮門前合影

① 復旦大學歷史系編：《中國近代對外關係史資料選輯》上卷第二分冊，上海人民出版社一九七七年版，第一百四十七頁。

美、日、意、奧、比、西、荷十一國公使與奕劻、李鴻章在《最後議定書》上簽字。這就是空前屈辱的《辛丑合約》。條約規定清政府除懲凶、道歉、賠款外，還須削平大沽口至北京的所有炮臺，允許各國在華駐軍，等等。通過這個條約，列強可以對中國實行軍事監督、政治控制和經濟掠奪，中國的主權喪失殆盡，清政府淪爲了「洋人的朝廷」。

主權的喪失，使清政府人心大失，加之清政府爲了支付巨額賠款，加緊了對人民的搜括，人民的生活變得極度困難，反清革命的思想迅速傳播開來。正如孫中山所說：「八國聯軍之破北京，清後、帝之出走，議和之賠款九萬萬兩而後，則清廷之威信已掃地無餘，而人民之生計從此日蹙。國勢危急，岌岌不可終日，有志之士，多起救國之思，而革命風潮自此萌芽矣。」①可見，庚子國變實是國人心理轉變的關鍵，因而也是清王朝滅亡的一大關鍵，國人由失望而憤怒，由憤怒而革命，清王朝的覆滅已爲期不遠了。

① 《孫中山全集》第六卷，中華書局二〇〇六年版，第二百三十五頁。

三　「新政」與舊秩序的動搖

經過八國聯軍戰爭打擊的清王朝，已弱不禁風，岌岌可危，完全不能照舊統治下去了。爲了從危機中解救自己，延長統治壽命，必須再次打出「變法維新」的旗幟。二十世紀初，慈禧「新政」的出籠，正是基於這種原因。一九〇一年一月二十九日，當時還在西安的慈禧太后就以光緒皇帝的名義發佈「變法」上諭。上諭嚴厲批評了此前學習西法僅注意語言文字、製造器械的傾向，明確提出要學習西方的本源，即制度。上諭要求各軍機大臣、大學士、六部九卿、出使各國大臣、各省督撫，「各就現在情弊，參酌中西政治，舉凡朝章國政吏治民生學校科舉軍制財政，當因當革，當省當並，如何而國勢始興，如何而人才始盛，如何而度支始裕，如何而武備始精，各舉所知，各抒所見，通限兩個月內悉條議

上諭

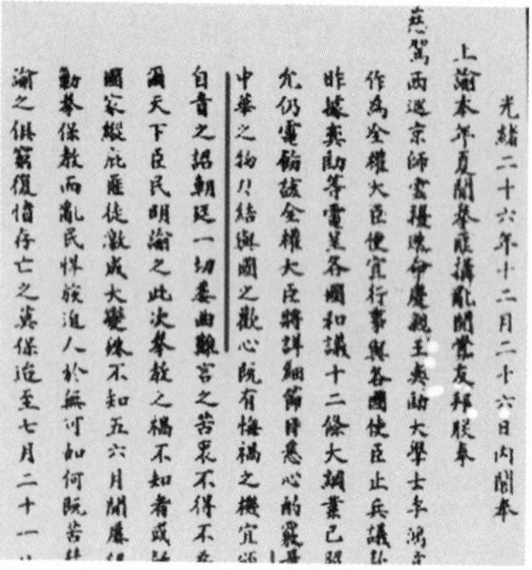
光緒二十六年十二月二十六日內閣奉
上諭本年夏間拳匪構亂開釁友邦朕奉
慈駕西巡京師震擾迭命慶親王奕劻大學士李鴻
作為全權大臣便宜行事與各國使臣止兵議款
昨據奕劻等電呈各國和議十二條大綱業已照
允仍電飭該全權大臣將詳細節目悉心酌覈
中華之物力結與國之歡心既有悔禍之機宜頒
自責之詔朝廷一切委曲難言之苦衷不得不布
爾天下臣民明諭之此次拳教之禍不知者咸
國家縱庇匪徒激成大變殊不知五六月間屢
勸拳保教而亂民悍族迫人於無可如何既苦
諭之俱窮復惜存亡之幾保追至七月二十一

以聞，再行上稟慈謨，斟酌盡善，切實施行。」①

就在三年前，慈禧太后還血腥鎮壓了康、梁的變法運動。而此時她又高唱起變法來了，也是事出必然。前面已經說過，「變」是十九世紀中葉以來，特別是甲午戰爭以來中國歷史發展的主題，統治集團中的主要人物包括慈禧在內都在借助「變」來解決問題。三年前她鎮壓康、梁變法，是因爲她在變什麼、如何變等原則性問題上與康、梁有嚴重分歧。在慈禧看來，清朝的根本制度不可變，「可變者令甲令乙」，所以上諭講「皇太后何嘗不許更新」，又講康梁變法，「乃亂法也，非變法也」。她如此急切地表明自己變法與康梁變法之不同，一方面是爲自己找一個體面的藉口，另一方面也表明，「變」是不可阻擋的歷史潮流。

當然，更重要的，此次「變法」是庚子事變後內外壓力的必然結果。經過義和團運動和八國聯軍佔領北京的衝擊，清廷處於風雨飄搖之中，政治敗壞，軍備廢弛，民生凋敝，各地人民的自發反抗鬥爭仍然接連不斷，再不變法，清廷也無法照常統治下去。另一方面，各帝國主義國家在懲罰了清政府之後，又不斷督責清廷進

① （清）朱壽朋編：《光緒朝東華錄》第四冊，中華書局一九五八年版，總第四千六百〇一—四千六百〇二頁。

行改革，以確保各國在華利益的實現。在這種內外壓力之下，清廷不得不實行「新政」。

一九〇一年四月，清廷設立督辦政務處，任命慶親王奕劻，大學士李鴻章、榮祿、昆岡、王文韶，戶部尚書鹿傳霖爲督辦政務大臣，劉坤一、張之洞爲參預。不久，劉坤一、張之洞聯名上奏，就興學校、整頓中法、採用西法諸端提出詳細的主張。在這之後的幾年間，清政府頒佈了一系列實施「新政」的上諭，其主要內容有：（一）整頓吏治。如裁撤書吏，禁止捐官，實行官吏考核制度，等等。（二）改革官制。其中最重要的是改總理衙門爲外務部，班六部之前，任命奕劻爲總理大臣。（三）廢科舉、興學堂。自一九〇五年九月二日起，所有鄉會試一律停止，各省歲科考試亦即修正，其以前之舉員生員分別量予出路。（四）振興商務、開發實業。設立商部，改革財政。（五）編練新軍。包括停止武科，設練兵處，編練巡警，等等。這些就是清廷此次「新政」的主要內容。其中多項措施是戊戌變法時康梁想做而沒有做到的。如裁汰冗員、獎勵實業、廢除八股、編練新軍等。慈禧曾一度把它們廢除，現在又重新搬了出來。應該說，這些措施就其本身而言，都是進步的。

清廷此次變法的本意，原是振衰起弱，從此「富強」，外則討好洋人，內則消弭革命；然而推行的結果，非但沒能鞏固其自身的統治，相反卻加速了革命的到來。時人指出，「我國今日之新政，固速亂之導線也。十年以來我國朝政上下莫不奮袂攘臂，囂然舉行新政。興學堂也，辦實業也，治員警也，行徵兵也，兼營並舉，日不暇給，然而多舉一新政，即多增一亂端，事變益以紛挐，國勢益以搶攘。」① 何以改革卻加速了革命的到來？這是因爲，一方面，清廷此次新政，畢竟是一次遲到的改革，它發生在清王朝的衰敗時期，事實上也是整個君主專制制度處於衰敗的時期。歷史經驗證明，處於上升時期的統治階級，其改革的措施往往能鞏固其自身的統治，而處於沒落時期的統治階級，其改革的措施常常會危及其自身的統治，此時的統治階級，不改革不行，改革也不行，甚至更不行。托克維爾在分析法國大革命的起因時說，「對於一個壞政府來說，最危險的時刻通常就是它開始改革的時刻。」這是因爲，「人們耐心忍受著苦難，以爲這是不可避免的，但一旦有人出主意想消除苦難時，它就變得無法忍受了。當時被消除的所有流弊似乎更容易

① 長輿：《論萊陽民變事》，《辛亥革命前十年間時論選集》卷三，生活・讀書・新知三聯書店一九七七年版，第六百五十四頁。

使人覺察到尚有其他流弊存在，於是人們的情緒便更激烈。痛苦的確已經減輕，但是感覺卻更加敏銳。」[1]清廷在改革之前，其腐敗無能的面目已暴露無遺，其沒落衰敗的趨勢已無可挽回，改革已經於事無補。人們所希望的，是一種激烈的、要清廷「命」的「變革」。

另一方面，清廷此次「新政」，所推行的種種措施，無論其主觀動機如何，客觀上都從根本上動搖了傳統的社會政治秩序。隨著一系列新政措施的實施，傳統的政治社會秩序開始解體，中國社會內原本存在的中央與地方、國家與社會（或者說官權與民權）之間的矛盾進一步加劇了。

中國自秦至清兩千餘年基本上維繫著大一統的中央集權政治秩序。進入清代後，這種中央集權制更是高度發達。在清朝前中期，中央對地方官員，尤其是督撫等封疆大吏予以嚴密控制和監視，督撫的任免權完全操諸皇帝，督撫的許可權也極爲有限，他們不掌握兵權，在人事、財政、司法等關鍵問題上也無最後決定權，一切由中央裁斷。這種格局，到十九世紀中葉後才開始發生變化。太平天國起義可以

①【法】托克維爾：《舊制度與大革命》，商務印書館一九九六年版，第二百一十頁。

說是清代中央與地方力量消長的一個關鍵事件。太平天國起義爆發後，由於清廷原有的八旗、綠營無力應付這支強大的農民武裝，清廷不得不依靠以團練爲基礎的地方武裝來對付太平軍。這樣，曾國藩的湘軍和李鴻章的淮軍等地方性私人武裝乘勢而起。曾、李也因之先後被任命爲兩江總督。由於他們掌握了軍權，清廷允許他們就地籌餉。這樣，原來掌管地方財政並直接聽命於中央政府戶部的藩司轉而受制於督撫，中央政府失去了對地方財政的絕對控制權。軍權與財權是最爲重要的兩大權力，地方一旦擁有了這兩種權力，就有可能形成與中央分庭抗禮的局面。只不過當時的地方實力派人物並無對抗中央的意圖。洋務運動時期，一些地方派人物的勢力得到進一步的加強，政治上的離心傾向也開始抬頭。庚子事變時，兩江總督劉坤一、湖廣總督張之洞無視清廷對列強「宣戰」的上諭，與各列強搞起「東南互保」來。雖然此舉得到清廷的默許，但實際上也是清廷無力控制該地區的一種反映。長江流域各督撫與清政府的離異趨向更爲明顯，於是造成了政府無權督撫有權的現象。

地方勢力的增強也引起了清政府的注意。於是在「新政」期間，清廷借改革之機，試圖收回部分權力，以削減地方權力。如以袁世凱患有足疾爲由，將其開缺回籍，同時任命載灃爲全國海陸軍統帥，以圖控制軍權；規定各省撥動款項均須由戶部核定以控制財權；將開礦、修路等權收歸中央統一管理以控制路政大權；等等。不過，清廷的這種做法非但沒有鞏固中央集權，相反卻使中央與地方的矛盾日益尖銳，加劇了地方勢力對清廷的離心傾向。到清末，清朝名義上還維持著中央集權式的統治，實際上分崩離析的局面已經形成。這也是爲什麼武昌起義一爆發，各省迅速宣佈獨立的一個重要原因。

在中央與地方矛盾加劇的同時，國家與社會的矛盾，或者說官權與民權之間的矛盾也進一步加劇，其中最突出的表現，就是公共領域的擴展和士紳權力的壯大。

公共領域是既非個人又非官方而處於兩者之間的社會領域。在西方各國，從傳統社會向近代社會過渡的過程中，公共領域的發展成爲市民社會的重要基礎。在中國，傳統的公共領域有社倉、義倉、祠廟、會館、善堂等，它們的功能主要局限在救濟和慈善事務。進入二十世紀以後，一些新的公共領域產生了，如商會、學會。公共領域的功能也發生了變化，從原來的救濟和慈善擴展到社會經濟、社會教育和社會文化管理等方面。商會可以說是二十世紀初出現的一個最有代表性也最具影響力的公共領域。商會於一九〇四年由商部奏請開辦，其最初的動機是團結本國商人以與外商對抗。商會的職能主要是保護商人利益，受理商事糾紛；但後來商會介入了立法和司法領域，成爲脫離國家直接控制和干預的社會自治領域。正是因爲如此，有些學者認爲商會已具備市民社會的基本特徵，並進而認爲二十世紀初期的中國實際上已經孕育萌生出市民社會的雛形。[①] 關於近代中國是否出現過西方那種典型意義的市民社會，目前仍是學術界爭論不休的問題。但不管結論如何，清末公共領域的發展則是不爭的事實。公共領域的發展，激發了人民參政議政的熱情，並進而影響了人們思想觀念的變化，爲辛亥革命的爆發準備了條件。

與公共領域擴展相輔相成的另一引人注目的現象，就是士紳階層社會地位的變動。士紳一直是中國傳統社會中在民間起主導作用的群體。他們的地位通常是通過取得功名、學品、學銜和官職而獲得。傳統紳士的職責是保護和增進家鄉的福利。在政府官員面前，他們代表本地利益，他們承擔了諸如公益活動、排解糾紛、興修公共工程，有時還組織團練和徵稅等許多事務，他們在文化上的領袖作用包括弘揚儒學社會所特有的價值觀念以及這些觀念的物質表現，諸如維護寺院、學校和貢院等。據估計，在十九世紀後半葉，這一階層的總人數爲一百四十四萬，連同其家屬約七百二十萬人。[②] 在清代前期，清王朝主要通過保甲制度以制約士紳在地方社會

① 朱英：《關於晚清市民社會研究的思考》，《歷史研究》一九九六年第四期。

② 張仲禮：《中國紳士》，上海社會科學出版社一九九一年版，第一百一十一頁。

中的影響，但是到了清代後期，尤其是在咸同之際，隨著地方團練組織的發展和清王朝中央集權力量的衰微，形成前所未有的「紳權大張」之勢。到了清末的最後幾年，士紳已成爲與皇權抗衡的重要力量。

士紳階層的力量在清末新政之後得到進一步壯大。清末在政治體制上所做的一系列改革，給予了地方和民間更多的政治自由，一定程度上增加了社會活力。特別是諮議局的設立，爲士紳階層直接進入政治層面打開了方便之門。從各省諮議局第一屆選舉結果來看，紳士占大多數，諮議局幾乎成了士紳階層表達意見的機構。士紳取得了政治上的發言權。他們的社會地位與經濟地位都發生了變化，士紳階層也發生了分化。一部分仍然固守原先的政治信念和理想；一部分轉向開明，主張立憲，雖然他們仍反對革命，但是對清政府的不滿情緒和離棄傾向在清末的最後十年間不斷強化。原來互相協調的官紳合作的局面不復存在。官方與民間的矛盾進一步激化。清王朝漸漸失去極爲重要的統治基礎，士紳在不自覺中扮演了革命軍同盟者的角色。清王朝的最終覆滅與士紳階層的反叛是緊密相連的。

兩種矛盾的加劇表明，清王朝的統治基礎已經破壞，其滅亡的趨勢已是無可挽回了。恰如孫中山所說：「滿清王朝可以比作一座即將倒塌的房屋，整個結構已從根本上徹底地腐朽了，難道有人只要用幾根小柱子斜撐住外牆就能夠使那座房屋免於傾倒嗎？」[1]然而，推倒這座房子，還需要一支新的社會力量來領導。就在清王朝風雨飄搖的最後十幾年間，一種新型的社會政治力量逐漸產生、成長、壯大起來了。

四 新型社會力量的出現

新型社會政治力量的出現，有賴於中國社會經濟的轉型。一八四〇年鴉片戰爭改變了中國社會的發展進程。隨著外國資本主義的相繼入侵，中國被捲入了世界資本主義市場，中國的封建經濟結構漸趨解體。十九世紀六〇年代以後，清廷發起「自強」運動，洋務派興辦了一批軍用工業，這是中國人最早經營的近代工業，但這批軍用工業帶有強烈的封建色彩，並不具備資本主義生產性質，它頂多是一種官

① 孫中山：《中國問題的眞解決》，《孫中山全集》第一卷，中華書局二〇〇六年版，第二百五十四頁。

僚資本的最初形態。中國眞正的民族資本主義近代企業產生於十九世紀七〇年代。那時，一部分商人、地主和官僚開始投資於新式工業。首先出現的是船舶修造業、繅絲業，繼有火柴、造紙、印刷等行業的興起，之後又有採礦、交通、紡織、冶煉等行業出現。這些企業雖然規模小、資金少，但都採用雇傭勞動，產品主要用於交換，以贏利爲目的，因而已是資本主義性質的近代企業。這是中國新型社會力量出現的前提。

甲午戰爭後，中國出現了有利於資本主義發展的輿論和政策的寬鬆環境。甲午戰爭的慘敗，使中國朝野上下都進行了反思，許多人認爲，中國之所以不敵日本，其重要原因乃是中國積貧積弱，而積貧積弱的緣由則是工商業的不發達。所以中國欲自強，就必須大力發展工商實業。另一方面，《馬關條約》允許外國在華投資開工廠，民族工業面臨巨大威脅，許多人對此深感憂慮，紛紛要求政府採取對策，設法補救，以保利權。在這種輿論背景下，清廷不得不開始重視發展工商業。一八九八年在維新派的推動下，清政府接連頒佈一系列振興工商業的政策和措施。戊戌政變後，一些發展工商業的措施被廢除，但清政府推行發展工商業的政策並未中斷。①二十世紀初，清廷再次推行「新政」，進一步實施振興商務、獎勵實業的政策。清廷的這種做法，客觀上促進了中國資本主義的發展。

除了工業資本以外，商業資本和金融資本也在這一時期有初步發展。以金融業爲例，在甲午戰爭以前，一些具有資本主義性質的金融機構已在中國出現，但均爲外國資本集團所設，中國自己的金融機構仍主要是具有封建高利貸性質的傳統票號與錢莊。中國人自己開設的銀行是一八九七年創辦的中國通商銀行，雖說這個銀行是「商款商辦」，但實際上卻是「不官不商，亦官亦商；不中不西，亦中亦西。」[2]自一八九七年通商銀行設立後到一九一一年，官辦式商業銀行又設立了十餘家，其中較重要的有戶部奏請設立的交通銀行、浙江興業銀行、信成銀行、四明商業儲蓄銀行等，另外還有浙江、廣西、直隸等省由官銀號（局）改成的一省銀行。

中國資本主義的發展導致中國資產階級的成長壯大。由於中國資本主義對外國資本主義和本國封建主義具有很強的依賴性，中國的資產階級也相應具有這種特點。中國資產階級的來源與歐洲不同。歐洲最初的資產階級分子是從城市的市民中發展出來的，和封建主義沒有什麼聯繫，較少封建性。中國的資產階級分子則大量是由官僚、地主和買辦演變而來。這種情況決定了中國資產階級與帝國主義和封

① 朱英：《明清經濟政策與改革措施》，華中師大出版社一九九六年版，第十八頁。

② 許滌新、吳承明主編：《中國資本主義發展史》第二卷，人民出版社一九九〇年版，第六百八十四頁。

商辦企業股票

建主義有密切聯繫。由於他們與帝國主義和封建主義的親疏關係不同，他們表現出來的政治傾向也不一致。一部分從大地主、大官僚和大買辦轉化而來的資產階級是民族資產階級的右翼，他們與帝國主義、封建主義聯繫較多，在政治態度上表現出較多的妥協性；那些從中小商人或手工業作坊主轉化而來的資產階級，一般說來與帝國主義和封建統治勢力沒有關係或關係較少，他們是民族資產階級的左翼，在政治傾向上表現出較強的革命性。但不管是左翼還是右翼。它們都存在很明顯的軟弱性。毛澤東認為：這是他們從娘肚子裏帶來的老毛病。①儘管如此，資產階級畢竟是一種新型的社會力量。隨著它的力量逐漸壯大，必然會提出其政治上的要求，這就為辛亥革命的爆發準備了階級基礎。

晚清新型社會力量中還有一支不可忽視的力量，就是新式知識份子群體的出現。這種新式知識份子同樣是清廷自己製造出來的。最早的新式知識份子出現於洋務運動時期。當時洋務派為了培養懂得洋務

北京同文館

① 毛澤東：《論反對日本帝國主義的策略》，《毛澤東選集》第一卷，人民出版社一九九一年版，第一百四十七頁。

的人才，興辦了一些洋務學堂，如同文館、方言館、船政學堂、水師學堂、武備學堂、鐵路礦務學堂等，還向國外派遣了留學生。這些洋務學堂的學生接觸到一些西方的科學技術知識，與傳統的士大夫相比，他們的知識結構已有一些新的變化，但就總體而言，洋務學堂所培養出來的學生，在思想觀念上還未擺脫傳統士大夫的範疇，而且人數很少，尚不成規模。完全新型的知識份子群體出現於二十世紀最初的幾年間，這一方面是受西學東漸的影響，另一方面也是清廷推行新政、實施教育改革的一個必然結果。西學在中國的傳播最早是天文曆算之學，之後是製槍造炮的技術，而甲午戰爭之後，西學的範圍大大擴展，幾乎囊括了政治、經濟、法律、科學、技術等各個方面，知識份子接觸西學的範圍越廣，其近代化特徵也就越明顯，這是新式知識份子實現群體轉型的前提；而清末的教育改革，則使知識份子的轉型成為可能。首先，廢科舉堵塞了傳統士子通過科舉獲得功名的途徑，使他們不得不進新式學堂或出國留學；其次，新式學堂的設立，導致傳統的教學內容與教學方法都發生了改變，成為新知識傳播的重要基地；再次，派遣留學生，使西學在中國的傳播和影響更深更廣。據統計，一九〇二年全國新式學堂的學生人數為六千九百一十二人，一九〇五年增至二十五萬八千八百七十六人。到一九〇九年，全國新式學校總數達五萬二千三百四十八所（不含教會、軍事學校）、學生人數達一百六十三萬八千八百八十四人，如果加上教會學校與軍事學校的學生，總數約在一百七十萬至一百八十萬人左右。到辛亥時期，國內學生數約爲三百萬人。爲一九〇五年的十二倍。[1]

同時留學生的人數也急劇增長。其中以留日學生居多，一八九六年留日的人數只有十三人，一九〇一年急增到二百八十人，此後每年遞增，一九〇五年、一九〇六年兩年均達八千餘人。[2]

1907年即將赴日學習的山西大學堂學生及教習

① 桑兵：《晚清學堂學生與社會變遷》，學林出版社一九九五年版，第一百四十六—一百四十九頁。

② 【日】實藤惠秀：《中國人留學日本史》，生活·讀書·新知三聯書店一九八三年版，第三十九頁。

這些新式學堂的學生和留學生普遍有了一種使命感，一種新的自覺，這種自覺突出地表現在他們政治意識的覺醒。他們都懷有一腔熾熱的救國熱情（當然也不排除有少數利祿之士），都對現存的制度深懷不滿，又都把西方當作學習仿效的楷模，這些共性是構成其群體意識的基核。同時，新型知識份子也希望通過群體的聯合來增強自身的能量，擴大社會影響，以進而實現他們的救國理想。在群體意識的推動下，二十世紀最初的幾年間，以新式學生爲主體的知識社團大量湧現，據不完全統計，一九〇一——一九〇四年間國內先後建立各種新式社團二百七十一個（不含分會），[1]從地域上看，他們主要集中在江浙、上海地區。在日本的留學生也組建了一些社團，如勵志會、國民會、開智會、青年會等。這些社團興學育才、發行報刊、集會演說，在傳播新思想新觀念方面起了很大的作用。後來的事實表明，辛亥革命基本上是由新式知識份子推動起來的，他們先從會黨入手，繼而運動學界，繼又打入新軍，終於促成了革命的爆發。

---

[1] 桑兵：《清末新知識界的社團與活動》，生活·讀書·新知三聯書店一九九五年版，第二百七十五——七十六頁。

五 早年孫中山

毛澤東曾經說過，中國完全意義上的資產早年孫中山階級民族民主革命，是從孫中山開始的。的確，在十九世紀末二十世紀初，當大多數的中國人還是希冀通過改良的方式拯救祖國於危亡的時候，孫中山便開始了革命救國的偉大嘗試，他是宣傳革命並躬行革命的先行者。

孫中山，一八六六年十月二十一日出生於廣東省香山縣翠亨村的一個農民家庭。幼名帝象，稍長名文，字日新，後改逸仙，因從事秘密活動，曾化名中山樵，辛亥革命後國內始稱孫中山。由於家境貧困，孫中山六歲起便開始參加勞動，或上山打柴，或拾取豬草，或替人放牛。九歲的時候，孫中山進村塾讀書，正如當時所有讀書人一樣，他接受

早年孫中山

的也是傳統的教育，所習功課有《三字經》、《千字文》、《幼學故事瓊林》以及「四書五經」選讀等。也就是從這個時候起，孫中山開始思考起人生的大問題。他對自己的境遇感到不滿。他自謂當他能夠獨自思索的時候，腦海中首先發生疑問，就是怎樣才能脫離這種境遇的問題。①

孫中山的境遇在一八七九年發生了重大改變。是年九月，他結束了在村塾的學業，隨母親到了檀香山。那時，孫中山的哥哥孫眉已經在檀香山立住了腳跟，積聚了一些資本，並開設了自己的商店和牧場。開始時，孫中山在孫眉的店中幫助店務。不久，孫眉把他送進了火奴魯魯奧蘭尼學校（Iolani College Honolulu）學習英文。該校係英國聖公會史泰利主教（Bishop Staley）於一八六二年創立，一八七二年由韋禮士主教（Bishop Willis）接辦。韋禮士爲了使該校的中國學生皈依上帝，有計劃地安排了一些宗教課程。孫中山很快對基督教表現出了強烈的興趣。他除了平日功課外，還篤誠地參加各種宗教的聚會和課程，並且準備受洗入教。這使孫眉大爲惱火。孫眉認爲，「只有中國的教化最好，除了中國的教化以外，無論什麼

① 陳錫祺主編：《孫中山年譜長編》上冊，中華書局一九九一年版，第十一—十二頁。

教，都是不正派，都要反對的。」[1]於是，一八八三年，孫中山又被遣返回了翠亨老家。不過，在檀香山的這幾年經歷對孫中山的影響還是很大的，特別是西校的教學方法給他留下了很深的印象，而改良祖國的願望也由此萌生。

孫中山「改良祖國」的願望在隨後的幾年間越來越強烈。回鄉後，他積極投身到改良鄉政的活動中去。他的一些意見，如改修道路，在街上點夜燈，夜間巡邏等均被採納。同時，孫中山還經常向村民講述在夏威夷的見聞，抨擊清政府的腐敗。一八八三年秋，他與陸皓東一起毀壞了村中北極殿神像，這一下，他再也無法在村中待下去了，只好離鄉背井去了香港。

一八八三年十一月，孫中山入香港拔萃書室（Diocesan Home，Hong Kong）讀書，但不到兩個月的時間，他就退了學。翌年四月，他轉學至香港中央書院（The Central School）。但不久，他就又退出了該校，回鄉與同縣外堂村盧耀顯之女慕貞結婚。之後又再赴檀香山。孫中山此次在香港的短暫求學時光，所學到的知識遠遠沒有香港給他的直觀印象對他的影響更大。當他抵達香港後，香港的市鎮建設、

---

① 陳少白：《興中會革命史要》，見中國史學會編《辛亥革命》（一），上海人民出版社一九五七年版，第二十二頁。

社會秩序、官員作風等方面都給他留下了深刻的印象，也進一步強化了他「改良祖國」建設一個「良好之政府」的願望。

孫中山第二次去檀香山的時間非常短，他不願留在檀香山，主要是因爲他對做生意毫無興趣，而且無法忍受孫眉對他的責打，因此決意再回國求學。一八八五年四月，孫中山自檀香山歸國，八月往香港中央書院復學，一年後他從中央書院畢業。此時，孫中山面臨著一個選擇職業的問題。他原本希望中學畢業後學習陸軍、海軍或法律，但均未能實現。最後決定習醫。後來，孫中山經人介紹進了廣州博濟醫院（Canton Hospital）學醫，課餘期間，他還專門請了一位國文老師，給他補習傳統的經史之學，一年後，他轉學香港西醫書院（The College of

1888年，孫中山與友人陳少白、尤列、楊鶴齡、關心焉合影

Medicine for Chinese，Hong Kong）。當時，李鴻章是該校的名譽贊助人，康德黎（Dr. J. Cantlie）任該校教務長，著名改良主義思想家何啓任該校名譽秘書。這三個人對孫中山的思想都產生過不同程度的影響。此外，孫中山還結識了一批志同道合的朋友。其中著名的有陳少白、尤列、楊鶴齡，他們與孫中山一起通常被人稱爲「四大寇」，他們在一起經常高談「革命」。

孫中山在港求學的這段時間，其思想傾向主要還是改良的。「四大寇」所談的「革命」實際上就是一種改良政府的主張，但在當時的社會環境裏，已是非常激進的了。孫中山所講的「革命」，其實只是造反的同義詞，還不是後來那種自覺的推翻現存社會制度並建立一種新的社會制度的革命。在香港求學期間，孫中山的主要精力還是用於學習，事實上也是在爲實現他「改良祖國」的願望做準備。據他的老師康德黎博士說，孫中山在香港學醫期間，除了研習醫科之外，還「研究國際法、軍事學、海軍建設、各種財政學、國政、各種派別的政治學」。①可見，此時孫中山主要致力於尋求一條強國富民之路，其「改良祖國」的理想已越來越清晰了。

① 陳錫祺主編：《孫中山年譜長編》上冊，中華書局一九九一年版，第五十九頁。

一八九二年七月，孫中山從香港西醫書院畢業。畢業後在澳門、廣州兩地行醫。雖然他的醫術很高，求治者頗衆，但是，此時孫中山的思想已經有了新的變化，他認爲「改良祖國」還是要從政治入手，因此決計拋棄其「醫人」的生涯，而從事於「醫國」的事業。但是，怎樣「醫國」呢？孫中山也覺茫然。那時國內主張維新變法的人漸漸多了，受此影響，孫中山試圖尋找一條改良祖國的道路。一八九四年年初，他拋開了廣州藥店的事務，回到翠亨老家關起門來起草上李鴻章書。上書中孫中山具體闡述了他的主張，即人盡其材，地盡其利，物盡其用，貨暢其流。孫中山把這四項措施當作「富國之大經，治國之大本。」並明確指出洋務運動唯堅船利炮是務的做法，是「捨本而圖末」。這顯然是一種有別於洋務思想的早期改良思想。這表明孫中山的思想又向前進了一步。

孫中山對這次上書抱有極大的希望，他極可能想借此機會投身到上層的改良派中去。在上書的最後，孫中山向李鴻章表明了他對未來的打算。他說：「文今年擬有法國之行，從遊其國之蠶學名家，考究蠶桑新法，醫治蠶病，並擬順道往遊環球各邦，觀其農事。如中堂有意以興農政，則文於回華後可再行遊歷內地、新疆、關外等處，察看情形，何處宜耕，何處宜牧，何處宜蠶，詳明利益，盡仿西法，招民開墾，集商舉辦，此於國計民生大有裨益。所謂欲躬行實踐，必求澤之霑沛乎民人者此也，惟深望於我中堂有以玉成其志而已。」①

讓我們設想一下：如果李鴻章接見了孫中山，也接受了他的建議，資助他出洋考察農政，那會是一個什麼樣的結局呢？當然，歷史不容許假設，事實是，李鴻章拒絕接見孫中山，這使孫中山感到改良的道路走不通，從而促使他走上暴力革命的道路，實現了他從改良到革命的轉變。粗看起來，這種轉變似乎屬於偶然，但仔細分析它卻是必然的。因為自中法戰爭以來，由於清政府的昏庸腐敗，致使國運日衰一日，民族危機空前嚴重。看到這一切的孫中山「改

1894年孫中山在其老家翠亨村的書房。草擬了上李鴻章書

① 孫中山：《上李鴻章書》，《孫中山全集》第一卷，中華書局二〇〇六年版，第十八頁。

良祖國」的心願十分急迫，對清朝統治者的失望越來越大。上書李鴻章，是他寄希望於晚清當權者自上而下變革挽救中國的最後一次嘗試。一旦受挫，就義無反顧地轉向推翻清王朝的革命道路。從天津回上海後，他沒有去法國，也不再關心什麼蠶桑，而是去了檀香山，在那裏他組建了以推翻清政府爲目標的中國第一個資產階級革命團體興中會，開始了他的職業革命生涯。

第二章 立會建盟

一、興中會鋒芒初試

二、從倫敦蒙難到惠州起義

三、留學生轉向革命

四、革命團體相繼建立

五、中國同盟會及其綱領

CHAPTER 2

第二章

立會建盟

當孫中山開始革命時，他是孤獨的，在國內他幾乎找不到志同道合的人，於是他去了檀香山，在那裏他組建了中國第一個資產階級革命團體興中會，隨後就發動了第一次以推翻清王朝建立共和國爲目標的武裝起義。起義失敗後，孫中山流亡海外，不料在倫敦被清廷捕獲。在多方的努力下，孫中山最終獲釋，這一事件不僅沒有使孫中山放棄革命的理想，相反卻使他更加堅定地走上了革命的道路。進入二十世紀後，革命救國的道路爲越來越多的人所接受，留學日本和歐洲的學生也紛紛轉向革命。在他們的宣傳、推動和組織之下，湧現出了華興會、科學補習所、光復會等一批革命團體，最後這些團體又聯合成爲一個統一的革命團體——中國同盟會。這一切標誌著中國資產階級革命派已經形成，中國的資產階級革命從此有了自己的領導力量和中堅力量。

一 興中會鋒芒初試

一八九四年秋，孫中山到檀香山，聯絡同志，籌款起義。他首先說服的就是他的哥哥孫眉。孫眉願意拿出一部分財產來資助，而且還勸說在檀香山的華人支持孫中山。但是當時華僑風氣尚極閉塞，聽說是要造反，都不願意參與。孫中山多方遊說，奔走逾月，僅得同志數十人。孫中山就在這數十人的基礎上開始了立會建盟的嘗試。

一八九四年十一月二十四日，孫中山和他的追隨者在卑涉銀行（Bishop Bank）經理何寬的寓所舉行會議。會上，孫中山提議成立一個組織，並且爲這個新成立的組織定名爲「興中會」，取「振興中華」之意。隨後，孫中山主持了會員的入會儀式，他令各會員填寫入會盟書，其內容爲：「聯盟人×省×縣人××，驅除韃虜，恢復中國，創立合衆政府，倘有貳心，神明鑒察。」宣誓時由李昌誦讀誓詞，各以左手置聖經上，舉右手向天依次宣誓。會議還通過了由孫中山起草的興中會章程，章程第一條明確闡述了興中會的宗旨：「是會之設，專爲振興中華，維持國體起見。蓋我中華受外國欺凌，已非一日。皆由內外隔絕，上下之情罔通，國體抑損而不知，子民受制而無告。苦厄日深，爲害何極！茲特聯絡中外華人，創興是會，以

檀香山興中會會員秘密宣誓的地方

中民志而扶國宗。」①

興中會成立之時，正是中日戰爭正酣之際，清軍節節敗退，給了無數中國人一個很深的刺激。興中會的章程中所講的「辱國喪師」、「剪藩壓境」、「不齒於鄰邦」、「被輕於異族」皆是就當時中日戰爭的情形而發。章程中所說的「維持國體」，其含義也就是維護國家的獨立和尊嚴。章程雖然批評清政府「因循苟且」、「庸奴誤國」，但從宣言的字面看沒有明確提出推翻清朝的主張，整個基調是溫和的。這很大程度上是出於策略上的考慮，一方面是爲了躲避清政府的追查，一方面也是爲了爭取更

① 孫中山：《孫中山全集》第一卷，中華書局二〇〇六年版，第十九頁。

多的會員。

檀香山興中會成立後，發展緩慢。因風氣未開，人心錮塞，鼓吹數月，應者寥寥。爲了籌集經費，興中會除收會底銀外，另設股份銀，規定每股十元，革命成功後收回本利百元。但籌集到的經費仍然很少，據統計，從一八九四年十一月二十四日到一八九五年六月二日，共有一百一十四名會員交來會底銀二百二十八元，股份銀一千一百元，共一千三百二十八元。幸得鄧蔭南、孫眉二人傾家相助，方得美金六千餘元。

儘管在檀香山的籌餉起兵計畫進行得並不順利，但當時國內的形勢卻對清廷極爲不利。清軍在與日本的戰爭中屢敗，朝鮮丟失，旅順、威海相繼淪陷，京津也岌岌可危，清廷之腐敗盡露，人心憤激，極有利於革命活動的開展。孫中山於是決定與鄧蔭南及三五同志返國，發動起義，襲取廣州以爲根據。

一八九五年一月二十六日，孫中山返回香港，他此行的目的非常明確，就是要準備

楊衢雲像

發動起義，推翻清政府。抵達香港的當天晚上，孫中山乘船到廣州找到陳少白，次日晚他們便返回香港，尋找活動地點。之後，陳少白又去澳門把鄭士良找來。一切準備就緒，孫中山召集舊友陸皓東、鄭士良、陳少白、楊鶴齡等創設香港興中會，同時決定聯合各地群衆，擴大組織。那時，香港有一個「新學」團體，叫「輔仁文社」，成員有十六人左右，以「開通民智」，「盡心愛國」爲宗旨。社長楊衢雲自中法戰爭失敗後即有志於反清復漢，其志向與孫中山等人接近。該社的另一核心人物謝纘泰，自稱一八八七年入香港中央書院讀書時，即「開始覺醒到計畫組織一個中國億萬人的革新運動，一個驅逐滿洲韃靼篡奪者的運動，正好是時候了。」①孫中山遂與楊衢雲聯繫，商討共同組黨事宜。楊衢雲及一部分社員欣然贊成，並願取消舊社名義。這樣，一八九五年二月二十一日，興中會與輔仁文社合併爲一，正式成立香港興中會總會，總機關設在香港中環士丹唐街十三號，對外稱「乾亨行」，借做買賣的招牌，以避警探的耳目。「乾亨」意即乾元奉行天命，其道乃

① 謝纘泰：《中華民國革命秘史》，《廣東文史資料：孫中山與辛亥革命史料專輯》，廣東人民出版社一九八一年版，第二百九十二頁。

完全相同。

亨。輔仁文社的楊衢雲、謝纘泰、周昭岳三人加入興中會。凡入會者，均按檀香山興中會宣誓方式，以左手置於《聖經》上，舉右手向天宣誓，誓詞與檀香山興中會完全相同。

在廣州發動武裝起義，並在兩廣建立一個獨立的共和國，是孫中山早已有的想法。香港興中會成立後，這件事便提上了議事日程。而當時兩廣地區亦具備了一些特殊的條件。孫中山認爲，甲午戰後，駐防廣州的軍隊四分之三已遭遣散，未被遣散的亦多憤懣不平，若加以運動，即可收爲己用。且兩廣總督李瀚章，出賣科第，私通關節，導致民怨沸騰。這一切均爲襲取廣州的有利條件。

襲取廣州的計畫確定以後，興中會開始了各方面的準備工作。一八九五年三月十三日，楊衢雲、孫中山、黃詠商和謝纘泰在香港開會，共同商量組織攻取廣州的行動。會議決定：由孫中山駐廣州專任軍務，鄭士良、陸皓東、鄧蔭南、陳少白等佐之；楊衢雲駐香港專任後方接應及財政事務，黃詠商、謝纘泰等佐之。與此同時，一些具體的準備工作也全面展開。

首先是在廣州設立起義機關，組織擴充會員。一八九五年三月下旬，孫中山偕鄭士良、陸皓東等到廣州建立興中會分會。會址設在廣州雙門底王家祠雲崗別墅，對外稱農學會。孫中山手訂《擬創立農學會書》，宣稱「首以翻譯爲本，搜羅各國農桑新書，譯成漢文，俾開風氣之先。即於會中設立學堂，以教授俊秀，造就其爲農學之師。且以化學詳核各處土產物質，闡明相生相剋之理，著成專書，以教農民，照法耕植。再開設博覽會，出重賞以勵農民。又勸糾集資本，以開墾荒地。此皆本會之要舉也。」①

孫中山重視農業，關注民生素爲人所知，因此，此舉不僅沒有引起懷疑，反而得到了廣東官紳潘寶璜、潘寶琳、劉學詢等數十人的贊助。在農學會招牌的掩護下，又在廣州東門外咸蝦欄張公館組織了一個分機關，由陸皓東主持，招待同志，製造炸藥炸彈。機關設定後，擴充會員的工作也加緊進行，甚至孫中山也親自出面，發展會員，如他勸說清軍鎮濤號管帶程奎光入會即是一例。②同時孫中山還派人到內地去運動，聯絡那裏的會黨、綠林。這方面也取得了成效，如丘四、朱貴全將散處新安、深圳、沙頭等地會黨三千人集中起來，準備在發難前進入廣州，作爲首先發動攻擊的敢死隊。鄭士良聯絡北江、英德、清遠、花縣一帶會黨領袖梁大

①《孫中山全集》第一卷，第二十五頁。

②《革命逸史》上，新星出版社二〇〇九年版，第二百一十一頁。

炮，一俟廣州城內發難，立即率領會黨大隊從北江赴援。此外，鄭金部下的安勇，北江、香山、順德的綠林，三元里的鄉團等，也都答應參與起事。這樣，起義的武裝隊伍就基本具備了。

其次是制訂作戰計畫。一八九五年三月十六日，孫中山與楊衢雲、謝纘泰討論作戰計畫。開始孫中山主張採取內起外應的方案，即以少數精兵突然發難，佔領城內重要部門，再以一部分兵力埋伏城內要道，阻擊城外入援清軍，同時城外起而回應。但許多人不同意這一方案，認爲太過冒險。孫中山於是便將起義計畫的「內起外應」改爲「分道攻城」。即約定日期，使各地民團會黨，分順德、香山、北江三路，會集羊城，同時舉事。爲了避免因人數衆多，驟集城中而引起清政府的懷疑，乃選定於重陽日舉事。因廣東有重陽掃墓之俗，四鄉大族子孫千數百人多有遠道結隊來省拜掃祖墓，此日聚各地黨人於城中，也不致令人生疑。①

準備工作的第三項內容就是籌集款項，購運槍械。雖然那時清政府腐敗已極，

① 鄒魯：《乙未廣州之役》，見中國史學會編《辛亥革命》（一），上海人民出版社一九五七年版，第二百二十六－二百二十七頁。

痛恨清王朝的人也越來越多，但真正願冒身家性命的危險來贊助革命的人卻很少，此次起義所需的款項主要來自幾個較大的捐助者。黃詠商賣洋樓一所以充軍費，得資八千元；鄧蔭南賣掉其私產，得資萬餘元；香港日昌銀號店主余育之助款萬數千元。其餘所需經費則主要來自孫中山及其哥哥孫眉。孫中山說，「當日圖廣州之革命以資財贊助者，固無幾人也。所得助者，香港一二人出資數千，檀香山人出資數千，合共不過萬餘耳。而數年之經營，數省之聯絡，及於羊城失事時所發現之實跡，已非萬餘金所能辦者也，則人人皆知也。其餘之財何自來乎？皆我兄及我所出也。」[①] 籌集到的經費主要用於招募會勇和購買槍械。這方面的工作由楊衢雲負責。楊購得長短槍六百餘杆，準備把它們藏在五個士敏士桶內，由當時經常代客運貨的廣興源棧，當做美國砵蘭士敏士寄運往廣州。

最後還有一個很重要的準備工作就是爭取外國的同情與支持。一八九五年三月一日，孫中山與日本駐香港領事中川恒次郎會晤，請其幫助籌措步槍兩萬五千支，手槍一千支。但沒有結果。之後，孫中山、楊衢雲又先後與《德臣西報》（China

① 孫中山：《致吳稚暉函》，《孫中山全集》第一卷，中華書局二〇〇六年版，第四百二十頁。

Mail）的編輯黎德（T. H. Reid）及《士蔑西報》（Hong Kong Telegraph）記者鄧肯（C. Duncan）會晤，請求他們給予輿論和道義上的支持，並通過他們爭取歐洲人的同情和支持。這一目的基本達到。《德臣西報》在一連串的社論文中，都暗示有革命黨的存在，並正密謀舉義推翻滿清政府，這些社論更向外人呼籲支持這個行動，因爲如果獲得外人支持，這個行動定會成功，而中國新成立的政權亦將會帶給外人在華投資一個更好的機會。三月十五日，該報更以《在中國就將爆發的革命》爲題，重申革命對中國和其他國家都有好處，十月十四日，《德臣西報》再次提及盛傳革命黨會舉義推翻清廷。這些報導都傾向於支援革命。①

至此，各方面的準備工作基本就緒，但還有一個問題沒有解決，就是興中會的會長人選問題，實際上就是革命成功後由誰出任首屆合衆政府的總統問題。由於興中會基本上由孫、楊兩派組成，這一職位也就應由孫中山或楊衢雲擔任。從勢力來說，孫派大於楊派，從資歷及聲望來說，楊派大於孫派。兩派雖然在「反滿」

① 霍啓昌：《幾種有關孫中山先生在港策進革命的香港史料試析》，《回顧與展望——國內外孫中山研究述評》，中華書局一九八六年版，第四百五十一頁。

的目標下走到了一起，但並不是那種毫無間隙的合作。楊派的幹將謝纘泰就有點看不起孫中山，認為孫中山是「一個輕率的莽漢」，「一言一行都顯得奇奇怪怪」，因此「不能將領導運動這個重大責任信託給他。」[1]這多少也是楊派的共同看法。所以，當興中會於十月十日舉行會議選舉會長時，楊衢雲要求此席甚力，並親口對孫中山說，非他當選不足以號召中外。孫派的鄭士良、陳少白極力反對，鄭甚至聲稱，會長一職非孫莫屬，若有他人作非分之想，他將親手刃之。但孫中山因為起事在即，不願因此引起黨內糾紛而妨礙大局，表示謙退，結果會長一職為楊衢雲所得。

風波總算過去了，一切仍按原計劃進行。一八九五年十月二十六日（陰曆九月初九日）凌晨，綠林、軍隊、民團各路首領都到農學會討口號、等命令。當一切都在順利進行之時，卻突然來了一聲晴天霹靂。汕頭方面領導人拍給孫中山一份電報：「官軍戒備，無法前進。」怎麼辦呢？起義所依靠的正是汕頭的軍隊。孫中山當機立斷，決定將部隊遣回，聽候命令，並電告香港，不要再來廣州。但是來不及

[1] 陳錫祺主編：《孫中山年譜長編》上冊，中華書局一九九一年版，第八十七頁。

了，一支四百多人的特遣隊已經帶著十箱左輪手槍乘輪船出發。楊衢雲只得復電：「接電太遲，貨已下船，請接。」仍命朱貴全、丘四率隊隨裝有槍械的保安輪入粵，而此時清政府已經接到密報，派兵等候，船一靠岸，即捕去朱貴全、丘四等四十餘人。在此之前，清政府已派兵搜查了王家祠、咸蝦欄革命黨機關，捕去了陸皓東、程奎光等六人。孫中山化裝成苦力，逃到澳門，轉往香港。楊衢雲得知廣州事敗之後，逃往印度，之後又轉抵南非。廣州起義就這樣未發一彈便夭折了。陸皓東被捕後不久，即爲清政府殺害，孫中山稱他是「中國有史以來爲共和革命而犧牲者之第一人。」

幼年陸皓東像

興中會的起義雖然受挫，但這是資產階級革命派發動的武裝反抗清政府的第一次嘗試，也是中國人民企圖用暴力革命的手段實現民主共和理想的第一次嘗試，所以，它的意義是十分深遠的。

二 從倫敦蒙難到惠州起義

廣州起義夭折了，孫中山沒有放棄。他本打算在香港重振旗鼓，但律師建議他儘快離港，以免被港英政府驅逐。於是，他同陳少白、鄭士良轉赴日本，一八九五年十一月九日抵達神戶，旋至橫濱。在那裏，孫中山找到了從檀香山回香港策劃起義時在船上認識的譚發，並由譚發介紹結識了馮鏡如。孫中山邀請馮鏡如、譚發、馮紫珊等十餘人組織興中會橫濱分會，由馮鏡如任會長。但當時旅日華僑對革命排滿尚多疑慮，應者甚少，活動難以開展，加之清政府追蹤日緊，孫中山遂決定離日赴美。他剪去長辮，換上西裝，在馮鏡如兄弟的資助下，登上了開往檀香山的輪船。

到了檀香山後，孫眉對孫中山慰勉有加，鼓勵他繼續奮鬥。孫中山也決意重新召集同志，擴大興中會組織。但清廷已諭兩廣總督譚鐘麟從速緝拿孫中山，駐檀清領事已奉朝廷之命調查在檀興中會員姓名籍貫，藉以查抄原籍家產；而香山知縣查封翠亨村孫姓房產的消息也傳遍一時；許多會員都不敢再與孫中山交往。孫中山在檀半年，遍遊各島，宣傳革命、募集軍費，但成效不大。興中會組織工作進展遲滯。孫眉和何寬都建議他去美洲大陸，那裏華僑較多，當有可爲。

剪辮易服後的孫中山

一八九六年六月十八日，孫中山抵達三藩市。清政府得知孫中山抵美，總理衙門即電告駐美公使楊儒，令「確查密覆」，楊儒密飭馮詠蘅確查孫的去向。據馮詠蘅報告，「孫文借寓金山沙加免度街第七百零六號門牌華商聯勝雜貨鋪內，聞不日往施家谷轉紐約，前赴英法，再到新加坡，並聞有沿途聯合各會黨，購買軍火欲圖報復之說。該犯隨身攜帶私刊書冊兩本，雖無悖逆實跡，檢其上李傅相書，確有該犯之名，顯係孫文無疑」。①儘管清廷查清了孫中山的去向，但由於中美之間沒有引渡犯人的條約可援，楊儒依然無從措手。他只好電告駐紐約、英國、新加坡等地領事嚴加防備。同時總理衙門也密電兩廣總督譚鐘麟、廣東巡撫許振禕、駐英公使龔照瑗、駐日公使裕庚、駐新加坡代總領事劉玉麟、駐法使館慶常等，加緊防範孫中山運軍火回國。

孫中山在三藩市逗留了約兩個月，不料那裏的華僑風氣之蔽塞，較檀香山尤甚。孫中山只好轉赴紐約，沿途所到之處，鼓吹革命，「然而勸者諄諄，聽者終歸藐藐，其歡迎革命主義者，每埠不過數人或十餘人而已。」②在紐約逗留約一

---

① 陳錫祺主編：《孫中山年譜長編》上冊，中華書局一九九一年版，第一百〇九頁。

個月，孫中山感到一舉一動都被注視，無可活動，遂決定赴英。一八九〇年九月二十三日，孫中山搭上了開往英國的「白星」（White Star）號輪船。

清政府得知孫中山赴英時，清駐英公使館即與英國外交部交涉，希望援引香港引渡罪犯的條約，捉拿孫中山，被英方拒絕。駐英公使館只好雇傭司賴特偵探社（Slaters Detective Association）監視孫中山行蹤。偵探社十月一日的報告中說：孫中山「於昨日中午十二時在利物浦王子碼頭上岸」。「他坐的二等艙，上岸的時候，他帶了一件行李，上火車站設備的公共汽車，到利物浦密德蘭車站（Midland Railway Station），等到下午四點四十五分方才乘上火車，於晚間九點五十分到倫敦聖班克拉司車站（St Pancras）。他取出行李，雇了12616號馬車到斯屈朗赫胥旅館（Haxeus Hotel，Strand）。」到達該旅館時已是深夜十二點。

次日上午，孫中山到波德蘭區（Portland Place）覃文省街（Devonshire Street）四十六號拜訪他的老師康德黎。康爲他在其寓所附近找了一處住所。安頓下來後，孫中山開始四處觀光遊覽，他去過大英博物館和一些名勝古跡，也到過動物

② 孫中山：《革命原起》，見中國史學會編《辛亥革命》（一），上海人民出版社一九五七年版，第六頁。

康德黎像

園和植物園，最讓他怦然心動的是倫敦車馬之盛、貿易之繁和員警敏活、人民和易。反觀中國，他更感到自己所從事的事業的正義性和重要性。到倫敦後的十來天，他在自由自在的遊覽中，大概認爲自己已擺脫了清政府的追捕。但實際上，清政府一刻也沒有放鬆對他的監視，而且，一個拘捕孫中山的陰謀正在實施。

一八九六年十月十一日，孫中山如往常一樣，步行穿過波德蘭後，去拜訪康德黎博士，途中遇見清駐英公使館翻譯鄧廷鏗。兩人邊走邊談，行至四十九號清公使館門口，鄧又將孫中山介紹給另兩位中國人，兩人將孫中山擁入館內，隨即門被鎖上，孫中山方知自己已被捕。隨後，他們把孫中山囚禁到公使館四樓的一間小房裏，準備用船將他運回國內。這就是轟動一時的「孫中山倫敦蒙難」。

使館在捕獲孫中山後，準備雇一艘船將他偷運回國處死。怎樣才能獲釋呢？一開始，孫中山極力否認自己有任何謀反的意圖，並試圖說服鄧廷鏗，他只是一個改革家，專意講求西學，但因得罪廣州緝捕李家焯，遂被李誣告謀反，不得已只好潛往各國遊歷。他請求鄧廷鏗念同鄉之誼，轉請欽差代爲申雪，並保證以後斷不敢再行爲亂。這當然不可能奏效。孫中山只好請求使館派來看管兼照料起居的英籍工人柯爾（George Cole）爲他送信給康德黎博士，請康德黎設法營救。柯爾幾經考慮最終把孫中山請他送信一事告訴了使館女管家豪夫人（Mrs Howe）。豪夫人鼓勵柯爾幫忙。十月十七日晚，豪夫人把孫中山被囚在使館的消息寫在一張紙片上，偷偷送到了康德黎的住宅。康德黎已連續幾天不見孫中山身影，正感疑惑，見信後方知原委，於是連夜向警署報案，請求援助，

孫中山用英文寫的求救信

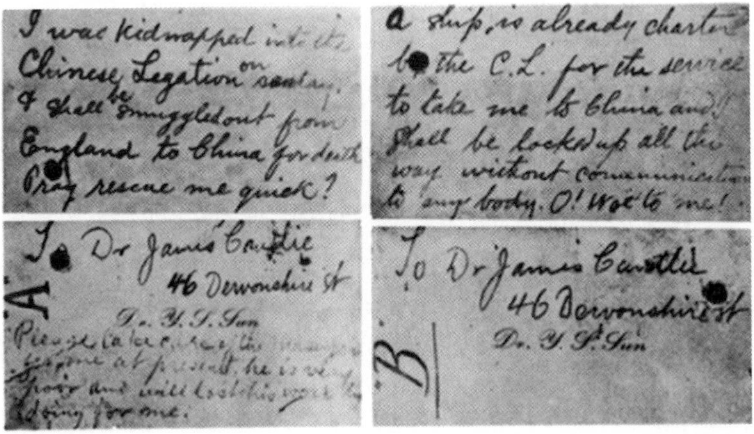
I was kidnapped into the Chinese Legation on Sunday, & shall be smuggled out from England to China for death. Pray rescue me quick?

A ship is already charter by the C.L. for the service to take me to China and I shall be lockd up all the way without communication to any body. O! Woe to me!

A

To Dr James Cantlie
46 Devonshire St
Dr. Y. S. Sun
Please take care of the messenger for me at present, he is very poor and will lose his work by doing for me.

B

To Dr James Cantlie
46 Devonshire St
Dr. Y. S. Sun

但警方認爲事屬荒唐，拒絕插手。第二天，柯爾又把孫中山親筆寫在兩張名片上的求救信交給了康德黎，並告知中國使館擬於二十日將孫中山押解回國。康德黎愈感情況緊急，決定向政府中的實力人物求援。遂與孫中山在香港學醫時的另一位老師孟生博士（Dr Manssion）一同再赴蘇格蘭場總警署，請其出面干涉；又兩度赴外交部，由於是星期日，沒有結果，但值日司員答應第二天親告上司。爲防意外，孟生到清使館通告拘禁之事已經洩露，使其有所顧忌，不敢貿然押解登船，同時他們四處訪求私家偵探，佈置監視，防止使館連夜押運或改囚他處，此外他們還兩赴《泰晤士報》館，希望將此事公之於衆，以爭取公衆輿論的支持。

十月十九日，康德黎、孟生二人的奔走呼救終於生效了。英國外交部和警方開始干預。內政部命蘇格蘭場立即採取行動，蘇格蘭場佈置六名便衣警探分三班二十四小時輪流監視清公使館，並對泰晤士河上所有開往中國的船隻進行監視。次日，英國政府又照會清公使館，要求立即釋放囚犯。當天，《地球報》刊發了訪問康德黎的文章，引起英國朝野的關注。倫敦各報紛紛對此案進行採訪報導，給清公使館造成了強大的輿論壓力。清公使館堅持說孫中山係自投使館，公使有權予以扣留，並未觸犯英國法律。英方認爲，孫中山被囚，既屬違反國際法，亦屬嚴重濫用外交特權。最後，公使館被迫讓步，十月二十三日下午四點三十分，被拘禁了十三天的孫中山終於獲得了自由。

孫中山倫敦蒙難一事，對孫中山本人乃至整個中國革命都產生了很大的影響。首先是孫中山作為一個革命黨領袖的個人聲望提高了。孫中山自己不停地會見記者，發表演講，並用英文撰寫《倫敦被難記》。該書於一八九七年在英國出版後被翻譯成俄、日、中等國文字，使孫中山名揚四海。許多後來始終追隨孫中山的革命志士和給予孫中山很大幫助的日本友人就是通過這本書認識和瞭解孫中山的。當然，更重要的是孫中山思想上的變化。通過這次事件，他進一步認識了西方的社會制度、司法制度，從而更堅定了推翻清政府的信念。就在他獲釋後的第二天，他致函倫敦各報主筆，感謝英國政府及各報的救援之情，同時也首次表達了自己對此次事件的感受。他說，「最近幾天中所發生的實際行動，使我對充溢於英國的寬大的公德心和英國人民所崇尚的正義，確信無疑。」「我對立憲政府和文明國民意義的認識和感受愈加堅定，促使我更積極地投身於我那可愛而受壓迫之祖國的進步、教育和文明事業。」①

① 《孫中山全集》第一卷，第三十五—三十六頁。

孫中山還不失時機地利用這次事件呼籲英國對中國革命的同情和支持。他向英國政府保證，一旦革命獲得成功，英國將獲得一個廣闊的市場前景。顯然，孫中山過高估計了英國政府對他的重視。英國政府營救他，多半是出於法律和道義的緣故，並不意味著英國政府會冒與清政府對抗的風險去支持孫中山的反清事業，因爲英國在中國有巨大的利益，中日甲午戰爭後英國的對華政策是很明確的。它一方面採取「聯日抗俄」的政策，一方面又採取「維持現狀」的政策，希冀利用日本來「開放」中國，以保證其在華利益的實現。因此，英國政府對孫中山的支持是有限度的，它決不會支持孫中山的反政府活動。也正因爲如此，英國外交部於孫中山被釋後第三天，即向清政府作出保證：

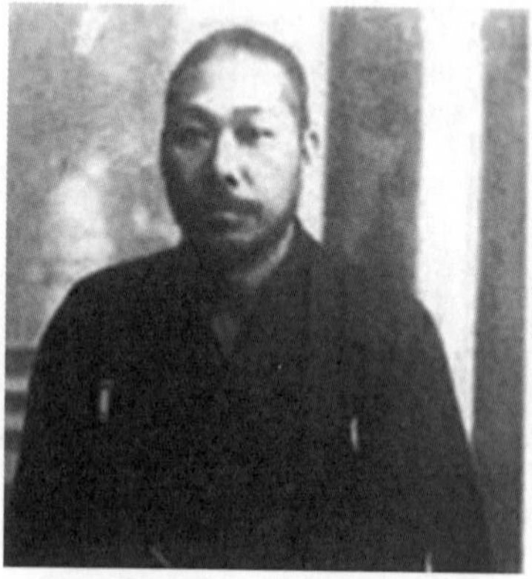

宮崎寅藏及孫中山給他的委任狀

「本國政府於所有本國地方，如有藉以謀議與貴國政府或官員爲難之事，深願按例極力阻止。」同時還告知清政府，英國政府已諭令香港總督，嚴查所有可疑之人，預破一切亂謀。①這樣，孫中山既不能在英國從事反清活動，也不能回香港圖謀再舉。孫中山只好決定離開歐洲，他的下一個活動舞臺只能是日本。

一八九七年七月一日，孫中山離開英國，途經加拿大，在蒙特利爾、溫哥華等地短暫停留後，繼續前行。他機智地擺脫了清駐英公使館派出的跟蹤人員，於八月十六日抵達日本橫濱。第二天，孫中山去拜訪了橫濱加賀町員警署長，並告知他被清政府官吏跟蹤，要求得到日本方面的保護。他的要求獲得批准。八月下旬，孫中山在陳少白住所會見了日本自由民權論者宮崎寅藏。宮崎早已聽陳少白介紹過孫中山，也讀過孫中山的《倫敦被難記》，對孫中山非常景仰。此次是專門從香港來拜會孫中山的。孫中山也已從陳少白那裏得知宮崎的一些情況，兩人可謂神交已久，一見面就非常投機，暢談良久。孫中山應宮崎所請，談及他從事革命的初衷、革命的宗旨和革命的方法手段。孫中山說，「余以人群自治爲政治之極則，故於政治之

① 陳錫祺主編：《孫中山年譜長編》上冊，第一百二十六頁。

精神，執共和主義，余以此一事而直有革命之責任者也。」「共和者，我國治世之神髓，先哲之遺業也。」中國要避免被瓜分的慘禍，「惟有行此迅雷不及掩耳之革命之一法。」而要洗雪東亞黃種人的屈辱，維護世界的和平與人道，「惟有成就我國之革命」①。宮崎聽此言論，深受震動，認爲孫中山思想高尙，見識卓越，抱負遠大，情意懇切，實在是東洋的珍寶，於是又把孫中山介紹給了平山周。

結識宮崎寅藏和平山周，可以說是孫中山在日本從事革命活動的一個轉機。不久他通過宮崎、平山介紹結識了日本衆議院議員犬養毅，後又經犬養毅介紹會見了日本外相進步黨領袖大隈重信，開始與日本政界人士交往。此外，孫中山還在平山周的陪同下訪問了日本著名的啓蒙思想家福澤諭吉。他還獲准久居東京，並得到日本友人在生活上的資助。然而，問題在於孫中山爲什麼如此急切地要擴大與日本朝野各界人士的交往？日本政府及各界人士爲何又願意幫助孫中山？

孫中山與日本各界人士交往的動機很簡單，就是要尋求日本方面的援助。他每

① 孫中山：《與宮崎寅藏平山周的談話》，《孫中山全集》第一卷，第一百七十二、一百七十三、一百七十四頁。

次與日本人士會談，都會談到這個問題。他也呼籲過歐洲方面的援助，但無結果，不過他覺得尋求日本方面的援助是完全可能的，因爲中國與日本文種相近，又同樣遭受西方的欺凌，日本雖然也像西方國家一樣侵略過中國，但還是與西方國家不同，他向歐洲國家尋求幫助的時候，是用廣闊的市場前景來說服他們，而他向日本尋求援助的時候，主要用亞洲人的命運來打動它。日本對孫中山的態度則要複雜一些，從政府一面說，它必須顧及與清政府的外交關係。甲午戰後，清政府與日本又恢復了邦交，日本從戰爭中獲得了巨大的利益，它還需要維持清政府以保證這些利益的實現。但清政府已虛弱不堪，考慮到這一點，日本政府覺得有必要爲孫中山提供一些方便，以求革命成功後新組建的政府實行親日政策。從日本民間方面看，許多著名的民間人士，都抱有一種泛亞主義的理想，他們一直在尋找一位中國「英雄」，以便在他們的幫助之下，把中國從西方帝國主義的手中「拯救」出來。

孫中山得到日本朝野的「支持」，就積極籌備發動第二次武裝起義。準備工作分三個方面進行：陳少白回香港辦報，設立革命機關；史堅如、鄭士良深入內地聯絡各地會黨，糾集起義隊伍；孫中山則在海外活動，負責籌集起義所需的餉械。一九〇〇年一月二十五日，由陳少白主編的《中國日報》在香港正式創刊。《中國日報》分日報和旬報兩種，它的創辦，有兩方面的意義。一是起了恢復和組織革命

中國日報
"China"
No 1215 Tuesday, 22nd MARCH 1904, Nos. 92 & 94, Hollywood Road, Hongkong
甲辰年弍月初六日 禮拜二 新聞紙第壹仟弍百拾伍號

陳少白主編的《中國日報》

力量的作用。二是開啓了革命黨人辦報鼓吹革命之先河。興中會最初的宣傳品，只有《揚州十日記》一種。一八九九年間興中會在日本曾以「中國合衆政府社會」的名義印製革命宣傳品，寄往美洲、檀香山及南洋各屬華僑，請其協助革命。此外見諸文字者很少。《中國日報》的創辦，表明革命黨人已經認識到創設宣傳機關的必要性。陳少白在籌備辦報的同時，又按計畫聯絡會黨，召集黨人。與此同時，孫中山在日本也積極活動，籌畫起義。由於當時臺灣總督兒玉源太郎對於孫中山的革命主張很贊成，答應起事後設法相助，所以孫中山對於第二次革命變更計畫，不到廣州發難，預備先在惠州起事，沿海向東前進。孫中山在臺灣等候，如果這邊軍隊能夠打到廈門，他就可以渡過臺灣海峽，親自督師。

一九〇〇年九月二十八日，孫中山抵達臺灣基隆。然而，就在此前兩天，日本山縣有朋內閣總辭職，新任首相伊藤博文對華政策發生較大變化。孫中山抵臺後第二天，日本內務省總務長即電示臺灣民政長官，對孫中山利用臺灣的起義計畫，採取防遏方針，並嚴格阻止日本人參與中國革命。①這樣，原訂的由臺灣接濟軍火計畫落空。孫中山又謀潛渡內地及密運軍械計畫，也完全失敗。然而，惠州方面的起義準備已引起清政府的注意，兩廣總督德壽命水師提督何長清率虎門防軍四千人進駐深圳，命提督鄧萬林率惠州防軍進駐淡水、鎮隆，對起義軍的駐地形成兩面夾擊之勢。一九〇〇年十月六日，起義軍被迫迎戰，起義爆發。由於原訂的從臺灣接濟起義軍的計畫落空，孫中山只好下令中止起義，惠州起義失敗。

與乙未廣州起義比較起來，惠州起義在輿論準備、運動會黨、爭取外援等方面顯然要充分得多。不過，惠州起義仍然未能跳出廣州起義的那套模式，依然企圖靠從香港和海外進行點滴的滲透來顛覆清政府，並且對帝國主義列強抱有極大的幻想。孫中山在組織策畫起義時也是把希望寄託在日本的援助上，結果，當日本的

①陳錫祺主編：《孫中山年譜長編》上冊，中華書局一九九一年版，第二百四十六頁。

態度發生變化時，起義也不得不半途而廢。帝國主義列強是不會眞心支持中國革命的，想從它們那裏得到援助的計畫必然落空。

惠州起義雖然失敗了，但它造成的影響卻是積極的。這表現在兩個方面。一方面，惠州起義進一步提高了孫中山的聲望，鞏固了他作爲革命黨領袖的地位。如果說倫敦蒙難使孫中山名揚四海，並確立了他的革命領袖地位，那麼惠州起義則使他的領導地位進一步鞏固，孫中山成了革命救國的代名詞；另一方面，惠州起義是一份宣言書，它進一步促進了民衆的覺醒和革命思想的傳播。孫中山說，「經此失敗而後，回顧中國之人心，已覺與前有別矣。當初次之失敗也，舉國輿論莫不目予輩爲亂臣賊子、大逆不道，咒詛謾罵之聲不絕於耳，吾人足跡所到，凡認識者，幾視爲毒蛇猛獸，而莫敢與吾人交遊也。惟庚子失敗之後，則鮮聞一般人之惡聲相加，而有識之士且多爲吾人扼腕嘆惜，恨其事之不成矣。前後相較，差若天淵。吾人睹此情形，中心快慰，不可言狀，知國人之迷夢已有漸醒之兆。」①

① 孫中山：《建國方略》，《孫中山全集》第六卷，第二百三十五頁。

三 留學生轉向革命

惠州起義失敗後，孫中山又到了日本。經此失敗，孫中山意識到，革命要想成功，還得「聯絡學界」。一九〇二年他與劉成禺、程家檉等人談話時說，「歷朝成功，謀士功業在戰士之上，讀書人不贊成，雖太平天國奄有中國大半，終亡於曾國藩等儒生之領兵。……士大夫以爲然，中國革命成矣。」[1]基於這種認識，孫中山努力擴大與留日學界的交往。而此時，留學生的態度也在悄然發生著變化，越來越多的留學生開始轉向革命。

東京留日學生的轉變是具有典型意義的。中國的留日學生雖然發端於一八九六年，但在一九〇〇年以前留日學生基本上是各自分散求學，沒有結成什麼團體。一九〇〇年留日學生增多，他們在維新失敗和瓜分危機的刺激下，救國熱情進一步高漲。但在一九〇三年以前，留學生信奉改良主義者居多，一九〇三年之後，留學生信奉革命主義者居多。這種變化基於兩個方面的原因，一是留學生對清政府的

[1] 陳錫祺主編：《孫中山年譜長編》上冊，中華書局一九九一年版，第二百八十五頁。

失望；二是留學生對改良派的失望。留日學生與清政府之間的衝突從一開始就有。一九〇二年發生的成城學校入學事件使這種衝突表面化。是年七月，吳稚暉、孫揆均二人為敦促清政府駐日公使蔡鈞保送自費生入成城學校學習陸軍，帶領同學到使館靜坐請願，被蔡鈞勾結日本警方逮捕。八月六日，東京警署將吳、孫二人押解出境，吳稚暉決心「以屍為諫」，投水自沉，欲以一死喚醒群夢。雖獲救不死，卻使留學生大受刺激，國恥觀念益湧起於學生人人之胸中，革命情緒逐漸漫延。一九〇三年，留日學界又發生拒俄事件。是年四月，留日學生驚聞沙俄拒絕從中國東北撤軍，決定組織拒俄義勇隊，後改為學生軍，推藍天蔚為隊長，準備回國「在政府統治之下」，開赴疆場，但遭到留學生監督汪大燮的阻擋。學生軍遂又改名為軍國民教育會，規定以「養成尚武精神，實行愛國主義」為宗旨，但軍國民教育會也僅僅存在兩個月，就在清政府的鎮壓和內部矛盾的衝突下瓦解了。不過，清廷對留日學生的敵視態度和鎮壓措施卻把許多原本對清政府還存有幻想的人推向了革命的一邊。

留日學生思想轉變的另一個原因就是對改良派的失望。戊戌變法失敗後，康有為、梁啟超亡命日本，梁啟超創辦《清議報》，倡說「國民」觀點，對留日學生的影響非常大，以致留學生界人人爭說「國民」。梁啟超又創辦《新民叢報》，提倡「新民說」，更使他的威望達到頂峰。許多留學生在國內時即是維新改良主張的積極擁護者，東渡日本後也以傾向保皇立憲爲多。然而這種情況在自立軍起義失敗後有所改變。一九〇〇年的自立軍勤王事件是保皇黨策畫的一件大事。其直接的目的就是請光緒帝重定，康、梁是此次事件的主謀，實際運動方面則有唐才常、徐勤等。此次起事因多方面的原因失敗，唐才常等被捕死難。起義失敗後，保皇會的信用漸失，保皇會內部也發生分裂，許多參加勤王運動的留學生紛紛轉向革命。一九〇三年，梁啓超一反過去「破壞主義」的立場，轉而主張「開明專制」，這使他在留學生中的政治威信一落千丈。對改良派的失望也進一步推動了留學生思想的轉變。

鄒容和他的《革命軍》

一九〇三年四月，留日學生鄒容因爲與張繼等人剪掉了駐日南洋學生監督姚文甫的辮子而被迫回國。回國後入上海愛國學社，與章太炎、章士釗十分投合，結爲兄弟。當時正好拒俄運動興起，鄒容「深悟清政府之不足恃，且傷內外志士之不脫奴隸根性，於是發憤草《革命軍》一書。」①《革命軍》在四月間全部脫稿，五月由友人集資交上海大同書局正式出版。鄒容也因之下獄，一九〇五年死於獄中。

《革命軍》一書共分七章，第一章緒論，歌頌革命的神聖偉大。鄒容用火一般的熱情，詩一般的語言寫道，「革命者，天演之公例也。革命者，世界之公理也。革命者，爭存爭亡過渡時代之要義也。革命者，順乎天而應乎人者也。革命者，去腐敗而存良善者也。革命者，由野蠻而進文明者也。革命者，除奴隸而爲主人者也。」「我中國今日不可不革命，我中國今日欲脫滿洲人之羈縛，不可不革命，我中國欲獨立，不可不革命，我中國欲與世界列強並雄，不可不革命，我中國欲長存於二十世紀新世界上，不可不革命，我中國欲爲地球上名國，地球上之主人翁，不

---

① 馮自由：《革命逸史》（上），新星出版社二〇〇九年版，第二百二十五頁。

可不革命。」「巍巍哉！革命也。皇皇哉！革命也。」①在第六章，鄒容運用盧梭的自由平等學說，模擬美國革命獨立之義，設計了一套「中華共和國」的方案，其中特別強調，中華共和國爲自由獨立之國，全國人民一律平等，生命自由及一切利益之事，皆屬天賦之權利。這顯然是一個資產階級共和國方案。它把自由、平等、天賦人權的學說與反滿問題聯繫起來，這比當時許多人單純地從種族角度立論要高出許多。更重要的是，「共和」這個讓無數人獻出生命的字眼，從此成爲一代知識份子共同的理想追求。

與留日學生相比，留歐學生的轉變要稍晚一些，而且這種轉變是在孫中山的努力下促成的。一九〇五年初，孫中山抵達布魯塞爾，留學生二十餘人到車站迎接。隨後的幾天，孫中山就革命方略問題與留學生展開了討論。留學生雖然渴望追隨孫中山，但並不意味著他們完全贊同孫中山的觀點。在革命的依靠力量方面，他們與孫中山有很大的分歧。經過討論，各方面的意見漸趨一致，孫中山遂建議組建革命

① 鄒容：《革命軍》，見中國史學會編《辛亥革命》（一），上海人民出版社一九五七年版，第三百三十三頁。

團體，大家都表示同意。於是孫中山當場書寫誓詞，要求大家宣誓。誓詞爲：「具願書人×××當天發誓：驅除韃虜，恢復中華，創立民國，平均地權，矢信矢忠，有始有卒，倘有食言，任衆處罰。天運×年×月×日××押。主盟人孫文。」宣誓後孫中山還向各位傳授了見面時的各種秘密手勢和口號，如問：君從何處來？答：從南方來。問：向何處去？答：向北方去。問：貴友爲誰？答：陸皓東、史堅如二人，手勢爲駢指交鈎握手法。①這套儀式顯然是從三合會那裏來的。此次加盟的留學生有三十餘人，約占留比學生人數的十分之九。

在布魯塞爾建立了革命團體後，孫中山又到了柏林。他在柏林一共待了十二天，白天處理信件，外出遊覽，晚上與留德學生討論革命建設之事。他似乎很容易就贏得了留學生的信服，只有一個叫薛仙舟的學生反對平均地權，另一個叫馬德潤的學生不贊成五權憲法，主張照搬德國憲法。最後一晚，留德學生二十餘人也在孫中山的主持下宣誓加盟成立革命團體，一切均按布魯塞爾的儀式進行。

在柏林留學生的革命團體建立之後，孫中山就直接到了巴黎。巴黎的情況要複

①陳錫祺主編：《孫中山年譜長編》上冊，中華書局一九九一年版，第三百二十九—三百三十頁。

雜些，留學生思想歧異，良莠不齊。但孫中山還是充滿信心，每當有留學生往訪，他總是「口講指劃，力言滿清政府之腐敗，國家之危急，繼即詳述革命學說，旁及平均地權、節制資本、約法及革命軍前進時，後方政治如何組織，地方治安如何維持及種種計畫等。」①最後，孫中山說服了唐豸、馮承鈞、湯薌銘、向國華等十餘人加盟，組成了留法學生革命團體。

從上述三個革命團體建立的過程看，布魯塞爾的組織較好，因為參加者多半在國內已有革命活動經驗，有一定的思想基礎。柏林和巴黎兩地的革命組織顯然不夠嚴密。有些加盟者並非真心傾向革命，只是出於一時好奇，或因大勢所趨，衆意難違才加盟的，以致發生學生背盟事件。先是在柏林加盟的王發科、王相楚二人對加盟一事頗感後悔，遂潛往巴黎，約集在巴黎加盟的湯薌銘、向國華同去拜訪孫中山，四人將孫中山騙至咖啡館，其中兩人回房，用小刀割開孫中山的皮包，盜去全部盟據，向清朝駐法公使孫寶琦自首。孫寶琦雖未深究，但對孫中山仍是一個打擊，他幾個月來奔走聯絡的成果幾乎毀於一旦。事後，留歐學生整頓組織，重

① 陳錫祺主編：《孫中山年譜長編》上冊，中華書局一九九一年版，第三百三十二頁。

具願書。計此次入盟者在比有史青、賀之才、魏宸組、胡秉柯、喻毓西、劉蔭弗、李藩昌、李仁炳、程光鑫、陳寬沅十人，在法者僅唐豸一人，在德者有朱和中、周澤春、錢匯東三人。同時還成立駐歐執行小組，由胡秉柯、史青等九人負責執行會務，賀之才、史青等又組織公民黨作爲週邊機構，宗旨中取消平均地權一項，以容納贊成革命但反對平均地權的人。與開始時一樣，重新組織的革命團體開始時並沒有一個確定的名稱，後同盟會本部在日本成立後，才定名爲同盟會。

留歐學生的加盟，對後來的革命運動產生了積極影響。首先，留歐學生大部分爲湖北人，此次聯絡，爲後來孫中山與湖北革命志士建立關係打下基礎；其次，孫中山在與留歐學生的接觸中，進一步認識到了知識份子與新軍的重要性，同盟會時代不完全依靠會黨，即始於此；最後，也是最重要的，孫中山從留歐學生革命團體的組建過程中，認識到建立大團體的必要性，這一思想直接導致了同盟會的產生。所以後來孫中山把歐洲學生的加盟視爲「革命同盟會成立之始。」①

① 《孫中山全集》第六卷，中華書局二〇〇六年版，第二百三十七頁。

四 革命團體相繼建立

留學生的變化與國內的變化是緊密聯繫在一起的。就在一九〇四年前後，各種革命團體像雨後春筍般地湧現出來。導致這種轉變的原因有二，一是由於清政府的鎮壓。一九〇三年六月，清廷以《蘇報》「故意誣衊今上，排詆政府」，「心懷叵測，謀爲不軌」爲由，逮捕了《蘇報》主筆章太炎等人，封閉了報館，製造了轟動一時的《蘇報》案。之後，清廷屢下禁止報館、嚴拿主筆的諭令，各省也紛紛出示，禁止購買言論激烈的書報，售者閱者，均須提究。一些人不得不暫時放棄宣傳工作，轉入秘密的反清組織活動。此其一。其二，許多具有反清傾向的知識份子在飽受了清廷高壓政策之苦後，更感覺到實際運動的必要。要運動就必須有組織，在一九〇三年以前，各地革命志士的活動大多以省爲單位，具有明顯的地域性；一九〇三年後半年，留日學界掀起一股「非省界」的潮流，他們呼籲打破省界，消除地域觀念，合小群而爲大群，聯合建立大團體。就在這種背景下，一九〇四年前後，許多革命團體紛紛建立，其中對整個革命運動影響較大的當推華興會、科學講習所和光復會。

（一）黃興與華興會

黃興（一八七四—一九一六）原名軫，字岳生，號廑午，慶午，後改名興，號克強，湖南善化人。他出生在一個塾師家庭，二十二歲中秀才。一八九八年入武昌兩湖書院，接觸到一些新學知識，革命思想開始萌生。一九〇二年，他作爲湖北省官費生被選派赴日本留學，入東京宏文學院速成師範科。課餘之暇，他延請日本軍官講授軍略，練習技擊。開始時「沒有斷發，也未嘗大叫革命」[1]。一九〇三年四月，得知沙俄拒

黃興像

① 魯迅：《因太炎先生而想起的二三事》，《魯迅全集》第六卷，人民文學出版社二〇〇五年版，第五百七十九頁。

絕按原約從東北撤軍的消息後，方知「中國大局，破壞已達極點。今而後惟有實行革命，始可救危亡於萬一耳。」①他積極參加拒俄義勇隊、軍國民教育會的活動，給義勇隊員教授槍法，又以軍國民教育會自認「運動員」的身份回國，策畫反清革命。

一九〇三年六月，黃興抵上海，遇到章士釗和胡元倓。胡元倓邀請黃興到他主持的長沙明德學堂任教。黃興欣然應允。恰好那時《蘇報》案發生，章士釗遂與黃興同返湖南，途經武昌，黃興應邀到兩湖書院發表演講。他大講滿漢畛域及改革國體政體之理由，並散發《革命軍》等宣傳品，鼓吹反清革命，觸怒張之洞，被驅逐出武漢。是年秋，他在長沙明德學堂速成師範班任生物、圖畫教習。課餘之暇，時向學生灌輸革命學說。那時，明德學堂聘請的教員中，許多人是富有革命思想的，如張繼教歷史，周震鱗教地理，蘇曼殊教國文，明德學堂儼然成爲長沙革命志士集合的中心。

①《黃克強先生榮哀錄》，轉引自金冲及、胡繩武《辛亥革命史稿》第一卷，上海人民出版社一九八〇年版，第三百二十五頁。

1905年，華興會部分領導人在日本的合影（左一為黃興，左四為宋教仁）

一九〇三年十一月初，劉揆一從日本回到長沙。黃興在離日回國之前就曾與劉揆一討論過回國後革命進行方略，並相約在長沙共舉。劉揆一回來後，原來擬議中的組建革命團體的事就實際運作起來。十一月四日，正好是黃興二十九歲的生日，黃興借祝壽爲名，召集宋教仁、陳天華、劉揆一、張繼等二十多人，在長沙西區保甲局巷彭淵恂家裏，舉行秘密會議。會上決定成立華興會，對外採用「華興公司」的名義，以「興辦礦業」爲名，從事反清革命活動。一九〇四年二月十五日，華興會在明德學堂校董龍璋的寓所裏正式召開成立大會。選舉黃興爲會長，劉揆一、宋教仁爲副會長。會上討論了革命進行的方針，黃興在會上提出了「雄踞一省與各省紛起」的想法。根據這一方針，華興會把工作重點放在聯絡會黨與軍隊，爲此，華興會又專門成立了兩個週邊組織：一是同仇會，專爲聯絡哥老會，策動會黨起義的機構；另一個是黃漢會，專爲運動軍隊參加起義的機構。但那時湖南新軍剛剛開始興辦，舊式軍營一時又難以下手，因此華興會運動的重點放在哥老會。在這方面，華興會取得了相當的成功。他們爭取到了哥老會首領馬福益的支持。黃興授馬福益少將頭銜，並贈馬福益長槍二十杆，手槍四十支，馬四十匹。

與此同時，聯絡其他各省回應起義的工作也按計畫進行。宋教仁、胡瑛前往武昌，設立華興會支會，並聯絡湖北革命組織科學補習所，約定湖南起義，湖北回應；陳天華、姚宏業等前往江西，遊說江西巡防營統領廖銘縉回應湖南起義；周維楨、張榮楣則接洽四川會黨，促其與兩湖會黨合作；楊守仁、章士釗則前往上海、南京一帶策應一切，準備工作進展順利。

起義原定於十一月十六日慈禧太后七十壽辰時舉行。當全省文武要員齊集一起慶賀時，起義軍將引爆預先埋好的炸彈，然後乘勢佔領長沙。不料起義前十餘日，有會黨兩人走漏了風聲，長沙起義未及發動就被破壞。黃興等華興會骨幹先後避往上海，馬福益逃到廣西。黃興在上海繼續召集同志，另設「愛國協會」，準備分途運動大江南北之學界軍隊，在鄂、寧等處起義。馬福益也潛回湖南，圖謀再舉，不幸被捕，不久遇害。黃興也因萬福華謀刺王之春案牽連入獄，幸好身份沒有暴露，兩天後即獲釋。華興會經此波折，重要骨幹黃興、宋教仁、陳天華均亡命日本。

（二）科學補習所

科學補習所最初發起人是張難先和胡瑛。當時，湖北革命黨人普遍認為，革命非運動軍隊不可，運動軍隊，非親身加入軍隊不可。張、胡兩人遂投身湖北陸軍第八鎮工程營充當士兵。他們向士兵散發《猛回頭》、《孫逸仙》、《黃帝魂》、《革命軍》等書，漸漸爭取到了一些同志。到一九〇四年六月，他們與同營的朱元成、陳從新、雷天壯等及學界同情革命的呂大森、歐陽瑞驊、曹亞伯等十二人發起組織機關，在武昌閂級營同慶酒樓開籌備會，決定成立科學補習所，名義上的宗旨是研究科學，實際上的宗旨是「革命排滿」。七月三日，科學補習所正式成立，呂大森任所長，胡瑛為幹事，曹亞伯任宣傳，時功璧任財政，宋教仁任文書，康建唐任庶務。胡瑛、宋教仁、曹亞伯等都是華興會的會員，兩個革命組織之間的血脈是相連的。

七八月間，黃興自上海返回長沙，途經武漢，科學補習所開會歡迎。黃興告以長沙起義計畫，科學補習所成員一致贊成，並當即表示屆時回應。之後，科學補習所開始了回應起義的準備工作。他們印製了軍用票三十萬張，以備起義時兩省之用，同時派會員赴各地聯絡會黨。正當一切均按計畫積極進行之時，華興會長沙起義事情洩露。清政府從華興會機關中搜得檔，知道科學補習所也參與了密謀起義，當即電告張之洞處置。但科學補習所已先得黃興來電，由胡瑛、王漢等將槍械轉移到漢陽鸚鵡洲，劉靜庵燒毀了所有檔冊據，張難先通知同志轉移。當夜軍警圍所搜查，但一無所獲。不過經此挫折，科學補習所的活動也就停止了。

科學補習所只存在了三四個月，但對湖北的革命運動有著十分深遠的影響。科

科學補習所章程

補習所章程（湖北武昌省城獵馬廠口宜昌招待所內）

●一　定名

學界同志於正課畢時思補習未完之課故名補習所

●二　宗旨

集各省同志取長補短以期知識發達無不完全

●三　職員

(甲)總理一員總庶務大綱
(乙)庶務幹事二員　經理一切庶務
(丙)補習教員六員　就同人中選擇學問優長者充當義務教員值星期輪流爲同人講習功課
(丁)會計幹事一員管理出入度支
(戊)書記幹事一員　掌往來信件書稿等事

學補習所的成員，大多是下層知識份子，他們特別重視軍隊，並且能夠直接投身到軍隊中去從事宣傳和組織工作，這個優點，他們後來一直保持下去，並且得到了發揚。辛亥革命所以能在湖北首先得到成功，應該說，同湖北革命黨人這種長期的深入工作是分不開的。

（三）光復會

一九〇三年十月，在東京的浙學會會員蔣尊簋、許壽棠、沈瓞民等聚集在《浙江潮》編輯王嘉禕的寓所密商，討論的結果，決定另行組織秘密的革命團體，目的不僅要加強革命宣傳工作，首要在於力行，要用暴力發動武裝起義。其進行的方式，是在湖南、安徽或浙江選定一省，實行武裝佔領作為根據地，再逐步擴展。十一月，浙學會會員在王嘉禕寓所再次開會，陶成章、龔寶銓、魏蘭也參加了會議，決定陶成章往浙江，魏蘭往安徽，龔寶銓往上海，張雄夫、沈瓞民往湖南，聯絡各地會黨和革命志士，共圖大計。

一九〇四年二月十一日，陶成章抵杭州，寓於《白話報》館，該報主筆孫翼中也是浙學會會員，曾任《浙江潮》主編。陶成章經孫翼中介紹認識了已被清政府收監的白布會首領濮振聲。濮為陶出介紹函數通、名片數十通，並稱：凡持其名片往新城、臨安、富陽、於潛、昌化、分水、桐廬等處，沿途均可有照料，不致有日暮途窮之感也。得此相助，陶成章遍遊各地，詳探各種秘密社會情狀。陶早有聯絡會黨之意，他的目標，是要把會黨從原有的「反清復明」的宗旨引導到民主革命的道路上，使之成爲革命的武裝力量。這一點在他起草的《龍華會章程》中充分體現出來。由他規定的龍華會宗旨是：「趕去了滿洲韃子皇家，收回了大明江山，並且要把田地改作大家公有財產，不准富家們霸佔，使得我們四萬萬同胞，並四萬萬同胞的子孫，不生出貧富的階級，大家安安穩穩享福有飯吃呢。」他設想革命成功以後實行總統制，或市民政體，或無政府，「但無論如何，皇位是永遠不能霸佔的。」①可見，陶成章的目標不僅是發動會黨起來革命，而且要改造會黨。

一九〇四年八月，陶成章聯絡各地會黨的工作已有頭緒後回到上海。龔寶銓也回到上海，並在上海組織暗殺團。但暗殺團人數極少，力量單薄，龔寶銓極想擴大組織，經與陶成章商量，決定根據東京浙學會的原議，組織一革命團體。那時章太炎尚在獄中，唯蔡元培係翰林院編修，聲望素高，欲推爲首領。於是龔與蔡相商，決定成立

①陶成章：《龍華會章程》，見中國史學會編《辛亥革命》（一），上海人民出版社一九五七年版，第五百四十、五百三十八頁。

光復會，並由蔡元培自動提出請陶成章參加。是年十月光復會在上海正式成立。

光復會又名復古會，它的入會誓詞是：「光復漢族，還我河山，以身許國，功成身退。」按照章太炎的解釋，「驅逐異族，謂之光復，今中國既滅亡於逆胡，即當謀者光復也。」可見，這一組織的著眼點在「驅逐滿族」，表現出較強的漢民族主義色彩。

光復會成立後，圍繞發展組織、聯絡會黨、密謀起義三個方面展開工作。蔡元培以敖嘉熊素負重望，親自邀請他加入光復會。敖拒絕入會，但同意把光復會在浙江的聯絡點設在溫台處會館。一九〇五年夏，溫台處會館因資金無法維持而解散，光復會的聯絡點轉移到紹興的大通學堂，由徐錫麟、陶成章主持。大通學堂創辦於

光復會領導人在日本的合影

一九〇五年九月，徐錫麟原意以大通學堂作革命黨人的軍需供應地，後經陶成章建議，大通學堂改爲師範學校，設體操專修科，學制半年，綠林豪傑麇集其間，勢力益盛。這樣，徐錫麟實際上成了光復會的負責人，而紹興也就成了光復會的中心。

除了華興會、科學補習所、光復會外，一九〇四年前後出現的革命團體還有江西的易知社、安徽的岳王會、日本的共愛會等。在一九〇四年以前，資產階級革命派的政治團體還只有興中會一個。到一九〇四年，一下子湧現出許多團體，而且遍及江、浙、湘、鄂、皖、閩、贛、川、陝等地，從其成員來看，他們都是資產階級、小資產階級知識份子，這表明，一種新型的資產階級革命力量即資產階級革命派已經在全國範圍內形成了。這時候最需要的是公認的領袖和統一的組織。正在爲革命四處奔波中的孫中山開始被越來越多的革命者所接受。

五 中國同盟會及其綱領

一九〇五年七月十九日，孫中山抵達日本橫濱。此時孫中山在留學生中的形象已經有很大的改變。大約在一九〇二年之前，由於缺少瞭解，孫中山在知識界的形象很糟，秦力山認爲他是海賊，吳稚暉則懷疑他不識字，在這之後，孫中山成了中國反清革命的一面旗幟。這中間宮崎寅藏的《三十三年之夢》起了很大作用。該書詳細介紹了孫中山的革命思想與事蹟，也正好迎合了當時中國知識界迫切需要一個榜樣和領袖來引導革命的心理。許多人，包括黃興在內，都是通過這本書瞭解孫中山的。

孫中山抵橫濱後，留日學生前往拜訪者絡繹不絕，數日後，留日學生即派代表百餘人，將孫中山迎往東京。孫中山一到東京，即四出拜訪有志之士，他先與程家檉會面，然後又與程家檉一起訪問了楊度。據說孫、楊二人「聚議三晝夜不歇，滿漢中外，靡不備論，革保利弊，暢言無隱。」[1]但兩人政見分歧很

孫中山與黃興在東京首次會晤。左為孫中山，右為黃興

① 陳錫祺主編：《孫中山年譜長編》上冊，中華書局一九九一年版，第三百三十九頁。

大。孫中山認爲中國非改革無以圖存，但與清政府談改革，無異於與虎謀皮，因此必須發動民主革命，推翻這個昏庸腐朽的政府，爲改革政治創造條件。楊度則認爲，民主革命的破壞太大，清政府雖不足以有爲，但若有有爲者出世，施行君主立憲，則事半功倍。這一次會談並沒有什麼結果，兩人商定各行其是。眞正意義重大影響深遠的，還是孫、黃之間的會晤。大約是在七月下旬，孫中山與黃興在東京首次會晤，兩人一見如故。隨後，孫中山又與華興會的宋教仁、陳天華等在《二十世紀之支那》雜誌社會晤。會談中孫中山縱談政治大勢和革命方法，主張各革命團體互相聯合。這是孫中山首次系統表述聯合組黨的必要性，其要點有二：（一）分散起義可能導致國家分裂，引起外國乘機「干涉」，並進而導致亡國；（二）會黨力量分散，若知識份子出而聯絡他們，領導他們，則可成就大業。可見，孫中山看到了地域主義、分散主義的危險性，也瞭解革命所要依靠的力量，反映出他對當時國內國際的形勢都有比較清楚的認識，表現了一個領袖人物所必須具有的高瞻遠矚、審時度勢的能力。

孫中山的建議引起了華興會內部的爭議。七月二十九日，黃興召集華興會骨幹開會，討論與孫中山合作問題，據宋教仁所記，黃興同意與孫中山合作，但主張形式上加入孫中山的組織，精神上仍然保留華興會的宗旨。陳天華則主張以華興會爲主與孫中山聯合，宋教仁則稱應先研究將來入會者與不入會者之關係，最後決定是否加入孫中山的組織，個人自由決定。①雖然內部出現了分歧，但聯合組黨已是大勢所趨，這就爲同盟會的成立奠定了基礎。從整個過程來看，孫、黃會晤是同盟會成立的起始點，其意義十分重大，沒有孫、黃之間的攜手，同盟會的成立是不可能的。

一九〇五年七月三十日，中國同盟會籌備會議在東京赤阪區檜町黑龍會內日本友人內田良平家裏舉行。與會者包括興中會、華興會、光復會及留日學生中其他團體的部分成員七十六人。他們來自全國十個省，除孫中山、黃興外，還有宋教仁、張繼、馬君武、汪精衛、田桐、居正、李烈鈞、唐繼堯、閻錫山、曹亞伯等後來有名的人物參加了會議；日本人宮崎寅藏、內田良平、末永節等人也參加了會議；孫中山作爲發起人被推爲會議主席。會上，孫中山首先演說，宣講革命的理由、革命的形勢與革命的方法。他強調全國各地的革命組織應聯合起來，結成新團體，協力從事革命工作。黃興等相繼演說。演說完畢，孫中山主持討論新團體的名稱和宗

① 宋教仁：《我之歷史》，《宋教仁集》下冊，中華書局一九八一年版，第五百四十六頁。

旨。關於名稱，湖南學生張明夷認爲革命以推翻滿清爲志，當以對象立名，建議用「對滿同盟會」的稱號。孫中山不同意。他認爲革命不專在排滿，還要廢除專制、創建共和，任何對革命事業表示同情的人，也應該允許其入會，因而主張用「中國革命同盟會」的稱號。黃興認爲，鑒於這個組織是從事秘密活動的，「革命」一詞應該刪去。經過討論，黃興的意見被採納了，「中國同盟會」的名稱就這樣定了下來，①關於宗旨，孫中山建議以「驅除韃虜，恢復中華，創立民國，平均地權」十六字作爲同盟會的革命宗旨，有人對「平均地權」表示異議，要求取消。孫中山在海外生活了二十多年，已經覺察到資本主義社會的某些弊端，想以「平均地權」的辦法避免重蹈歐美資本主義的覆轍。他解釋說，「現代文明國家最難解決者，即爲社會問題，實較種族、政治二大問題同一重要；我國雖因工商業尚未發達，社會糾紛不多，但爲未雨綢繆計，不可不杜漸防微，以謀人民全體之福利；欲解決社會問題，則平均地權之方法，乃實行之第一步；本會係世界最新之革命黨，應立志遠大，必須將種族、政治、社會三大革命，畢其功於一役。」「不當專問種族、政治

① 薛君度：《黃興與中國革命》，湖南人民出版社一九八〇年版，第四十九頁。

二大問題，必須並將來最大困難之社會問題亦連帶解決之，庶可建設一世界最良善富強之國家。」經解釋後，雖仍有少數人持保留態度，但最終獲得通過。黃興隨即倡議舉孫中山爲總理，衆皆舉手贊成。隨後由孫中山起草盟書，經黃興、陳天華審定。盟書如下：「聯盟人，×省×府×縣人×××，當天發誓：驅除韃虜、恢復中華，創立民國，平均地權，矢信矢忠，有始有卒。如或渝此，任衆處罰。天運乙巳年七月×日，中國同盟會員×××」。每人各自書寫盟書一紙，孫中山率衆人同舉右手，對天宣誓入盟。宣誓後，孫中山至隔室分別授會員以同志相見之握手暗號及秘密口號：如問：何處人？答：漢人，問：何物？答：中國物，問：何事？答：天下事。隨即與各會員一一行新握手禮。禮畢，孫中山欣然說道：爲君等慶賀，自今日起，君等已非清朝人矣。最後，衆人推黃興、陳天華、宋教仁等八人爲起草員，負責起草同盟會章程，提交成立大會上討論。①

這次會議後，孫中山在革命派中領導地位基本確立。爲了擴大他在留日學生中的影響，爲同盟會的正式成立作準備，黃興、宋教仁發起並組織了留日學生歡迎孫

① 陳錫祺主編：《孫中山年譜長編》上冊，中華書局一九九一年版，第三百四十四、三百四十五頁。

中山大會。一九〇五年八月十三日歡迎大會在東京曲町區富士見樓舉行，到會者一千三百餘人，會場氣氛熱烈，盛況空前。孫中山在會上作了長篇充滿強烈民族主義精神的演講。他抓住了當時年輕的中國人的情緒，許多原來爲保皇派立憲主張所迷惑的人，「至是聞總理言，始渙然冰釋。」[1]同時，孫中山又給人們描繪了一幅中國未來美好前景的圖畫，點燃了人們心中的希望之火。孫中山贏得了所有有革命傾向的留日學生的信任，爲同盟會成立大會的勝利召開鋪平了道路。

一九〇五年八月二十日，中國同盟會成立大會在東京赤阪區靈南阪日本人阪本金彌寓所舉行，到會者有百餘人。由黃興宣讀章程並獲得通過。會議通過的章程規定以「驅除韃虜、恢復中華、創立民國、平均地權」十六字綱領爲宗旨，以東京爲同盟會本部所在地，設總理一人，由會員投票公舉，任期四年，可連選連任，總理對於會外有代表本會之權，又於會內有執行事務之權。章程還規定同盟會下設執行、議事、司法三部；執行部下分庶務、內務、外務、書記、會計、調查六科。庶務、內務、外務、會計各科職員各一人，書記科職員無定數；調查科設科長一人，

① 鄒魯：《中國同盟會》，見中國史學會編《辛亥革命》（二），上海人民出版社一九五七年版，第六頁。

科員無定數，各科職員均由總理指任，並分配其許可權。議事部有議本會規則之權，議員由全體會員投票公舉，以三十人爲限，每年公舉一次。章程還規定同盟會在國內設五個支部，即東部（上海）、西部（重慶）、南部（香港）、北部（煙臺）、中部（漢口），在國外設四個支部，即南洋（新加坡）、歐洲（布魯塞爾）、美洲（三藩市）及檀香山。各分部皆直接受本部之統轄，以後又在各省設立分會。會上推舉孫中山爲總理，黃興爲庶務，協助總理主持本部工作，總理不在時，代行一切。

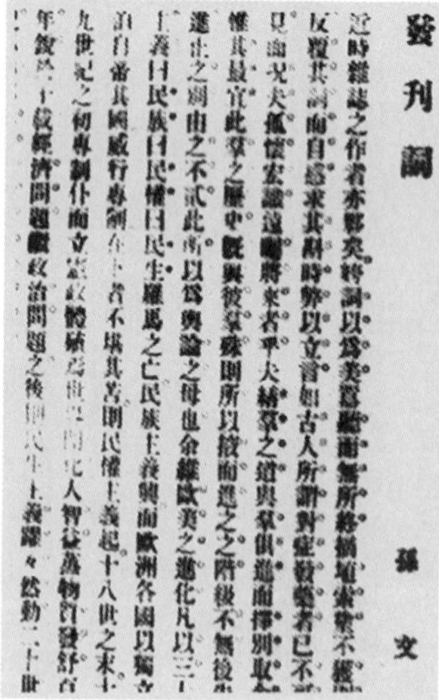
發刊詞　孫文

近時雜誌之作者亦夥矣姱詞以爲美囂聽而無所終摘埴索塗不獲
反覆其詞而自惑求其斟時弊以立言如古人所謂對症發藥者已不可
見而況夫孤懷宏識遠矚將來者乎夫繕羣之道與羣俱進而擇別取舍
惟其最宜此羣之歷史既與彼羣殊則所以掖而進之之階級不無後先
進止之別由之不貳此所以爲輿論之母也余維歐美之進化凡以三大
主義曰民族曰民權曰民生羅馬之亡民族主義興而歐洲各國以獨立
洎自帝其國威行專制在下者不堪其苦則民權主義起十八世紀之末十
九世紀之初專制仆而立憲政體殖焉世界開化人智益蒸物質發舒百
年銳於千載經濟問題繼政治問題之後則民生主義躍々然動二十世

《民報》第一號封面及發刊詞

同盟會的宗旨，就是「驅除韃虜、恢復中華、創立民國、平均地權。」這十六字綱領實則爲三大革命，即民族革命、政治革命和社會革命。在同盟會的機關報《民報》的發刊詞中，孫中山又把這三大革命概括爲民族、民權與民生三大主義，其言曰：「余維歐美之進化，凡以三大主義：曰民族，曰民權，曰民生。羅馬之亡，民族主義興，而歐洲各國以獨立。洎自帝其國，威行專制，在下者不堪其苦，則民權主義起。十八世紀之末，十九世紀之初，專制僕而立憲政體殖焉。世界開化，人智益蒸，物質發舒，百年銳於千載，經濟問題繼政治問題之後，則民生主義躍躍然動，二十世紀不得不爲民生主義之擅場時代也。是三大主義皆基本於民，遞嬗變易，而歐美之人種胥治化焉。其他旋維於小已大群之間而成爲故說者，皆此三者之充滿發揮而旁及者耳。」①從十六字綱領到三民主義，不僅是一種文字的改變，也是一種思想上的深化。它表明同盟會已不同於以往任何的反清秘密組織。這就是它有一個帶有強烈時代特徵的近代化綱領。這一綱領以「民」爲中心，貫穿始終，充分體現了以孫中山爲代表的資產階級革命派已經把握住了時代的思想脈搏，

①孫中山：《〈民報〉發刊詞》，《孫中山全集》第一卷，第二百八十八頁。

努力追趕世界的民主潮流。

按照同盟會章程規定，凡會員皆有實行本會宗旨，擴充勢力、介紹同志之責任。因此，同盟會本部正式成立後，便著手在各省和海外華僑發展組織擴充會員。同盟會本部推定各省一個主盟人，一面吸收本省留日學生入會，一面回國在本省建立同盟會分會。一九〇五年秋以後，

1905年孫中山委派馮自由等去香港創辦同盟會組織的手令

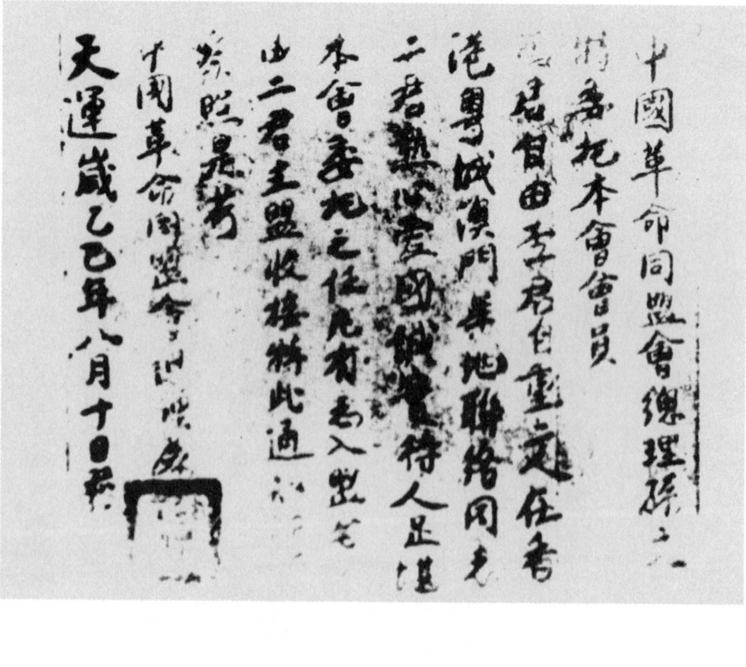

同盟會的組織便迅速在國內各省建立起來。自一九〇五年九月孫中山派馮自由赴香港與陳少白組建國內第一個同盟會分會以後，國內各地分會也陸續建立起來。據不完全統計，到武昌起義前，全國各地建立的同盟會支分會約有七十個，遍佈二十三個省區，甚至西藏和臺灣也有同盟會的活動足跡。與此同時，同盟會在海外華僑中的組織也相繼建立。新加坡、馬來西亞、越南、暹羅、緬甸、菲律賓、澳大利亞、檀香山、美國、加拿大、古巴、秘魯、墨西哥等地都建立了同盟會的支分會，在歐洲的比利時、德國、法國、英國、瑞士等地都設立了同盟會通訊處。同盟會的這些分支機構爲民主革命思想的傳播、團結和爭取海外華僑與愛國人士同情和支持革命作出了重大的貢獻。

同盟會的成立，意義重大，它把全國的革命志士集結起來，有了共同的章程和綱領，共同的宗旨，共同的奮鬥目標，共同的領袖。入會者都以個人名義申請，並須履行一定的組織手段，入會後要遵守規定的組織紀律，整個同盟會從本部到支部再到分會，是一個統一的組織，打破了過去的地域觀念和習慣。所有這一切，使它區別於以往任何一個革命小團體，成爲近代中國第一個資產階級政黨。同盟會的成立，是中國民主革命進程中的一件大事，資產階級革命派有了統一的指揮中心，就必然爲革命事業打開一個新局面。孫中山說：「自革命同盟會成立之後，予之希望則爲之開一新紀元。蓋前此雖身當百難之冲，爲舉世所非笑唾，一敗再敗，而猶冒險猛進者，仍未敢望革命排滿事業能及吾身而成者也；其所以百折不回者，不過欲有以振起既死之人心，昭蘇將盡之國魂，期有繼我而起者成之耳。及乙巳之秋，集合全國之英俊而成立革命同盟會於東京之日，吾始信革命大業可及身而成矣。」[1]

---

①《孫中山全集》第六卷，第二百三十七頁。

第三章 社會動員

一、聯合改良派的嘗試

二、革命與改良的大論戰

三、「歷史」的爭奪

四、反滿輿論的形成

五、立憲派的轉向

CHAPTER 3

第三章 社會動員

一場革命能否成功，在相當大程度上取決於革命的領導者所採取的社會動員策略。近代以前，中國以農民爲主體的革命，從社會動員的角度看，大體有兩種情況，一種是臨時倉促發難，揭竿而起，事前無系統的社會動員，如陳勝、吳廣起義；一種則是秘密結社，暗中動員，悄悄聯絡群衆。直到近代，太平天國和義和團運動，大體也未能超出這兩種模式。然而，以孫中山爲代表的革命派，在經過了初期的短暫摸索之後，很快便擺脫了傳統的社會動員模式，走上了成立革命團體並利用近代新式的輿論工具——報刊來公開宣傳鼓吹革命的新道路。這一創舉使革命思想得到迅速傳播，爲後來辛亥革命的勝利奠定了堅實的思想基礎和社會基礎。

一 聯合改良派的嘗試

在晚清革命過程中，改良派扮演的是反對革命的角色。但對於革命黨人來說，爭取改良派同情或支持革命同樣是非常重要的。孫中山爲此曾做過多次努力。

孫中山聯康的想法始於一八九四年初。那時，孫中山試圖與康有爲結交，但因雙方地位和身份過於懸殊而沒有結果。一八九五年，孫中山在廣州開辦農學會，又請康有爲及其學生梁啓超、陳千秋等加入。陳千秋有意加入，但被康有爲制止。在康有爲眼中，孫中山不過是一海盜式人物，成不了大氣候。一八九六年二月，謝纘泰代表楊衢雲會見了康廣仁等維新派人士，討論兩派聯合與合作問題。同年十月，謝纘泰又與康有爲會晤，雙方達成合作協議。此後謝纘泰和康廣仁還多次代表楊衢雲與康有爲、梁啓超進行談判，康廣仁表示同意謝纘泰的意見，並說，「我們應當把兩黨的『上層』人士召集起來開一次會議，我們希望看到對王朝和千百萬民衆都有好處的『和平』革命。」「像孫逸仙那樣的一些人使我驚駭，他們要毀壞一切，我們不能同這樣輕率魯莽的人聯合。楊衢雲是個好人，我想見見他。」①一八九九年六月，楊衢雲在日本橫濱與梁啓超會晤，再次討論兩派合作問題，但由於康黨一心想控制楊派，合作破裂。

① 陳錫祺主編：《孫中山年譜長編》上冊，中華書局一九九一年版，第一百一十四頁。

孫中山幾次想與康有爲合作都受到冷遇，但他並不灰心。孫中山從英國脫險後，轉赴日本籌備武裝起義。當他聽說康有爲、梁啓超因維新運動失敗也流亡到了日本，就很想去見見他，想與康有爲聯手推進革命事業。於是就托宮崎寅藏爲之介紹。宮崎把孫中山的意思轉告了康有爲，不料康有爲自稱奉清帝衣帶詔，不便與革命黨往還，再次拒絕見孫。此事爲犬養毅所知，犬養毅對革命、保皇兩派皆目爲新黨，一視同仁，他主動出面，邀請孫、陳、康、梁四人到他寓所會談。

會談於一八九九年二月份的一天在東京犬養毅的家裏舉行。康有爲依然托故未來，孫中山、陳少白和梁啓超三人會談十分融洽，但因梁啓超無權做主，最終未能達成結果。兩天以後，孫中山派陳少白主動拜訪康有爲，再談合作問題，亦不歡而散。

梁啓超像

後來會談又進行過幾次，但都是在康有爲缺席的情況下進行的，雙方都表示願意合作，但一到康有爲那裏，便又都推翻了。

維新運動失敗後，日本人營救康有爲、梁啓超，係奉大隈重信之命。日本政府保護康有爲等，基本上是出於與保護孫中山同樣的原因。但大隈政府更重視康梁一派，希望通過康梁使光緒帝恢復權力。在日期間，康有爲、梁啓超以及隨康而來的王照受到日本方面的厚待。朝野人士紛紛登門造訪。「日相大隈伯、文部大臣犬養毅、外務大臣副島種臣、內務大臣品川子爵、名士松崎藏之助、柏文郎、陸實、桂五十郎、濱村藏六、陸羯南三宅等，亦常來遊。」①一八九八年十一月，日本政府發生變動，大隈內閣瓦解，山縣有朋組織新內閣。日本新政府鑒於當時中國國內革命形勢日漸高漲的情形，覺得康有爲東山再起的希望十分渺茫，而且他堅持拒絕與革命派合作，也不符合日本利益，於是對康有爲日趨冷淡。②康有爲被迫於

① 康文佩：《南海康先生年譜續編》，見《康南海自編年譜》（外二種），中華書局一九九二年版，第七十一頁。

② 陳錫祺主編：《孫中山年譜長編》上冊，中華書局一九九一年版，第一百七十七頁。

一八九九年三月二十二日離開東京赴加拿大。

康有爲離開日本，使一度中斷的兩派合作會談又重新開始。擺脫了康有爲的控制，梁啓超顯得異常活躍。他對孫中山的印象不壞，對孫中山的言論主張也很理解，他本人在主持湖南時務學堂時也宣揚過革命，平時對革命也是「甚少反對，而不少贊成」[1]。他處事的原則，也是隨時變通，「但可以救我國民者，則傾心助之，初無成心也。」[2]這些是他接近革命派的基礎。所以康有爲走後，梁啓超與孫中山的往來日趨密切，並漸有贊成革命的趨向，兩派合作的問題也幾近解決。後來，康有爲得知此事，來信把梁啓超痛罵了一頓，並命他馬上離開日本，去檀香山辦理保皇會事務。

梁啓超於一八九九年十二月十九日起程離開日本。臨行，梁啓超約孫中山共商國事，誓言合作到底，至死不渝。此後，兩派繼續就合作問題進行商討，但因彼此在重大問題上的主張差距過大，進展不大。

---

① 陳少白：《興中會革命史要》，見中國史學會編《辛亥革命》（一），上海人民出版社一九五七年版，第六十四頁。

② 丁文江、趙豐田編：《梁啓超年譜長編》，上海人民出版社一九八三年版，第一百八十一頁。

一九〇〇年一月，慈禧太后欲廢光緒皇帝，兩派乘機加快起事準備進程。二月，唐才常在康、梁支持下成立「正氣會」。不久，爲吸收長江中下游一帶會黨，正氣會改爲自立會，並組織自立軍，唐才常負責運動各省會黨及防軍發難，康、梁師徒負責向海外華僑募集餉糈接濟義師。①

唐才常像

在起事地點方面，康有爲等主張出兵桂、湘以窺鄂，而梁啓超等則主張先取廣東，然後在此建立政府，爭取外人的同情與支持。至於革命後的人事安排，「保皇」固然是其預定的目標，但梁啓超卻有不少疑慮：從南方起事，去救皇上，如何然後可以使皇上脫離苦海？若直搗北京，兵力能敵榮祿下屬的五軍嗎？即能敵之，俄國

① 陳善偉《唐才常年譜長編》下冊，第五百八十六頁。

人會不會出而干涉？若俄吞噬北京，實踐其勢力範圍，英、法又豈肯坐視？若先畫江以待力足，則皇上憂病之軀，能等得了那麼久嗎？萬一不能待我之救，則彼時當如何？對於兩廣總督李鴻章，梁啓超建議：「得省城不必戕肥賊，但以之爲傀儡最妙。此舉有數利：示人以文明舉動，一也；借勢以寒奸黨之心，二也；西人頗重此人，用之則外交可略得手，三也；易使州縣地方安靜，四也。」①梁啓超之主張在廣東起事與利用李鴻章，似與同孫中山先前的約定有關，孫主張首先在廣東起事，迫李鴻章黃袍加身，自立政府。而康有爲、唐才常等則傾向於首先在兩湖起事，事後由張之洞出面主持組織政府。

一九〇〇年七月二十六日，唐才常等經過一個多月的籌備，在上海愚園召開中國議會。到會者有容閎、嚴復、唐才常、章炳麟、文廷式等五十餘人。與會者公推容閎爲臨時會長，嚴復副之，唐才常爲總幹事。三天之後，再次集會，議定章程及宗旨如下：（一）保全中國領土與一切自主之權；（二）力圖更新，日進文明；（三）保全中外交涉和平之局；（四）入會之人專以聯邦交、靖匪亂爲責任。在此

①丁文江、趙豐田編：《梁啓超年譜長編》，第二百二十頁。

宗旨之下，實行三事：尊光緒皇帝，不認端王、剛毅等，並努力講明新政法而謀實施之。①

上海愚園國會召開後，唐才常等加緊策畫起事，計畫以武漢爲中心，先在兩湖、安徽、江西等地起義，然後移師西安，底定中原。原定八月初起事，因康有爲海外募款遲遲不到，不得已一再推遲。到八月十四日，八國聯軍攻入北京，光緒皇帝及慈禧太后出逃；同時，安徽大通的起義爲劉坤一所敗，傳張之洞將盡拘康有爲等人，唐才常遂決定於八月二十二日先奪取漢陽兵工廠，以爲軍資，然後率部渡江攻佔武昌，二十四日向中外發佈公告，成立自立軍政府。爲此，唐才常與容閎事先用英文擬定了對外宣言，據清政府官吏所做的翻譯，自立軍宣言主要內容如下：

「現因端王、榮祿、剛毅暨一概驕橫舊黨，暗中主使勸助拳匪滋事，我等中國自立會諸人，現在已經持械起義，特此佈告男女洋人知悉：我等謂滿洲政府不能治理中國，我等不肯再認爲國家。變舊中國爲新中國，變苦境爲樂境，不特爲中國

① 日本人井上雅二《日記》中一九〇〇年七月三十日條補記二十九日中國議會開會情形，轉引自陳善偉《唐才常年譜長編》下冊，第六百零三頁。

造福，且為地球造福，係我等義事所應為之責。我等定議，合今日上等才識，議易國家制度，務使可為天下之表式。本會之宗旨，係使百姓保有自主任便議權。我等聯合各國之意向相同，剿平昏迷狂邪之亂德，懲辦仇視洋人兇惡僭位諸人。各國洋人租界，各教禮拜堂，中外耶教人之性命產物，定必保護，不加擾害。特此佈告汝等，我等所為，不必驚惶。」①

該宣言英文稿中尚有「我們定將恢復光緒皇帝帝位，建立憲政國家」等內容未譯。儘管如此，我們看到，自立軍的計畫中，已經明確宣佈不再承認「滿洲政府」，不再認其為「國家」；光緒皇帝並不是作為滿人中的一員，而只是作為帝位的象徵來對待的，而且起事後建立的政府將不再是傳統的帝制，而是憲政。從這方面來說，清吏的翻譯儘管有漏譯和不準確之處，但總的精神卻還算把握得準確。同時，康有為、梁啓超、唐才常等人的政治主張在文字措辭上雖然與孫中山革命派有所不同，但在不承認「滿洲政府」這一點上，卻是殊途同歸。

---

① 陳善偉：《唐才常年譜長編》下冊，第六百二十五頁。英文原文及其與譯文的差別，亦可見該書第六百二十二—六百二十七頁。

不幸的是，八月二十二日，不等唐才常按計畫起事，張之洞即派兵搜查自立會各機關，並逮捕唐才常等數十人，唐旋即被殺，起義流產。

二 革命與改良的大論戰

自立軍起事失敗之後，康、梁放棄武力保皇，轉向通過和平合法的手段來實現其政治目的，而以孫中山爲首的革命黨則更加堅定了武裝排滿的決心。自此之後，兩派不僅政綱不同，而且因海外籌款等問題也時時發生矛盾衝突，關係日趨緊張，終於演變成兩派間的全面敵對和論戰。一九〇二年，康有爲發佈《致美洲華僑論中國只可行君主立憲不可行革命書》及《與同學諸子梁啓超等論印度亡國由於各省自立書》兩封長信，闡述君主立憲理論，反對革命排滿。梁啓超將此兩信以《南海先生辨革命書》爲題刊於《新民叢報》第十六號，開始引起兩黨在海內外的爭論。一九〇三年雙方論爭出現一個小高潮。在香港，革命派以《中國日報》爲陣地與保皇派在廣州的《嶺海報》進行筆戰。在上海，革命派以《蘇報》爲陣地，與汪康年主持的保皇派刊物《中外日報》展開論戰。《中外日報》於是年六月刊載《革命駁議》一文，《蘇報》即發表《駁〈革命駁議〉》一文，針鋒相對予以反擊。在檀香山，孫中山在《檀山新報》上發表《敬告同鄉書》及《駁保皇報書》，與保皇派的機關報《新中國報》展開論戰。次年五月，孫中山赴美，改組《大同日報》，繼續與保皇派論戰。

一九〇五年，同盟會成立之後，這種論戰達到高潮。

同盟會成立時，原本決定以《二十世紀之支那》爲機關報，但該刊第二期登有蔡序東的文章《日本政客的支那經營談》，抨擊日本的侵華政策，被日本警方以「有害公安」罪沒收停刊。同盟會只好另出機關報，取名爲《民報》。《民報》於一九〇五年十一月創刊，一九〇八年十月第二十四號出版後又被日本政府封禁。先後擔任《民報》編輯兼發行人的有張繼、章炳麟、陶成章等。一九〇六—一九〇七年間，《民報》與改良派的主要輿論陣地《新民叢報》之間展開了一場聲勢浩大、意義深遠的大論戰。

《新民叢報》創刊於一九〇二年二月，其意「取大學新民之義，以爲欲維新吾國，當先維新吾民。」① 該報名義上的編輯兼發行人是馮紫珊，實際則由梁啓超一

① 《末刊告白》，《新民叢報》創刊號。

手主持。參與此次論戰的，《新民叢報》方面，主要是梁啓超，絕大部分論戰文章出自梁手；《民報》方面則有汪精衛、胡漢民、章炳麟、朱執信等，陣容遠較《新民叢報》強大。孫中山雖然沒有親自著文參與論戰，但《民報》上的不少文章是由他口授的。當兩報展開爭論之時，東南亞、北美等地華文報刊也分成兩派，各執一詞，互不相讓，演成了一場思想大戰。

　　梁啓超自一九〇三年十一月遊美返日後，言論思想大變，徹底放棄了以前所深信的「破壞主義」和「革命排滿」主張。不久他就在《新民叢報》第三十八、三十九號合刊上發表

《新民叢報》封面

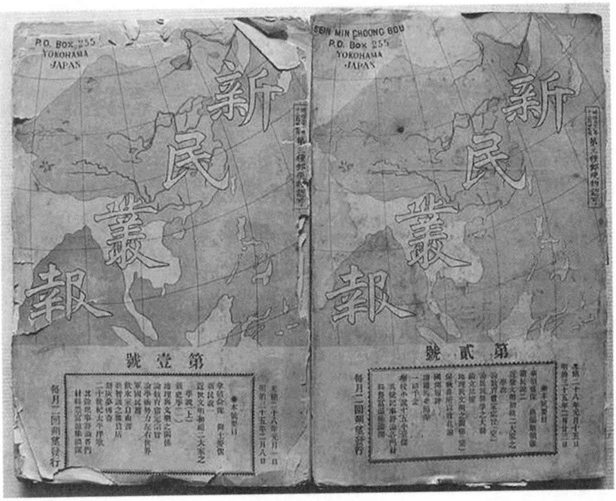

《政治學大家伯倫知理之學說》一文，標明保皇，力辟革命。一九〇四年春，他又在《新民叢報》第四十六、四十七、四十八號合刊發表《中國歷史上革命之研究》一文。據他「研究」，中國歷史上的革命有七大特色：（一）有私人革命而無團體革命；（二）有野心革命而無自衛革命；（三）有上等、下等社會革命而無中等社會革命；（四）革命之地段廣闊，禍及全國；（五）革命之時日悠長，影響生計；（六）革命者與革命者復有交涉；（七）革命軍或舊政府借外力影響國運。其結論是：不可革命。此外，梁啓超還發表一系列文章，說中國民智未開，不宜實行共和，只宜實行專制。梁啓超的言論流傳很廣、影響很大，革命派被逼無奈，不得不駁梁以證明革命的正當性。

一九〇五年十一月，《民報》正式發刊，第一號就發表了汪精衛的《民族的國民》、朱執信的《論滿洲雖欲立憲而不能》、陳天華的《論中國宜改創民主政體》等文。汪精衛在文中提倡國民主義，以一民族爲一國民，鼓吹排滿，並指責康有爲、梁啓超「妖言惑衆」。① 朱執信、陳天華的文章都對梁啓超所謂國民程度問題

① 精衛：《民族的國民》，《辛亥革命前十年間時論選集》第二卷上冊，生活・讀書・新知三聯書店一九六三年版，第九十八頁。

進行了反駁，力言中國可以實行民主共和。梁啓超立即於一九〇六年年初在《新民叢報》第一、二、三、五號上連續發表《開明專制論》，加以反擊。他認爲，中國人程度太低，「與其共和，不如君主立憲，與其君主立憲，又不如開明專制」。① 同時，梁啓超又在同年該刊第四號上發表《申論種族革命與政治革命之得失》，對汪精衛的《民族的國民》及《民報》第二號汪東的《論支那立憲必先以革命》一文提出反駁，重申種族革命不可能達政治革命之目的，異族君主也可以立憲，革命足以引起列強的干涉等。文中梁啓超還寫道，「以上所駁，吾欲求著者之答辯，若不能答辯，則請取消前說可也。」②這樣迫使《民報》不得不起而應戰。《民報》與《新

汪精衛像

① 飲冰：《開明專制論》，《辛亥革命前十年間時論選集》第二卷上冊，生活·讀書·新知三聯書店一九六三年版，第一百六十八頁。

② 飲冰：《申論種族革命與政治革命之得失》，《辛亥革命前十年間時論選集》第二卷上冊，生活·讀書·新知三聯書店一九六三年版，第二百一十八頁。

民叢報》的大論戰就此拉開了序幕。論戰主要圍繞以下三大問題展開：（一）革命還是改良？（二）君主立憲還是民主共和？（三）要不要實行土地國有？

關於第一個問題，《新民叢報》認爲，革命是煽動下層民衆暴動，會導致內亂，甚至招致外國的干涉，結果就是亡國滅種。梁啓超根據德國政治學家波侖哈克的理論，認定中國實行革命的結果，決不可能得共和而反以得專制。這是因爲，「因習慣而得共和政體者常安，因革命而得共和政體者常危。」①他又說，革命軍發動之後，必定會有其他許多革命軍起來回應，將不能保證這些軍隊都服從軍政府；如果要推行共和政體，必定要引起激烈的黨爭，每改選一次總統，將有一次大革命。總之，革命必生內亂，國內秩序如不能恢復，又將引起外國的干涉，所以革命必召瓜分。爲什麼會出現這種情況呢？這是因爲中國民智未開，尚不到利用民氣之時。②針對《新民叢報》的上述觀點，《民報》指出，革命不會招致內亂，因爲革命的目的是要建立共和國家，破壞只是它的手段，而建設才是它的目的。「破壞

① 梁啓超：《開明專制論》，《辛亥革命前十年間時論選集》第二卷上冊，生活・讀書・新知三聯書店一九六三年版，第一百六十六頁。

② 梁啓超：《論民氣》，《新民叢報》第七十二號。

其所不適宜者，而建設其所適宜者，本乎建設之目的，以行破壞之手段，其現象焉得有惡乎？」只要革命黨人建立了漢民族的國家，實現民主立憲政體，發揚自由、平等、博愛精神，就決不會出現群雄爭奪的內亂現象。革命也不會招致瓜分，因爲中國被瓜分的原因在於中國不能獨立，而中國不能獨立是由於清政府腐敗。因此，「滿洲政府一日不去，中國一日不能自立，瓜分原因一日不息。」況且，此次革命「爲秩序的革命」，「毫不參以排外的性質」，①外國也無干涉中國革命的理由。

關於第二個問題，《新民叢報》反對實行民主共和政體而主張實行君主立憲政體，其主要理由是中國民智未開，國民程度不夠。梁啓超認爲，中國國民並不具備實行議院政治的能力，也不具備成爲共和國民之資格。所以中國政治，不能採用共和立憲制。他甚至覺得君主立憲制也不能立即實行，還必須經過十年甚至二十年的「開明專制」，作爲立憲之預備。②《民報》對梁啓超的這種觀點進行了有力反駁。陳天華指出，中華民族的聰明才智，「於各民族中，不見其多遜」，只因爲後來長期處於專

① 精衛：《駁革命可以召瓜分說》，《辛亥革命前十年間時論選集》第二卷上冊，第四百六十七頁。

② 梁啓超：《開明專制論》，《辛亥革命前十年間時論選集》第二卷上冊，第一百八十二頁。

制政府的壓制之下，才「稍稍失其本來，然其潛勢力固在也」，只要稍加提倡鼓勵，短時間內當可以恢復。①汪精衛則認爲，實行君主立憲還是民主共和，並不取決於人民程度的優劣，而是取決於君權與民權力量的消長，「民權銳進，君權消滅者，則成民主立憲；民權銳進，君權讓步，於是相安者，則成君主立憲。」他認爲，《新民叢報》的錯誤，就在於一方面認爲我國民有立憲能力，一方面又認爲我國民程度只能行君主立憲，不能行民主立憲，不免互相矛盾，「蓋該報之意，以爲君主立憲，以政府開明專制致之，民主立憲，則以國民革命致之，而因其信滿人不信漢人，信政府不信國民之故，是以言君主立憲，吾可決其言之不成理也。」②

關於第三個問題，雙方都投入了很大精力。論爭主要圍繞三個方面展開：（一）社會革命是否必要？（二）社會革命與政治革命並行是否可能？（三）土地國有的方法是否可行？

① 思黃：《論中國宜改創民主政體》，《辛亥革命前十年間時論選集》第二卷上冊，第一百二十一頁。

② 精衛：《再駁〈新民叢報〉之政治革命論》，《辛亥革命前十年間時論選集》第二卷上冊，第四百七十七頁。

關於社會革命的必要性，孫中山認爲社會革命遲早會發生，歐美社會之禍，潛伏之數十年之久，到現在才顯現，又無法根除，相較而言，社會問題「在中國卻還在幼稚時代，但是將來總會發生的。到那時候收拾不來，又要弄成大革命了。」[1] 換言之，孫中山之所以力主在實行政治革命的同時，進行社會革命，原因在於歐美發達國家社會問題積重難返，無力解決，演成革命，中國應吸取他們的經驗教訓，趁現在經濟還未發達、社會問題還沒有產生之前，提前採取預防措施，消滅將來可能產生的社會問題。朱執信後來進一步發揮說，由於中國社會經濟組織不完全，放任自由競爭造成貧富懸殊，在這種狀況下當然要實行社會革命，即使尚未達到貧富懸殊的地步，也可實行社會革命，「蓋社會革命者，非奪富民之財產，以散諸貧民之謂也」，社會革命的眞義，是「取其致不平之制而變之，更對於已不平者，以法馴使復於平。」[2] 因此決不能因爲中國今日尚未出現歐美社會問題就不主張社會革命。從《民報》的有關言論看，貫穿於社會革命中間的是一

[1] 孫中山：《在東京〈民報〉創刊周年慶祝大會的演說》，《孫中山全集》第一卷，中華書局一九八一年版，第三百二十六頁。

[2] 縣解：《論社會革命當與政治革命並行》，《辛亥革命前十年間時論選集》第二卷上冊，第四百三十七頁。

個平等觀念。

《新民叢報》對此不以爲然。它認爲，《民報》所主張的民生主義只不過是摭拾蒲魯東、聖西門、馬克思等人的「餘唾」，土地國有完全是一種空想，如果照《民報》所說，實行社會革命，必然引起社會動亂，導致國家陷入萬劫不復的深淵。梁啓超說，社會革命就是「以野蠻之力，殺四萬萬人之半，奪其田而有之」，就是「利用此以博一般下等社會之同情，冀賭徒、光棍、大盜、小偷、乞丐、流氓、獄囚之悉爲我用」，其結果「必無成而徒荼毒一方。」「故雖以匕首揕吾胸，吾猶必大聲疾呼曰：敢有言以社會革命即土地國有制，與他種革命同時並行者，其人即黃帝之逆子，中國之罪人也，雖與四萬萬人共誅之可也。」①

顯然，梁啓超對社會革命的眞實含義有誤會之處，因而遭到《民報》的嘲諷。孫中山說他是「未知其中道理，隨口說去」，也就「不必去管他。」②這反而更加激起了梁啓超的辯解欲望，他變換角度，從中西社會結構不同的角度來立論，他認

---

① 飲冰：《開明專制論》，《辛亥革命前十年間時論選集》第二卷上冊，第一百八十八、一百八十九頁。

② 孫中山：《在東京〈民報〉創刊周年慶祝大會的演說》，《孫中山全集》第一卷，第三百二十九頁。

爲中國所患在貧，不在不均，土地問題並不是中國最重要的問題，因爲除了土地以外，還有許多因素影響社會經濟的發展，僅將土地收歸國有，而其他大部分仍爲私有，不可能有圓滿的社會革命。「圓滿之社會革命，雖以歐美現在之程度，更歷百年後，猶未必能行之，而現在之中國更無論也。」①

關於社會革命與政治革命之間的關係，《民報》一貫主張社會革命當與政治革命並行。孫中山反復強調過要舉政治革命、社會革命畢其功於一役。《新民叢報》認爲這是不可能的，社會革命與政治革命並行猶如「舟行逆風而張兩帆」，無法行走，因爲即使有人同情政治革

朱執信像

① 梁啓超：《社會革命果爲今日中國所必要乎？》，《辛亥革命前十年間時論選集》第二卷上冊，第三百四十一頁。

命，卻因爲不同情社會革命而不參加革命，何況反對社會革命者多屬上流社會的人士，因此，如果實行社會革命與政治革命並行，必定失敗。針對《新民叢報》的批評，《民報》立即作出了反應，先是《民報》第四號轉載了馮自由的《民生主義與中國政治革命之前途》一文，接著又在第五號上刊登朱執信《論社會革命當與政治革命並行》一文，對《新民叢報》的觀點進行反駁。馮自由在文中根據西方的歷史經驗，重申「爲祖國同胞計，爲世界人類計，不可不綜合民權民族民生三大主義而畢其功於一役。」[①]朱執信在文中分析了社會革命與政治革命種種相關之處，認爲兩大革命完全可以並行，而且其效果「有相利而無相害」。[②]

一九〇六年十二月，孫中山在《民報》周年紀念大會上發表演講，提出了用「定地價」的辦法解決社會問題。梁啓超針對孫中山的演說，在《新民叢報》發表《雜答某報》一文，抨擊孫中山與朱執信的觀點。接著胡漢民在《民報》上發表《告非難民生主義者》一文，爲土地國有論辯護。梁啓超又發《再駁某報之土地國

---

① 自由：《民生主義與中國政治革命之前途》，《辛亥革命前十年間時論選集》第二卷上册，第四百二十四頁。

② 朱執信：《論社會革命當與政治革命並行》，《朱執信集》上集，中華書局一九七九年版，第六十九頁。

有論》一文，朱執信則以《土地國有與財政——再駁〈新民叢報〉之非難土地國有政策》一文作回應。此次雙方爭論的焦點在於土地國有的方法是否可行。《民報》的基本觀點是，土地國有，可以通過兩種方法進行：（一）先發給國債券，然後償還；（二）劃定地價後，買賣仍可進行，增值悉歸國家，然後漸漸按原定價贖買。《新民叢報》對這個辦法表示懷疑，他們說，政府在核定地價後隨即收買呢，還是過了很久才收買呢？不管是哪種情況，地價都不會上漲。梁啓超從財政上、經濟上、社會上列舉了三十多條理由力求從學理上證明土地國有制不可能實現。

《民報》與《新民叢報》的這場大論戰，歷時兩年多，論戰的結果，革命黨方面，胡漢民宣稱：「交戰之結果，為《民報》全勝。梁棄甲曳兵，《新民叢報》停版，保皇之旗，遂不復見於留學界。」①而改良派方面，梁啓超則說：「自去年《新民叢報》與彼血戰，前後殆將百萬言，復有哲子所辦《中國新報》、旗人所辦《大同報》助我張目，故其勢全熄，孫文亦被逐出境，今巢穴已破，吾黨全收肅清克復之功，自今以往，決不復能為患矣。」②這場論戰拋開誰勝誰敗不論，單就雙

①《胡漢民自傳》，《近代史資料》總第四十五號。

②丁文江、趙豐田編：《梁任公先生年譜長編》（初稿），中華書局二〇一〇年版，第二百一十二頁。

方所提出的主張而論，革命派的主張更適合當時的社會心理，更能鼓舞人民起來推倒腐朽的清朝政府，更能動員千百萬群衆參加到挽救國家危亡的革命行動中來。相比之下，立憲派的計畫則顯得不合時宜，與時代格格不入。但是，革命派的革命主張正確，並不等於一切都正確；立憲派的政治主張不合時宜，但提出此種主張的依據則有其可取之處。革命派的反滿宣傳把一切仇恨集中在滿族統治者身上，其結果容易放跑帝國主義列強這個最兇惡的民族敵人。在宣傳暴力革命時，他們在骨子裏與改良派一樣，也害怕廣大群衆的革命行動，鼓吹「秩序的革命」，當眞革命到來時，他們的這種弱點便暴露無遺。孫中山的「平均地權」主張，含有在農村解決農民土地問題的思想，但孫中山想以土地國有的辦法去限制當時並不發達的資本主義的發展，這顯然是過早了，超前了。當時的中國，不是多了資本主義，而是少了資本主義。在這點上，梁啓超鼓勵資本主義發展的主張，反倒是符合中國國情的。當然，從總體看，革命派的「是」與改良派的「非」是雙方各自的主流。這是兩種方法、兩條道路之間的一次較量。這次論戰使雙方都不得不靜下來細細考慮自己的立場和主張，澄清了一些原來模糊的理論問題，進一步劃清了革命與改良在政治上、思想上的界限，有力促進了民主共和思想的傳播。

三 「歷史」的爭奪

爲了更廣泛地動員民衆，革命派與改良派還展開了對「歷史」的爭奪。

革命黨人和進步知識份子方面，幾乎從一開始就比較注意對歷史資源的發掘利用，希望發掘和利用一切有利於「反滿革命」的歷史事件和傳統，動員廣大漢族群衆支持其革命事業。一九〇三年十月，《江蘇》雜誌上一篇題爲《民族精神論》的文章中指出：「民族精神濫觴於何點？曰：其歷史哉，其歷史哉！」同年九月《浙江潮》也刊文指出，「歷史爲國魂之聚心點，國民愛國心之源泉」。《民報》主筆章太炎說：若以種莊稼來比喻民族主義，那樣要培養好民族主義，使之開花結果，就要「以史籍所載人物、制度、地理、風俗之類爲之灌溉」，那樣，它才能「蔚然以興」，否則，「徒知主義之可貴，而不知民族之可愛，吾恐其漸就萎黃也。」①陶成章主編《民報》時的方針也是「專以歷史事實爲根據，以發揮民族主義，期於激動感情」。②他們所發掘出的歷史資源，既有「世界第一之民族主義大偉人」黃

① 《答鐵錚》，《民報》第十四號，一九〇七年六月。
② 《本社特別廣告》，《民報》第十九號，一九〇七年十二月。

帝，也有「中國民族主義第一人」的岳飛，爲「民族流血」、「驅逐韃虜」、恢復漢人主權的民族大英雄明太祖朱元璋。而被他們發掘利用的最大的「歷史」資源，則涉及清朝入關前後的歷史。這之中包括抗清的英雄史可法，民族英雄鄭成功，明清之際具有民族氣節的大學者顧炎武、黃宗羲、王夫之等。

爲了宣傳反清革命思想，在孫中山的支持下，章太炎、秦力山等決定於明末崇禎皇帝自縊身亡的日子（三月十九日），在東京發起「支那亡國二百四十二年紀念會」，借紀念明朝滅亡，激發留學生對清王朝統治的仇恨。章太炎親自撰寫亡國紀念會書，內稱：「自永曆建元，窮於辛丑，明祚既移，則炎黃姬漢之邦族，亦因以澌滅。顧望皋瀆，雲物如故，維茲元首，不知誰氏。支那之亡，既二百四十二年矣，民今方殆，寐而占夢，非我族類，而憂其不祀。覺寤思之，毀我室者，寧待歐美？」①

這次亡國紀念因日本警方的干預而多費周折，章太炎等被傳喚，如期赴會的留學生被日本員警勸散，但在孫中山緊急策畫下，三月十九日下午在橫濱補行紀念

---

① 章太炎：《太炎文錄初編》文錄卷二，上海書店出版社一九九二年版，第三十三、三十四—三十五頁。

會，六十餘人出席紀念會，孫中山主持，章太炎致辭。

此次「亡國紀念」，最值得注意的，在於它提出了兩個重大問題：（一）清朝入關以後，中國是否已亡國？（二）與此密切相關的是，滿族是不是中國人？這兩個問題看似是現實問題，但它們背後所牽連的，卻是如何看待和評價明末以來直至二十世紀初的歷史。在革命黨人看來，這兩個問題的答案，一個肯定，一個否定，都是不必討論的，都是確鑿無疑的。

章太炎像

一九〇四年八月三十一日，孫中山在美國發表《中國問題的眞解決——向美國人民的呼籲》一文，文中提出，中國人現在並沒有自己的政府，以「滿清政府」來指稱「中國政府」是錯誤的，因爲滿洲人在與中國人發生接觸以前，本是在黑龍江地區曠野中漂泊無定的遊牧部落。他們時常沿著邊界侵犯並搶劫和平的中國居民。明朝末葉，中國發生大內戰，滿洲人利用那個千載難逢的機會，用蠻族入侵羅馬帝國的同一種方式，突然襲來，佔領了北京。這是一六四四年的事。中國人不甘心受外族的奴役，向侵略者進行了最頑強的反抗。滿洲人爲要強迫中國人屈服，殘酷地屠殺了數百萬人民，其中有戰鬥人員與非戰鬥人員、青年與老人、婦女與兒童，焚燒了他們的住所，劫掠了他們的家室，並迫使他們採用滿洲人的服飾。據估計，有數萬人因不服從留髮辮的命令而被殺戮。幾經大規模流血與慘遭虐殺之後，中國人才終於屈服在滿清的統治之下。滿洲人所採取的另一個措施，就是把所有涉及他們的對華關係與侵華事實的書籍文獻加以焚燒銷毀，藉以盡其可能地使被征服了的人民愚昧無知；他們又禁止人民結社集會以討論公共事務，其目的乃是要撲滅中國人的愛國精神，從而使中國人經過一定時間之後，不再知道自己是處在異族的統治之下。①

孫中山這篇文章是用英文在海外發表的，針對的主要是歐美的讀者，當時國內能夠看到的人並沒有幾個。他的這一思想得到系統闡釋還是在《民報》創刊之後。

在《民報》創刊號上，朱執信發表《論滿洲雖欲立憲而不能》，斷言必須民族

① 《孫中山全集》第一卷，中華書局二〇〇六年版，第二百四十九—二百五十頁。

相同才能立憲，「能立憲者，惟我漢人。漢人欲立憲，則必革命。彼滿洲即欲立憲，亦非其所能也。」①汪精衛則在這一期上發表代表革命黨人「反滿」理論高峰的長文《民族的國民》，開門見山即指出：「嗚呼！滿洲入寇中國二百餘年，與我民族，界限分明，未少淆也。」②在他看來，「滿洲與我，族類不同，此我民族所咸知者也。即彼滿人，亦不然自附。觀其《開國方略》云：『長白山之東，有布庫哩山，山下有池，曰布勒瑚里。相傳有天女三，浴于池，有神鵲銜朱果置季女衣，取而吞之，遂有身，生一男。及長，命以愛新覺羅爲姓，名曰布庫哩雍順云云。』是則滿族與我，眞若風馬牛之不相及，無他之問題，可以發生。」③

對於《民報》發表的這些文章，尤其是汪精衛的文章，梁啓超等極不贊成，很快從近代國家理論和中國歷史兩方面，對之提出了系統的批評意見。梁啓超等認爲，在決定要否「反滿」之前，應先弄清兩個問題：第一個是「自滿洲入關後中國果已亡國否」，第二個是「今之政府爲滿洲政府乎抑爲中國政府乎」。

① 《民報》第一號，光緒三十一年十月二十日，一九〇五年十一月二十六日。
② 精衛：《民族的國民》，載《民報》第一號，光緒三十一年十月二十日，一九〇五年十一月二十六日。
③ 精衛：《民族的國民》（續），載《民報》第二號，光緒三十二年，一九〇六年五月六日。

關於第一個問題，梁啓超認爲：近代所謂的國家，包括國民、領土、主權三大要素，三者缺一，則不成國家。對照這一標準來看，中國的領土、人民、主權都是自黃帝以來一脈相承的。而歷朝歷代的帝王，都只不過是總攬統治權者而已，他們都是代表著國家的統治機關，而非國家本身。「故中國自有史以來，皆可謂之有易姓而無亡國。」如果把總攬統治權者的替換說成是「亡國」，那麼，「中國之亡，不啻二十餘次矣」。明朝的朱氏，現在的愛新覺羅氏，都只不過是「總攬統治權者之更迭」，這種更迭「於我國家之存亡，絲毫無與者也。」至於第二個問題，梁啓超認爲，現在的滿族皇室，起源於建州衛。「建州衛則自明以來，我國之羈縻州也，其酋長時受策命以統其部，如雲南、四川、廣西之土司然。」如果說西南土司所管轄下的人民，我們不能不認爲是中國的人民，那麼，「明時建州衛之人民，亦不能不認爲中國之人民，愛新覺羅氏，亦我固有人民之一分子而已。」清太祖努爾哈赤在明朝時曾受龍虎將軍之職，因此，「清室之先代，確爲明之臣民，亦即爲中國之臣民，鐵案如山，不能移動矣。」清朝代明，不過是本國臣民對於舊的王朝發起內亂篡奪政權而獲成功而已，決不能說是一個國家吞併了另外一個國家，亦即清朝取代明朝是中國內部朝代更替，而不是一個外國侵略滅亡了中國。梁啓超的結論很明確：滿族是中國人，中國自有史以來，只有「易姓」而無「亡國」，「滿洲政府」不是外國政府，而是中國政府。①

革命派看到梁啓超在《新民叢報》第十二號上所發上述文章後，認爲梁啓超犯了五大「蔑視歷史」的錯誤：「一，以滿洲侵入之歷史，等諸儲貳繼嗣之歷史；二，以滿洲侵入之歷史，等諸權臣篡竊之歷史；三，以滿洲侵入之歷史，等諸國民革命之歷史；四，以滿洲侵入之歷史，等諸那威迎君之歷史；五，以滿洲侵入之歷史，等諸豐沛承寵之歷史。」總之，梁啓超的錯誤是對於中國歷史「一筆抹殺」。汪精衛指出：革命黨人之所以立志排滿者，是「因滿漢不同族也，因滿洲人在明時本非中國之臣民也，因滿洲人滅吾國也。凡此於種族上、政治上、歷史上、國民心理上皆鐵案不移，而漢人亦無不知之者。非獨漢人知之，即滿洲人亦知之」，只有康有爲這樣的人才說「滿洲種族出於夏禹」，梁啓超這樣的人才說「滿洲人本中國之臣民，未嘗滅中國」。康、梁這樣「以亡國之民而忘亡國之歷史」，實在令漢人「羞之」。汪精衛的總結論是：「滿洲先非中國之臣民，後爲中國之敵國，則其長驅入關，中國以戰敗之結果而亡國，滿洲以戰勝之結果而盜國，二百六十有餘年於

① 飲冰：《雜答某報》，《新民叢報》第四年第十二號，光緒三十二年六月十五日，一九〇六年八月四日。

茲。吾人所爲驅除韃虜、恢復中華者，誠唯一之責任也。」

梁啓超則針鋒相對，發表《中國不亡論——再答某報第十號對於本報之駁論》等文，堅持自己的主張。梁啓超說：「我所主張者，謂滿洲非國耳，謂滿洲人爲中國之臣民耳。」按照汪精衛等人所做的「考據」，則更加說明滿洲入關以前不是國家。滿族的祖先范察既是愛新覺羅氏的遠祖，而范察之兄爲建州左衛都督，這都督一職不明擺著是明朝官職嗎？范察的侄子董山爲建州衛指揮，這指揮一職不也明擺著是明朝的官職嗎？從這裏更可以看出，在接受龍虎將軍封號之前，滿族的祖先早就已經實實在在地具有了明朝臣民的資格。「若以受天朝羈縻，弱則戢服，強則盜邊，而指爲非臣民之據也，則中唐淮蔡諸鎭何一非受羈縻，弱則服而強則寇者，然則亦得以此之故，而指諸鎭非唐之臣民乎？必不然矣。」至於說滿族與中原其他人民不同，就不是中國的臣民，這是不能成立的。因此，「滿洲之本爲中國臣民，雖百口不能動，此鐵案也。」

這場圍繞著政治革命而展開的歷史資源爭奪大戰，涉及中國歷史上的一個極其重大的問題：哪一個政權代表中國？革命派認爲只有漢人建立的政權才是中國，如果不是漢人當政，如果是漢族以外的人當政，則中國就是亡國，入主中原者雖仍號稱中國，但卻決不是中國。按照汪精衛的說法，就是「猶契丹爲遼，女眞爲金，蒙古爲元，皆以其名施諸中國，更不別立遼、金、元於其本部也，然遼、金、元終不得混於中國。」①梁啓超則認爲：「中國自有史以來，皆有易姓而無亡國」。對中國人民而言，這是一筆「神聖」的歷史財富，但革命黨人「無端造作妖言，指爲已亡，不祥莫大焉！」②

實事求是地說，梁啓超爲代表的立憲派的歷史觀是符合中國歷史發展進程本身的，其主要結論「滿洲爲中國之臣民」及「中國自有史以來皆有易姓而無亡國」，不僅是對中國既往歷史發展過程的精闢總結，也是對於現實政治的一種希望和理想。相比之下，革命黨人爲了論證革命事業的正當性和合法性，不惜扭曲歷史以服務於現實，爲了按照西方近代理論模型建設一個「單一民族國家」，竟然把長期生活在中國境內的滿族及其建立的地方政權，說成近代意義上的「外國人」及「外國」，把清朝入關執掌政權視作中國的「亡國」。這一錯誤的歷史觀雖在革命動員過程中一度起過積極作用，但其潛在的危險卻很快暴露出來。此後，孫中山等革命

①精衛：《雜駁〈新民叢報〉第十二號》。

②飲冰：《中國不亡論——再答某報第十號對於本報之駁論》，《新民叢報》第四年第十四號，光緒三十二年七月十五日，一九〇六年九月三日。

黨領袖以實際行動改正了自己的歷史觀上的錯誤。

四 反滿輿論的形成

在近代以前，滿漢之間經過長期共同生活，已經相融相安，除一般秘密結社之外，普通民衆之中，尤其是士大夫階層中，已經很少有人再提滿漢關係之事。

之所以這樣，不是沒有原因的。一六四四年，明朝滅亡，清朝建立。新興的清王朝入關之初，朝氣蓬勃，尤其是第二任皇帝康熙（一六六二—一七二二在位）繼位以後，先後平定「三藩之亂」，收復臺灣，粉碎準噶爾上層分子的分裂企圖，基本上完成了國家的統一大業。此後，康熙又採取了一系列有利於社會經濟發展的措施。其後繼者雍正皇帝（一七二三—一七三五年在位）又實行「攤丁入畝」政策，取消人丁稅，使生產迅速恢復和發展。經過一百多年，到十八世紀中葉，即從順治皇帝，中經康熙、雍正，到乾隆皇帝時，經濟日趨繁榮，社會日趨穩定，國家的財政收入和儲備不斷增長，史稱「康乾盛世」，人民生活安定幸福，中國成爲當時世界上強大而文明的國家。清代有學者總結清朝中期以前的成就時稱：清朝「超越前朝者八事：四聖相承，寬猛相濟，帝德之隆，一也。臺灣、青海，亦入版圖，幅員之廣，二也。椒房不預政事，母后無垂簾之失，三也。內豎止給灑掃，無宦官干政之嫌，四也。外戚不侈，五也。宰執無權，六也。即位改元不再元，康熙至六十一年，運數之綿，七也。外方平治，無和親致幣之事，禦守之略，八也。」①

應該說，在進入近代之前，清朝無論是從疆域上說，還是從經濟社會、學術文化等方面的發展來說，都大大超越前代。但是，對於新出現的問題，尤其是外部世界的發展和西方國家的迅速崛起及其對中國可能產生的影響，清朝統治者未能給予及時而足夠的關注和重視；世界在飛速前進，而中國則停滯不前。因此，一進入近代，面對著堅船利炮破門而入的西方列強以及「脫亞入歐」的近鄰日本，清朝統治者束手無策，被動挨打，割地賠款，致使民族危亡，瓜分在即，國將不國。甲午一役，創巨痛深，「喚起吾國四千年之大夢」②。從此開始到同盟會成立，士大夫階

① 朝袁棟：《書隱叢說》卷二，引自楊聯陞《國史探微》，新星出版社二〇〇五年版，第三十五頁。

② 梁啓超：《戊戌政變記》，《飲冰室合集》專集之一，第一百一十三頁。

層和新式知識份子對清朝統治者和滿漢關係的認識經歷三大轉變。

第一個轉變發生在甲午戰敗至戊戌變法時期。對外反侵略戰爭的失敗促使人們反思戰敗的原因，開始注意到滿漢關係問題。康有爲等在百日維新期間敦促清政府著手解決長期以來存在的滿漢分治問題，先後上《請裁綠營放旗睢改通營爲巡警仿德日而練兵折》、《請君民合治滿漢不分折》、《請斷發易服改元折》等，希望清政府順應時代要求，改革過時的兵制及風俗習慣，改變現實政治社會生活中滿漢不平等的局面。

第二個轉變發生在戊戌變法失敗以後。在此時期，部分原來希望清廷來主持解決滿漢關係中不平等待遇問題的人士，心理開始發生較大變化，逐步轉向從清廷之外來尋找解決問題的辦法和途徑。比較典型的是章太炎。一八九九年五月二十日，章太炎以「臺灣旅客」的名義在《清議報》第十五冊發表《客帝》一文。從這篇文章中可以看出，章太炎內心充滿了矛盾：在他看來，一方面，滿漢之間有著歷史和現實的「仇」結，即「揚州之屠，嘉定之屠，江陰之屠，金華之屠」；另一方面，若「逐加於滿，而地割於白人，以是爲神州大　。」章太炎此時不公開宣導「逐滿」，不過是因爲他認爲，「犛牛之鬥，玄熊呴怒以格其間，則二牛皆斃也」，而且「今日則又有聖明之客帝，椎匈齧臂，以悔二百五十年之過矣」，正有志於改革，故不應逐之。不過，不「逐滿」是有條件的，這就是「引咎降名，以方伯自處」，承認孔子的供主地位，一切上之於孔氏，一切受之於孔氏，改革政治，滿漢均受治於郡縣。

第三個轉變發生在義和團以後，至《民報》與《新民叢報》論戰而達到高潮，而參與論戰的則主要是在日本東京等地的中國留學生和政治流亡者。在此期間，「排滿革命」與「反排滿革命」思潮展開激烈論戰。

一九〇一年五月，秦力山等在日本東京創刊《國民報》，僅出四期後就於同年八月停刊。該刊以破中國之積弊、振國民之精神爲己任，致力於啓發國民的主人意識。在「反滿」問題上，《國民報》表現得非常大膽，立場非常鮮明。該刊第四期發表章太炎所寫《正仇滿論》，針對梁啓超在《中國積弱溯源論》中指責革命黨人「仇滿」的論調，指出，「今之人人切齒於滿洲，而思順天以革命者，非仇視之謂也。」今之所謂「仇滿」實際上是「逐滿」，即恢復漢人的故土而已。「今日逐滿，亦猶田園居宅爲他人所割據，而據舊時之契約界碑，以收復吾所故有而已。而彼東三省者，猶得爲滿洲自治之地，故曰『逐滿』而不曰『殲殺滿人』。」[1]

① 《辛亥革命前十年間時論選集》第一卷上冊，第九十四、九十七頁。

一九〇三年（農曆癸卯年）是「排滿」革命思潮大興起的一年。是年一月三十日（正月初二），大約五六百名中國留學生陸續來到位於神田區駿河台鈴木町十八番的中國留學生會館，參加一年一度的新年懇親會，中國駐日公使蔡鈞、新任留日學生監督汪大燮等亦應邀前來參加。馬君武是留日學生會館安排的第一個發言人。但令到會者意想不到的是，馬君武把新年懇親會上的發言變成了「排滿宣言」。他聲淚俱下，「歷數滿人今昔之殘暴，竊位之可惡，誤國之可恨」。馬君武的演說當場即遭到一些人的反對，留日學生監督汪大燮在演講時婉勸留日學生們「思不出其位」。會後，以宗室親貴爲主的滿族留學生「兩日不食，作書三百餘通，飛告各省滿洲大員之自愛其種」。其中以良弼爲首的一些人，還倡立一會，其宗旨是：第一，稟求政府禁漢人學兵；第二，削奪漢官之權；第三，殺滅漢族。①這表明東京留日學生中除了有革命和保皇的分野之外，還有滿漢之間的矛盾。但總體說來，馬君武「反滿」演說的影響已經造成，漢族留日學生的反滿情緒日趨激烈，這種情緒，都通過他們的刊物和文章宣洩出來。

---

①《滿洲留學生風潮》，《選報》第五十一期。

一九〇三年前後，留日學生大量增加，由於留學生多由各省分派，各省學生便紛紛組織同鄉會，以篤厚鄉誼，相互幫助。也就在這段時間各省同鄉會紛紛出版刊物，宣傳新思想，其中著名的有《遊學譯編》、《湖北學生界》、《直說》、《浙江潮》、《江蘇》等。這些刊物大都把宣傳民族主義、鼓吹反滿思想作爲其主要目標之一。

在宣傳反清革命方面，《江蘇》表現得較爲突出，該刊利用大量篇幅極力宣傳推翻清王朝，熱情歌頌革命，其中代表性文章有《革命其可免乎》、《露西亞虛無黨》、《政體進化論》、《新政府之建設》、《中國立憲問題》、《革命製造廠》等。《革命其可免乎》一文以尖銳的筆觸，剖析了清政府的內外政策，得出了革命不可免的結論。《露西亞虛無黨》一文，通過敘述俄羅斯「虛無黨」的歷史，歌頌這個黨以「破壞主義」即革命手段反抗沙皇俄國的專制統治，藉以說明中國必須以革命手段來推翻清王朝。《政體進化論》、《新政府之建設》、《中國立憲問題》等文則論述了共和政體的優越性，主張在中國推翻清王朝的專制統治建立民主政體的共和國。該刊第六期還刊登了孫中山所寫的《支那保全分割合論》一文。文章針對東西政治家所倡的「保全」、「分割」二說，以清王朝腐朽反動的事實和中國人民必然誓死反抗外國侵略的史實，做出了「就國勢而論，無可保全之理也；就民情而論，無可分割之理也」的結論。文章最後指出，中國既不能保全，又不能分割，「惟有聽之支那國民，因其勢順其情而立之，再造一新支那而已。」① 其革命主張是不言自明的。

而在國內，《蘇報》案則是「反滿」革命思潮大起的標誌性事件。一九〇三年夏，清政府因《蘇報》鼓吹革命，而將《蘇報》館查封，囚禁主筆章太炎和鄒容，事件震動全國，但革命黨的聲氣因此大盛，革命思想的傳播也日形高漲。《蘇報》停刊以後三十二天，章士釗與陳獨秀又在上海出版發行《國民日日報》，繼承《蘇報》宣傳革命的主旨，發行未久，即風行一時。該報副刊《黑暗世界》，攻擊官僚不遺餘力，所載《南渡錄演義》，尤是喚起人們的種族觀念。清廷鑒於《蘇報》交涉之困難，乃通令長江一帶，嚴禁售閱，謂「上海逆黨著書刊報，煽惑人心，大逆不法。業將蘇報館辦事人等按名拿辦，並將報館封閉在案。乃又有人創辦《國民日日報》，依然妄肆蜚語，冒言無忌，實屬執迷不悟，可恨已極。仰各屬府州廳縣，將《國民日日報》荒謬悖逆情形，示知地方商民，不准買看，如有售寄《國民報》

① 《辛亥革命前十年間時論選集》第一卷下冊，第五百九十八、六百零二頁。

者，提究。」①然而，禁者自禁，看者自看。發行數月之後，報社中經理、編輯兩部，因許可權問題大起爭執，卒致對簿公堂。原先出錢贊助該報的人，大失所望，不再支持，《國民日日報》遂因經費無著而停刊。《國民日日報》停刊後，又有《俄事警聞》（後改爲《警鐘日報》）的出版，由蔡元培主持，與《蘇報》、《國民日日報》同一宗旨。但因清廷的干預不久停刊。此後，《警鐘日報》的另一創辦人林獬又出而創辦《中國白話報》，繼續宣傳革命。《中國白話報》由一九〇三年十二月在上海創刊，一九〇四年十月終刊，該報的突出特點，就是用通俗易懂的白話文，向下層群衆宣傳革命救國的道理。

革命黨人向新軍灌輸「反滿」的思想可謂相當成功。新軍又稱新建陸軍，是相對清朝原有的綠營、防營、湘軍、淮軍等而言，它開始籌建於一八九四年。次年三月，胡燏棻募集五千人，編成十營，初駐馬廠，後屯小站，以西法訓練，號「定武軍」。甲午戰爭後，袁世凱接辦，改稱「新建陸軍」。在此前後，張之洞也在兩江總督和湖廣總督任內開始試辦「自強軍」，聘請德國軍事顧問按德國軍隊章程進行

① 戈公振：《中國報學史》，中國新聞出版社一九八五年版，第一百二十八頁。

訓練。一九〇三年，清政府倡辦「新政」，中央設練兵處，以奕劻爲總理，袁世凱爲會辦，負責在全國訓練新軍，計畫設立三十六鎮，鎮下轄協、標、營等，每鎮包括步、馬、工、炮、輜重等兵種，額定官兵一萬二千五百一十二人。新軍中的中下級軍官多爲國內各武備學堂畢業生充任，也有一些從國外學習軍事歸國的留學生。士兵實行募兵制，在體格、文化程度等方面均有嚴格要求。到辛亥革命前夕，成鎮者已有二十六個。在此期間，清政府因各地巡防隊等舊式軍隊「章制不一」，下令「仿新軍成法」進行改革。

清政府建立新軍，原是爲了維護自己的統治，但是，歷史的發展常常並不是按照統治階級設計的軌道前進，它有自己前進的方向。革命黨人看準時機，利用清政

《蘇報》

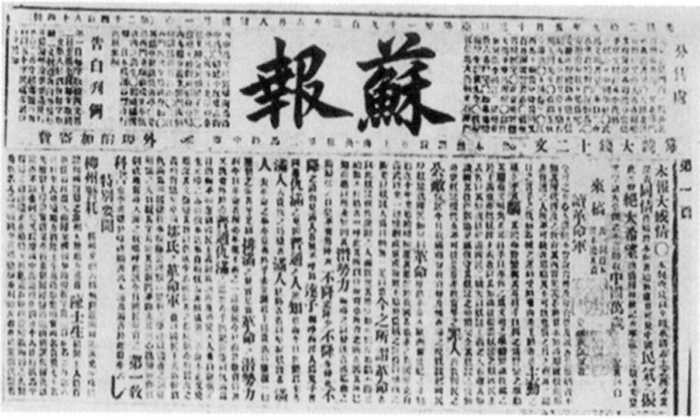
蘇報

府建立新軍、改革軍制之機，在新軍中開展「反滿」宣傳，從思想輿論上爲武裝起義做準備。宣傳的主要方式和內容是秘密傳閱《革命軍》、《黃帝魂》、《猛回頭》、《警世鐘》等革命書刊，後來《民報》創刊後又秘密傳閱《民報》。另外，革命黨人還結合各地區不同特點，有針對性地編撰宣傳品。如在福建武備學堂中流傳的《何日醒》歌曲以及趙聲在江南陸師學堂秘密編寫《七字唱本》，稱爲《保國歌》，歌詞共一百三十四句，近一千字，用以「激動士卒」，黨人曾「印布數十萬份」，「走數千里散之」。①

當反滿的思想在新軍中傳播開來，運動新軍、發動起義就成爲同盟會的工作重點。但同盟會總部主要領導及各地分部在具體執行過程中，並不一致，而是各有側重。同盟會總部主要領導人黃興等側重於從外部運動新軍，具體方法從黃興向孫中山等所做的彙報中可見一斑。一九一〇年五月十三日，黃興答復孫中山詢問有關武裝起義籌備組織等情況時說：在廣東省城發動起義，「必能由軍隊下手」，原因在

① 喬志強：《清末「新軍」與辛亥革命：辛亥革命前十年史札記之四》，《山西大學學報》（哲學社會科學版），一九八〇年第三期。

於，經過活動，廣東水師提督李准的親兵隊千餘人中，已有革命「同志甚多」，而巡防隊兵卒共有三千餘人，其中表同情於革命者也甚衆。只要這兩支軍隊能運動起來，則當地無人能夠反對。而運動的方法則是：俟大款得手，先刺殺李准，使其部下將校自亂，然後「廣用金錢」來收撫這些軍隊，「不一月可悉收其衆」。總之，「廣東之事，視款爲難易。以普通一般之軍隊多貪鄙嗜利，況有『義』字以激發之，富貴功名，唾手可得，何樂而不爲此！」①為此，黃興在其起義指揮部下專門設立「調度處」，負責「運動新舊軍界」，舉原畢業於廣州陸軍速成學堂的同盟會員姚雨平爲長。因新軍「有槍無彈，所有僅備操時每人數響之用」，因此，必須由革命黨人先選出「死士」數百人發難於城內，破壞清政府設在省城內的重要機關，「佔領其軍械，開城門以延新軍」，然後佔領全省城。②著名的廣州黃花崗起義等就是按照這種模式組織發動的。

以江浙安徽等省爲主要活動地區的光復會系的革命黨人章太炎、陶成章等，主

---

①黃興：《復孫中山書》，《黃興集》第一冊，湖南人民出版社二〇一〇年版，第三十二—三十三頁。

②黃興：《與胡漢民致孫中山等報告「三二九」之役始末書》，《黃興集》第一冊，第七十三頁。

要注重於「嚴密組織志士英才，回內地謀職或捐官，滲入國內清政府機關握權，乘機從內部起事」。徐錫麟回國捐納道員，取得安徽巡撫恩銘信任，開辦巡警學堂，又與秋瑾等興辦大通師範學校，收攬革命志士，準備組織起義，後消息洩漏，起義面臨流產，一九〇七年七月六日，徐錫麟鋌而走險，一舉刺殺恩銘，然後率巡警學堂學生攻打軍械所，與清軍激戰數小時，最後失敗被俘，當晚就義。此後，清政府搜捕革命黨人，秋瑾等被執，英勇就義。

畢業於江南炮兵學堂的熊成基，入陸軍第九鎮擔任炮兵排長，一九〇七年從南京調駐安慶。他利用在安慶擔任新軍馬營、炮營隊官等職務之便，在駐軍中秘密發展力量，於一九〇八年十一月發動安慶起義，

秋瑾像

與清軍激戰一晝夜，失敗後流亡日本。這些活動雖以失敗告終，但對清統治階級上層造成巨大衝擊，擴大了革命的影響。

新軍採用的募兵制和對入伍者的文化要求，爲一批具有革命思想和現代文化知識的青年知識份子進入軍隊創造了有利條件。革命黨看准了這一有利時機，組織革命知識份子投身新軍，漸使這支裝備精良、訓練有素的新式軍隊爲革命事業服務。在這方面，湖北革命黨人的工作尤其出色。他們制定了以運動軍隊爲主、不輕率發難的方針以及親身加入行伍、專從士兵著手的策略。在此期間，湖北革命組織雖然屢遭挫折，幾易名稱，領導人也不斷更迭，但是運動新軍這條方針始終不變。爲了實現這一既定目標，從科學補習所的發起人張難先、胡瑛等投入工程營當兵起，到武昌起義爆發前夕，湖北革命黨人一直保持這個傳統，不斷有革命知識份子脫掉長衫，放下架子，隱姓改名，加入行伍，在新軍中展開活動。任重遠、蔣翊武、劉復基、詹大悲等著名的革命黨人，就是抱著「投筆從戎，自身實地做，天下事或有可爲」、「不入虎穴，焉得虎子」的決心參加新軍的。這些革命黨人像《西遊記》中鑽進鐵扇公主腹中的孫悟空一樣，在新軍中潛伏下來，在內部做發動新軍起義的工作，影響和帶動一批具有愛國思想的新軍中下級軍官和士兵走上革命的道路。

正是由於革命黨人所採取的上述種種措施，革命思想在新軍中迅速傳播，新軍中受過新式教育、具有愛國思想的下層官兵逐漸開始同情革命，他們中的部分人並進而由同情轉向支援革命，最終成爲發動辛亥革命的先鋒和主力。沒有他們的同情支持和浴血奮戰，辛亥革命要想取得成功，實在是難以想像的。

五 立憲派的轉向

一九〇四年，日、俄兩國爲了爭奪中國東北和朝鮮的控制權而在中國東北的土地上爆發了戰爭，結果歐洲強國俄羅斯意想不到地敗給了亞洲小國日本，這使許多人得出了這樣的結論：俄國敗於日本，是專制敗於立憲，亦即立憲戰勝專制，中國要想富強，必須實行立憲。

一九〇五年七月十六日，慈禧太后用光緒的名義發佈上諭，令載澤、戴鴻慈、徐世昌、端方等，「分赴東西洋各國，考求一切政治，以期擇善而從。」九月二十四日，出洋大臣一行從正陽門火車站出發時，遇革命黨人吳樾投擲炸彈，出行日期被迫推後。一個月之後，重組考察團，分兩路出洋，一路由載澤、尙其亨、李盛鐸率領，一路由戴鴻慈和端方率領。戴鴻慈、端方一路於一九〇五年十二月十九日從上海放洋，赴日本、美國、德國、丹麥、瑞典、挪威、奧地利、俄國、荷蘭、瑞士、比利時、義大利等國考察。稍後，載澤、尚其亨、李盛鐸一行也於一九〇六年一月十四日從上海出發，前往日本、美國、英國、法國、比利時等國考察。八個月後，五大臣結束考察，先後回國。

1906年11月創辦的上海《預備立憲官話報》

五大臣回京後，慈禧太后多次召見，面詢有關情況。戴鴻慈與端方上《請定國是以安大計折》，要求將以法治國、設立議政機關、皇室與政府分開、確定中央與地方許可權、制定國家預算等確定爲「國是」。載澤則上呈《奏請宣佈立憲密折》，稱立憲有三大好處，即：皇位永固，外患漸輕，內亂可弭。慈禧太后經過再三權衡，終於下決心「仿行憲政」。一九〇六年九月一日，發佈上諭，稱清朝自開國以來，歷代皇帝「無不因時損益，著爲憲典」。現在「各國交通，政治法度，皆有彼此相因之勢」，而我國的政令卻是積久相仍，日處阽危，憂患迫切，如果不向世界廣求知識，更訂法制，那麼將上無以承祖宗締造之心，下無以慰臣民治平之望。現在派往各國考察政治的大臣載澤等回國陳奏，都說中國國勢不振，「實由於上下相睽，內外隔閡，官不知所以保民，民不知所以恤國」，而各國之所以富強，「實由於實行憲法，取決公論，君民一體，呼吸相通，博採眾長，明定許可權，以及籌備財用，經畫政務，無不公之於黎庶。」到了今天這樣的時代，中國「惟有及時詳晰甄核，仿行憲政，大權統於朝廷，庶政公諸輿論，以立國家萬年有道之基。」不過，由於目前「規制未備，民智未開」，因此，不能操切從事，塗飾空文，必須首先「廓清積弊，明定責成」，從官制入手，先將官制分別議定，次第更張，並將各項法律，詳慎釐定，同時廣興教育，清理財政，整頓武備，並設巡警，使紳民明悉國政，「以豫備立憲基礎」，等數年以後規模粗具，察看情形，再妥議立憲實行期限並宣佈天下。

之後，清廷預備立憲的意向越來越清楚，措施越來越具體、緊湊，各界主張立憲的人士興奮不已，紛紛開始組織團體，做參政的準備。國內方面，鄭孝胥、張謇、湯壽潛等於一九〇六年十二月在上海成立預備立憲公會，以鄭爲會長，以張、湯爲副會長，會員大多是來自江、浙、閩、粵等東南沿海一帶的休致或現任政府官吏及工商界人士和地方著名士紳等。楊度等於一九〇七年夏在日本組織湖南憲政公會，不久，楊回國，在日本的會務交由熊范輿等主持，另在北京成立憲政公會，具體會務由沈鈞儒等主持，楊則專力聯絡官紳，擴大聲勢。海外方面，康有爲於一九〇六年底將保皇會改名爲帝國憲政公會，梁啓超則於一九〇七年十月在日本東京創刊《政論》雜誌，接著又以此爲基礎，成立政聞社，由康有爲、梁啓超暗中指導，具體社務則由馬良、徐佛蘇、麥孟華等擔任。不久，政聞社遷往上海，開始參與國內的立憲運動。

清廷在預備立憲過程中邁出的重要一步就是在中央設立資政院和在各省設立諮議局。一九〇八年七月，清廷頒佈資政院章程，規定資政院議員名額以二百人爲限，其中，一百人由皇帝從王公世爵、藩部王公、部院官員、碩學通儒及富有資產者中欽定，其餘一百人由各省督撫從各省諮議局中選送。七月二十二日又發佈上諭，宣佈設立各省諮議局，稱「諮議局爲採取輿論之所，並爲資政院預儲議員之階，議院基礎，即肇於此」，要求各督撫接到上諭後「限一年內一律辦齊」。對於諮議局的職權範圍，上諭的規定是：「於本省地方應興應革之利弊，切實指陳，於國民應盡之義務，應循之秩序，竭誠踐守，勿挾私心以妨公益，勿逞意氣以紊成規，勿見事太易而議論稍涉囂張，勿許可權不明而定法致滋侵越。總期民情不虞壅蔽，國憲咸知遵循。」而對於各省督撫的要求則是：「各該督撫等，亦當本集思廣益之懷，行好惡同民之政，虛心審察，惟善是從，庶幾上下一心，漸臻上理。」①這些規定實際上是在立憲的名義下，讓地方諮議局與地方督撫互相牽制，中央可以居中駕馭，維持平衡，章程中有關諮議局與地方督撫有爭議不決事件則呈資政院裁決等項規定，都反映了這樣一種意圖。

同年八月底，清廷公佈九年預備立憲大綱，決定到一九一七年頒佈憲法，實行立憲。九年之內年度準備工作分別如下：第一年：籌辦諮議局，頒佈地方自治章程，清理財政，調查戶口。第二年：實施地方自治選舉法，頒佈資政院章程，調查各省歲出入總數，頒佈法院編制法。第三年：召集資政院議員舉行開院，頒佈新刑

① 故宮博物院明清檔案部編：《諮議局及議員選舉章程均照所議辦理著各該督撫限一年內辦齊諭》，《清末籌備立憲檔案史料》下冊，中華書局一九七九年版，第六百八十三—六百八十四頁。

律，試辦政府預算，頒文官任用章程及薪俸章程。第四年：籌辦各級審判廳。第五年：頒佈國家稅章程，頒佈新定內外官制。第六年：設立行政審判院，試辦全國預算。第七年：頒佈會計法。第八年：確定皇室經費，成立審判廳，設立審計院。第九年：宣佈憲法，宣佈皇室大典，頒佈議院議員選舉法。

但是，計畫總沒有變化快。

一九〇八年十一月十四日，光緒皇帝去世，次日慈禧太后去世。根據慈禧太后的「懿旨」，光緒皇帝臨終留下遺詔，由攝政王載灃之子溥儀入承大統，爲嗣皇帝，並要求文武臣工，「精白乃心，破除積習，恪遵前次諭旨，各按逐年籌備事宜，切實辦理，庶幾九年以後，頒佈立憲。」

光緒皇帝和慈禧太后的突然相繼逝世，使清政府頓失中心，不知所措，京內外一片緊張氣

攝政王載灃像

氛，謠言滿天飛，歐美國家的一些主要報紙甚至報導說，皇后和袁世凱已經自殺身亡，許多銀行發生擠兌現象，十四家本國銀行倒閉，日本橫濱正金銀行在天津發行的紙幣遭到嚴重擠兌，①等等。但是，謠傳很快過去，局勢並未出現大的變動。尤其是光緒遺詔中提到的繼任大統者及文武官員繼續致力於「立憲」的承諾，讓人心稍稍穩定下來。

但是，被外國人稱爲中國實際上的新皇帝的攝政王載灃，上任後第一件大事就是要殺袁世凱爲含冤去世的光緒皇帝報仇，但張之洞等告誡載灃：「主少國疑，不可輕於誅戮大臣。」皇族中一些與他關係密切的成員也反對殺袁，擔心殺袁之後，北洋各軍叛亂，無人能夠鎮壓。載灃無奈，遂決定將袁革職。一九〇九年一月二日，宣統皇帝突然諭內閣：「軍機大臣、外務部尚書袁世凱夙承先朝屢加擢用，朕御極後復予懋賞，正以其才可用，俾效馳驅，不意袁世凱現患足疾，步履維艱，難勝職任。袁世凱著即開缺回籍養屙，以示體恤之至意。」②袁世凱接到上諭後，不

① 《紐約時報》一九〇八年十一月十七日。
② 《清實錄》第六十冊，中華書局影印本，第七十二頁。

敢理論，立即倉皇出京返鄉。

袁世凱突然被解職，其在外務部的職位由梁敦彥接替，那桐接替其所遺軍機大臣一職。同年十月，張之洞去世，十一月，孫家鼐去世，期間，六月底，直隸總督楊家驤去世。在此之前，李鴻章、榮祿等人已在處理完義和團問題以後相繼去世。而與袁世凱關係密切的新任直隸總督端方，本年初由南京調到直隸，因在東陵拍攝慈禧葬儀，於十一月二十日被解職，直督一職由陳夔龍接任，陳在武昌所空出的湖廣總督一職則由瑞徵接替。端方本年初從南京北調時所空出的兩江總督一職，則由山東巡撫張人駿接替，張在山東的巡撫職位則由曾經擔任過駐德公使的孫寶琦接任。在此期間，郵傳部尚書陳璧被革職，東三省總督徐世昌進京接替其職位，所遺東三省總督一職由雲貴總督錫良接任。而從歐美考察財政歸來的唐紹儀，回國以後則被晾在一邊，無人搭理。

短期之內，爲數不多的幾位能夠控制國家全局的關鍵人物接二連三地或去世，或被革職，而對全局有重大影響的直隸、兩江、湖廣、山東、東三省等要害地區的總督巡撫的頻繁調動，使得這些地區的權力結構發生重大變化，這些很快就對政局產生了嚴重影響。

但是，攝政王載灃卻感到十分得意。他認爲，除掉了有可能對自己的權力構成威脅的漢族實力派官僚之後，只要控制了軍隊，就不怕坐不穩江山。他下令成立禁衛軍，由其弟載濤及鐵良等負責訓練，接著又宣佈按照立憲國家中國家元首擔任軍事統帥的慣例，由自己代皇帝擔任全國海陸軍大元帥。又籌設海軍部，命其弟載洵爲大臣；設軍咨府，派毓琅等爲大臣，把軍權完全集中在皇室手中。

載灃覺得這還不夠。一九一一年五月八日，他頒發上諭，成立內閣，任命奕劻爲內閣總理大臣，那桐、徐世昌爲協理大臣，梁敦彥爲外務大臣，善耆爲民政

1908年，載灃與溥儀（右）、浦傑（懷抱的嬰兒）合影

大臣，載澤爲度支大臣，唐景崇爲學務大臣，蔭昌爲陸軍大臣，載洵爲海軍大臣，紹昌爲司法大臣，溥倫爲農工商大臣，盛宣懷爲郵傳大臣、壽耆爲理藩大臣，以上內閣大臣共計十三人，其中漢族四人，滿族九人；滿族九人中，皇族又占七人。這一「皇族內閣」的成立，使清政府大失信用，使得原寄望於通過立憲改良政治挽救危亡的人們認識到，清政府所謂的「立憲」，不過是在借「立憲」之名，行集權之實，靠他們來挽救國家危亡，已經完全不可能，要救亡，必須另辟新徑。就這樣，原本主張改良的立憲派轉而同情革命。

第四章　武昌起義

一、戰略重心北移

二、全國性革命形勢的形成

三、武昌起義與湖北軍政府成立

四、袁世凱復出

五、列強的反應及其影響

CHAPTER 4

第四章

武昌起義

用武力推翻清王朝的統治，這是革命黨人的既定方針，問題在於採用何種革命方略進行。在同盟會成立後的幾年間，革命黨人在中國南部邊陲策畫了一系列武裝起義，但都沒有成功，於是一部分革命黨人開始將戰略重心轉向了長江一帶，全力經營兩湖地區的起義。到一九一一年，全國出現了極其有利的革命時機，保路運動的興起成了武昌起義的導火線。武昌起義事發偶然，卻又事出必然，它是晚清最後幾年間社會矛盾的總爆發。這次起義沒有重蹈以往歷次起義的覆轍，它成功了，其勝利到來如此之快，以至於革命黨人來不及組織足夠的力量，更沒有足夠的思想準備，去應付首義成功後所遇到的種種複雜局面，於是革命後本該由革命黨人掌握的政權，卻落到了舊官僚和立憲派的手中，一場更爲嚴峻的考驗擺到了革命黨人的面前。

一 戰略重心北移

同盟會成立後，孫中山、黃興的主要精力都集中在籌備武裝起義上。他們關注的地方是兩廣。兩廣地區有較好的革命基礎，加上廣東屬中國的邊遠地區，遠離首都，即使失敗，也可以退守南洋，因此孫中山極力主張以廣東為首義之區。一九〇五年九月，孫中山在一次與程潛的談話中說：「革命必須依敵我形勢的變化來決定，如形勢於我有利，於敵不利，則隨處可以起義。至於選擇革命基地，則北京、武漢、南京、廣州四地，或為政治中心，或為經濟中心，或為交通樞紐，各有特點，而皆為戰略所必爭。北京為中國首都，如能攻佔，那麼，登高一呼，萬方回應，是為上策。武漢綰轂南北，控制長江上下游，如能攻佔，也可以據以號召全國，不難次第掃蕩逆氛。南京虎踞東南，形勢所在，但必須上下游同時起義，才有成功希望。至於廣州，則遠在嶺外，僻處邊徼，只因其地得風氣之先，人心傾向革命，攻佔較易；並且港澳密邇，於我更為有利，以上四處，各有千秋，只看哪裏條件成熟，即可在那裏下手。不過從現時情況看來，仍以攻取廣州，較易為力。」①孫

①《辛亥革命回憶錄》（一），中華書局一九六一年版，第七十—七十一頁。

中山的這一意見，同盟會內部絕大多數人都是贊成的。因此同盟會在籌備武裝起義時，始終圍繞兩廣地區來進行。綜計在一九〇七－一九〇八年間，同盟會在南部邊境接連舉行了多次起義：潮州黃岡起義、惠州七女湖起義、欽州防城起義、鎮南關起義、欽廉上思起義和雲南河口起義，這些起義均告失敗。

同盟會在中國南部邊境發動的起義屢起屢仆之後，人們對以南部沿海為中心的革命方略也產生了懷疑，同盟會內部開始出現分化，一部分同盟會會員脫離東京同盟會總部，先後組織共進會和同盟會中部總會。他們的共同特點是其成員大都為長江流域各省的同盟會會員，他們把活動重點放在長江流域，全力經營兩湖地區尤其是湖北的起義。他們的出現，標誌著革命黨人將戰略重心轉向了長江一帶。

共進會一九〇七年八月正式成立於東京，發起人有張百祥、鄧文翬、焦達峰、劉公、孫武等。這些人都是同盟會會員，而且與長江流域一帶的會黨有密切聯繫。有的人本身就是會黨首領。他們之所以要在同盟會之外另立一組織，眞實的原因是由於同盟會內部在革命方略上出現重大分歧。孫中山長期以來選擇兩廣邊區作為主要的軍事活動地點，但一些來自中部省份的同盟會會員則主張從長江流域入手。隨著孫中山在南部起義的不斷失敗，對孫中山的不滿情緒逐漸升溫，於是便有共進會的發起。而它之所以最終能夠成立，又是與同盟會內部組織渙散有關。那時孫中山、黃興都不常在日本。劉揆一衆意不屬，宋教仁則窮困潦倒，「常鬱鬱，醉即臥地狂歌，又數向民報社傭婢乞貸」。同盟會群龍無首，一盤散沙。孫、黃專注於兩廣地區的起義，對東京本部的事情較少過問，也招致一些非議，如章太炎曾質問黃興，「吾在此以言論鼓舞，而君與逸仙自交趾襲擊，雖有所獲，其實不能使清人大創，徒欲使人知革命黨可畏耳。……若數以小故動衆，勞師費財，焉能有功？」①共進會在這種情形下成立，顯然是一種不正常的情形，它含有地域之間的偏見，也含有個人之間的好惡。共進會成立之前也曾徵求過黃興的意見。事後黃興質問焦達峰何故立異，焦達峰回答說：「同盟會舉趾舒緩，故以是赴急，非敢異也。」黃興又問，「如是，革命有二統，二統將誰爲正？」焦達峰說，「兵未起，何急也！異日公功盛，我則附公；我功盛，公亦當附我。」②

共進會的組織，是雙重的。它一方面仿近代政黨的組織形式，本部設會長一

① 《章太炎自定年譜》，湯志鈞編：《章太炎年譜長編》上冊，中華書局一九七九年版，第二百五十九頁。

② 章太炎：《焦達峰傳》，中國史學會編《辛亥革命》（六），上海人民出版社一九五七年版，第一百六十四頁。

人，推張百祥爲會長，本部會長兼任中華民國大總統，下轄內政等八部，由居正等分任部長。同時在各省設分會，各省分會長兼各省軍政府大都督，大都督下有副都督、參都督等，所用旗幟爲紅黑兩色的九角十八星旗，十八星代表十八行省鐵血共義，全稱「鐵血十八星旗」。武昌首義後飄揚在武昌城頭的，即是按共進會方案製作的旗幟。另一方面它又採納傳統的會黨組織形式，有開堂、燒香、結盟、入夥等一系列儀式，訂立山、水、堂、香以爲暗號。山叫中華山，水叫興漢水，堂叫光復堂，香叫報國香。其詞如次：「中華山詩：神明華冑創中華，鑿井耕田到處家；錦繡山河萬世

正在操練的清朝新軍

業，子孫相守莫相差。興漢水詩：一水源流萬里長，漢家興復直中央；自從派衍分南北，氣勢奔騰不可當。光復堂詩：堂上家家氣象新，敬宗養老勉爲人；維新守舊原無二，要把恩仇認得眞。報國香詩：香火綿綿未敢休，祖宗一脈自千秋；腥羶久國莊嚴土，待買名香祓九州。」①凡共進會會員，要往各地活動，必須要熟記本會山水堂香及其所繫打油詩，方可得到一切的幫助和照顧。

共進會的宗旨，也與同盟會不完全相同。他們說「平均地權」不好懂，革命是因爲滿漢不平等，所以要「平均人權」。這表明了共進會組織者對土地問題、民生問題的漠視，他們所關心的主要是「排滿革命」。

共進會成立伊始，全力注意經營兩湖地區，並決定在原會黨人員的基礎上廣泛聯合軍警各界，進而完成反清革命。一九〇八年十月，共進會決定派孫武、焦達峰回國活動。一九〇九年一月，焦達峰抵達漢口，與孫武商定兩湖入手之法，決定從軍中士兵入手，次及學界，再及其他同情人士。是年四月，設總機關於漢口法租界。同時在武昌設立分機關。湖北共進會的會務日漸擴展，聲勢日大。之後焦達

---

①鄧文翬：《共進會的源起及若干制度》，《近代史資料》一九五六年第三期，第十七頁。

峰回長沙，組織湖南共進會。長江流域的會黨經焦達峰等人的聯絡大有起色，最後商定了「武昌發難，湖南回應」的策略，這一切為武昌起義的發動與成功創造了條件。

同盟會中部總會在一九一〇年七月三十一日成立於上海。在成立大會上，宋教仁提出革命三策供大家討論，上策是由中央入手，在北京起事，佔領北京，然後號令全國；中策是在長江流域各省同時大舉，設立政府，然後北伐；下策是從邊地入手，然後徐圖進取。大家認為上策運動較難，下策已經失敗，因此應採用中策，全力注重策動長江流域各省的革命。關於具體的進行辦法，宋教仁主張從長江著手推進到河北，以三年為期，待羽毛豐滿後，一舉而成。趙聲認為這種做法遲緩，主張急進，最後譚人鳳提出「事權統一，責任分擔，以不限時期為原則」。會後，譚人鳳去香港找黃興商量，黃興表示「別無意見」，只說「須有款項方可」。

同盟會中部總會成立後，積極籌畫在武漢地區起義，一方面在長江流域各省籌設分會，聯絡革命志士，共造革命時機，另一方面加緊各方面的準備工作。他們推居正、楊玉如赴上海購買手槍，並邀黃興、宋教仁、譚人鳳赴鄂主持一切。那時黃興還在香港，居正即托呂志伊、劉芷芬往香港，請黃興速來。黃興在與呂、劉晤談後，復函同盟會中部總會，對其方略給予了高度評價，讚揚他們在遇到挫折的情形下力圖進取的精神，還讚揚他們的戰略部署和起義計畫。正如他在武昌起義前五天致書馮自由所說：「以武昌爲中樞，湘、粵爲後勁，寧、皖、陝、蜀亦同時回應以牽制之，大事不難一舉而定也。」①

共進會、同盟會中部總會之所以把工作重心放在湖北而不放在別處，是因爲湖北有很濃的革命風氣。湖北有濃厚的革命風氣，應該歸功於新式教育。自一八八九年以來，湖北在張之洞的經營下，教育、實業及新軍都有

清朝國家外債券

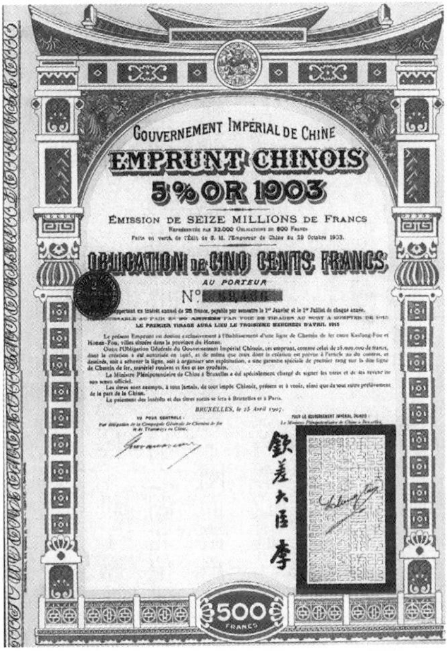

①《黃興集》，中華書局一九八一年版，第六十七頁。

很大的發展。據統計，到一九〇八年武漢所開辦的學堂有一百二十八所，其中官立一百一十所，公立十一所，私立四所，西人所立三所，是年湖北官費留學生達五百七十八人，其中留學日本爲四百七十五人，留學歐美爲一百零三人，在全國範圍內實居「他省之多數」。實業方面，一九〇八年武漢有工廠八十一家，商號一千多家，與全國相較，仍屬「先進」地區。湖北又是最早編練新軍的地區之一。當全國官吏莫敢談新政之時，張之洞獨能在湖北倡辦兵工及實業，建學校、設工廠、練新軍，使湖北在二十世紀初年成爲全國風氣開通的重要地區之一。加之湖北位居全國之中，扼長江上游，爲東西南北交通之樞紐，地理位置十分重要，因而素爲兵家所重視。這自然也使湖北成爲革命活動非常活躍的地區，武昌成爲首義之區，並非偶然。

湖北的革命力量除共進會、同盟會中部總會之外，還有一個重要的革命團體，就是文學社。文學社成立於一九一一年一月三十日，其宗旨爲「推翻清朝專制，反對康、梁的保皇政策，擁護孫文的革命主張」，以蔣翊武爲社長，詹大悲爲文書部長，劉復基爲評議部長。文學社成立後，決定以擴大組織、發展社員爲首務。爲發展社員，他們採用桃園結義、換蘭譜、拉攏幫會等方式同士兵建立親密關係。然後，逐漸灌輸革命思想，個別吸收入會。入會時，需要塡志願書，有兩個同志介紹，個別進行，嚴格保密，並囑咐對家庭、父母、妻子不得洩露一言；入會後，組織比較嚴密，建立了標、營、隊代表制，分級接受上級代表的命令，工作進行非常秘密，從而社務大進。到一九一一年夏季，文學社社員在新軍中達兩千餘人。

文學社在武昌小朝街八十五號設立總機關，由劉復基、王守愚、蔡大輔駐社辦公。其時共進會在湖北軍學各界也有很大勢力，劉復基建議與共進會聯合，得到大家的贊同，從此進入文學社與共進會合作時代。一九一一年九月，文學社與共進會召開聯席會議，共進會的孫武提議兩團體切實合作，即刻發動起義，文學社的劉復基建議取消各自的團體名稱，以武昌革命黨人的身份向滿清宣戰。此議得到一致贊同，共進會負責人劉公當即表示願取消其湖北大都督的頭銜，文學社的蔣翊武、王憲章也分別表示願取消其文學社正、副社長的名義。但發動起義必須有一個統一的領導機構，於是會議決定派居正、楊玉如赴上海請黃興、宋教仁、譚人鳳來鄂主持大計。至此兩大團體的聯合正式實現。雙方的聯合，使湖北的革命力量聚集到了一起，到武昌起義前夜，文學社和共進會的會員達到五千多人，占當時湖北新軍總數的三分之一以上，加上革命的同情者，在新軍中已取得優勢地位。這樣就爲武昌首義的成功奠定了基礎。

二 全國性革命形勢的形成

一九一一年的中國，已是一片「山雨欲來風滿樓」的景象。民衆搶米風潮和抗捐鬥爭風起雲湧，遍及各省。是年陰曆三月二十九日，同盟會在廣州又發動了一次起義。這次起義可以說是同盟會成立以來所組織的規模最大的一次起義，革命黨所受的損失也較以往爲重。起義戰死及被捕犧牲者八十六人，其中有些是剛從日本回國的才識卓越的留學生，如林覺民、喻培倫、方聲洞等，他們爲了拯救祖國，爲了實現自己的理想信念，不惜犧牲自己，從容赴難。起義雖然失敗，但卻進一步促進了革命形勢的發

黃花崗烈士就義前情景

展。「全國久蟄之人心，乃大興奮。怨憤所積，如怒濤排壑，不可遏抑。」①半年後，武昌起義就爆發了。

武昌起義的導火索是由清廷「鐵路國有」政策引起的保路風潮。

事情還得從粵漢、川漢兩路的籌建開始說起。十九世紀末，繼西方列強在中國爭建鐵路之後，清政府也開始籌辦粵漢、川漢鐵路。一八九八年總理衙門提出修建粵漢鐵路。到一九〇〇年，由於缺乏資金，清政府就決定由美國華美合興公司來承造粵漢路，向該公司借款四千萬美元，以鐵路作抵押，期限五十年。一九〇二年一月粵漢路開工，合興公司先築三水支線，但不久因資金缺乏，在未經得清政府同意的情況下，私自將公司底股的三分之二賣給比利時萬國東方公司。湖廣總督張之洞洞悉其中隱患，力主廢除與合興公司的合同，收回路權。他在給皇上的奏摺中說，「查比與法通，法又與俄合，京漢鐵路已由比法兩國合辦，若粵漢鐵路再入其手，則中國南北鐵路地權全歸比、法等國掌握之中，與俄人所造東三省鐵路均連一氣，既扼我之吭背，復貫我之心腹，而借款本息太巨，年期過久，限滿後斷無贖

①《孫中山全集》第六卷，中華書局二〇〇六年版，第五十頁。

回之望，其為中國大患殆有不忍言者。」①

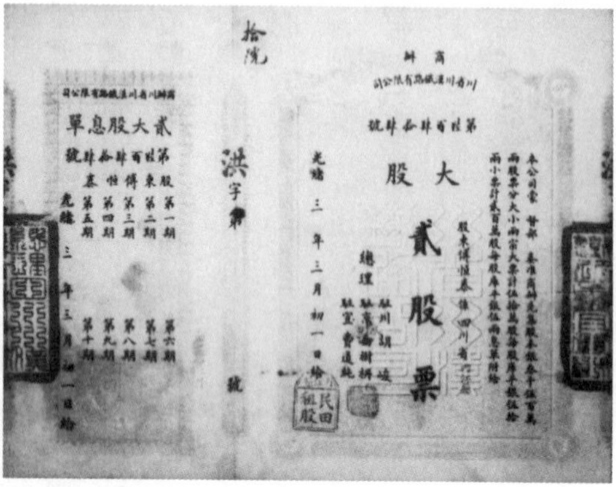

川漢鐵路股票

張之洞力倡收歸自辦，各省督撫紛紛響應。與此同時，湘鄂粵三省紳民及留日學生也展開了收回粵漢路權的鬥爭。清廷迫於壓力，於一九〇五年八月以六百七十五萬美元的代價廢除了與合興公司的合同，贖回了築路權，之後清廷以官督商辦的形式，命湘鄂粵三省各籌各款，各修各境。

　建造川漢鐵路之議始於一九〇〇年。英美兩國都曾建議清政府借款修路。但遭到四川人民強烈反對。一九〇三年一月，川督錫良因「外人久已垂涎，群思攬辦」川漢鐵路，且民情力主

① 武漢大學歷史系編：《辛亥革命在湖北史料選輯》，湖北人民出版社一九八一年版，第四百四十一頁。

自辦，奏請設立公司，招集華股自辦。一九〇四年二月川漢鐵路公司成立，一九〇五年一月公司頒佈集股章程。規定集股辦法，分認購之股、抽租之股、官本之股及公利之股四種。一九〇八年，清政府任命張之洞為督辦粵漢、川漢鐵路大臣，會商郵傳部，督飭在事官紳認真籌款興辦。粵漢、川漢鐵路收歸自辦後，官資不足，又改官督商辦，在川、鄂、湘、粵諸省募集民股，並由官府在稅收項下附後抽「路股」。這樣，上述諸省的紳、商、農、工都成為擁有鐵路股票的股東。但工程進展遲緩，資金日益窘迫。

一年後，張之洞藉口路股難集，一反此前反對借款修路的態度，與英、法、德三國簽訂了一個湖廣鐵路借款協定，協定主要內容是：清政府向英國滙豐銀行、德國德華銀行、法國東方匯理銀行借款五百五十萬英鎊，由英、法、德三國平均分配借款及鐵路材料購置。川漢路鄂段及粵漢路湘鄂段各用二百五十萬英鎊，九五扣，年息五厘，期限為二十五年。粵漢路用英總工程師一人，川漢路用法德總工程師各一人。此協議簽訂後，德國極為高興。德國首相布洛夫在致德皇的報告中說，「從我們的立場看來，這即將成立的合同，應受到歡迎和滿意，因為它打破了英國一向視為他分內的揚子江流域的鐵路的獨佔（德皇批：妙哉），並給德國資本與德國企業在所謂英國勢力範圍內開闢了活動的新園地。（德皇批：好）」美國對被排除在借款集團之外，極為不滿，一九〇九年七月十五日，美國總統塔虎脫專門致電清廷攝政王要求按照「利益均沾」的原則，「立即得出貴、我兩國均將滿意的結果」。[1]清廷最終同意了美國的要求，於是組織英法德美四國銀行團，將借款總額增加到六百萬英鎊，美國享有與其他三國同樣的特權。顯然，各國爭相給中國借款，並不是因為清政府有很高的財政信用，也不是垂涎那五厘的利息，更不是出於幫助中國發展的好心，而是想借此進一步控制中國，獲取更多的利益，享有更多的特權。

借款問題發生後，湖南、湖北都發生了拒款運動。一九〇九年十一月十八日，湖北成立商辦鐵路協會並選舉劉心源為會長。十一月底，商辦鐵路協會發出公告，擬組織鐵路公司，籌款自辦鄂境粵漢、川漢鐵路，凡自認股千元以上者即為公司創辦人。那時，「人人咸抱一路存鄂存，路亡鄂亡之心，所以一時認股如風潮湧，不數月間，已獲百萬」[2]。隨後，湖北派劉心源等三人為代表進京，將湖北籌款情形

[1] 復旦大學歷史系編：《中國近代對外關係史資料選輯》上卷第二分冊，上海人民出版社一九七七年版，第二百二十八頁。

[2] 武漢大學歷史系編：《辛亥革命在湖北史料選輯》，湖北人民出版社一九八一年版，第四百九十八頁。

向郵傳部彙報，並請政府准予商辦。一九一〇年三月二十四日，郵傳部批准湖北設立商辦川粵漢鐵路公司。湖南諮議局及商學各界成立拒款保路組織。他們在致軍機處和郵傳部的電文中說：「外債入，路權失，全湘利害關係，風聞六月六日有簽押之說，湘人死不奉命。」①湖南省諮議局在拒款運動中充擔了領導者的角色，爲了堵塞清政府借外債的藉口，迫使其取消與四國簽訂的借款草約，湖南諮議局通過了《湘路限年趕修案》，規定了籌集湘路股款的新辦法，從法律上保證了湖南自築粵漢鐵路的資金來源。一九一〇年三月湖南赴京請願代表諮議局議員粟戡時斷指血書，上呈清政府，震動很大。終於迫使清政府准予湘路自辦。

然而，清政府言而無信。一九一一年一月，清政府委任盛宣懷爲郵傳部大臣，大借外債準備修路。五月九日，頒佈「鐵路國有」上諭，以四省集股困難，修路不多爲由，將粵漢、川漢鐵路收歸國有，十一天後，即五月二十日，就與英、法、德、美四國銀行團簽訂了六百萬英鎊的《粵漢川漢鐵路借款合同》。借款以兩湖厘金鹽稅作擔保，年息五厘，分四十年還清，此外，合同還規定建造此項工程，

① 轉引自丁守和主編：《辛亥革命時期期刊介紹》（III），人民出版社一九八三年版，第五百五十二頁。

清政府必須聘請英、德、美工程師各一名。此次借款，條件之苛刻實爲罕見，就連護理川督王人文也認爲，「合同乃舉吾之國權路權，一畀之四國」。「其中規定條件，除抵押兩湖五百二十萬部有之厘捐外，自路線、工程、用款、用人、購材、息利等項，凡路政所有權限，一一給於外人。」這些還是條文中明顯可以看出來的。此外還有不易覺察的隱患之處。宋教仁指出，借款合同影響所及，「將來不但舉湘鄂二省之路權全移外人之手，即國家中央財政與湘鄂二省地方財政，亦不得不受其干涉，而最後結果，乃使吾湘鄂兩省變爲滿洲之續，甚或率先推國而爲壞及焉，亦未可知」[1]。所以清政府的「鐵路國有」政策，實質是將鐵路修築權連同鐵路控制權，一併出賣給外國人，從而激怒了人民。

首先起來反對鐵路國有政策的是兩湖地區的各界人民。在湖南，當鐵路國有的消息傳到長沙後，湖南商會鐵路公司立即致電清政府軍機處、外務部、度支部、郵傳部，表示湖南省完全有能力自辦，不用另借外債。五月十三日，湖南紳商學各界團體刊發傳單，謂湘省粵漢路爲全省命脈所關，將來借債修路，湘人生命財產均操

①宋教仁：《論近日政府之倒行逆施》，《宋教仁集》上冊，中華書局一九八一年版，第二百二十八頁。

外人之手，後果不堪設想。十四日，湖南各界一萬餘人在教育總會召開全體大會，決定全力抵抗，完全商辦。十六日，湖南各團體同到督府，呈請湘撫楊文鼎電奏朝廷，收回成命，並稱如撫台不允上奏挽回，商須罷市，學須罷課，一般人民須抗租稅。楊文鼎見人衆勢洶，恐釀事故，便答應代爲具奏。但清政府的態度十分強硬，六月三日，清廷下旨，嚴飭湘省紳民，「如有匪徒暗中鼓動，致生事端，著即從嚴懲辦」。結果一些士紳退出了運動，六月十六日後，楊文鼎加強了對運動的壓制，禁止集會，實行新聞檢查，派軍警日夜巡防等，湖南的保路運動轉入低潮。

在湖北，五月九日鐵路國有政策頒佈那天，湖北省諮議局召集軍商學界一千餘人召開會議，討論對付借款問題。此前，湖北諮議局議長湯化龍被湖北各界公推爲代表進京力爭。四月二十六日，湖北各界爲湯化龍餞行。「名則爲湯君餞別，實則勉湯君死殉」，場面十分悲壯。但是，隨著清廷強制措施的推行，湖北紳商開始出現分化，雖然諮議局態度堅決，熱情很高，但商辦鐵路公司、鐵路協會及商務總會的主要負責人卻因籌款困難，早已意懶心灰。湯化龍三次電請鐵路協會會長劉心源，晉京協同力爭，但劉置之不理。軍學各界也懾於清廷壓力，開始退縮，湖北保路運動也由此消沉下去。

四川的保路運動起步較晚，但規模大，時間長，影響深遠。六月十七日，四川鐵路公司召開大會，決定成立四川保路同志會，並推舉諮議局議長蒲殿俊爲會長。該會以「拒借洋款，廢約保路，力圖進行爲宗旨」，並對「保路拒債」的內涵、必要性及方法都作了具體的規定。從規定中可以看出，保路運動並不是要反皇帝，反洋人，而是反貪官，他們認爲此次借款修路，罪在盛宣懷一人，與皇上無關，與洋人無關。他們的口號是「庶政公諸輿論，鐵路准照商辦」。前一句反映了他們的政治要求，後一句反映了他們的經濟要求。這兩句話都是從光緒帝的上諭中摘出來的，在整個運動中，他們供奉著光緒帝的牌位，這種小心翼翼的態度恰好反映了立憲派的軟弱性和妥協性。

保路同志會成立後，即派講演員分赴省內府廳州縣進行演說，並在各地組織分會。從同志會建立到七月八日前約二十天，「會員名冊不下十餘萬衆」，從七月初到八月二十日，省內各府廳州縣，或在講演員的推動下，或自動發起，建立了五十八個分會。參與保路同志會的，除紳、商、學界外，還有工界、宗教界、婦女界及其他各階層人士。其涉及範圍之廣，實屬前所未有。

保路運動的迅速蔓延，與當時的署理川督王人文的支持是分不開的。他兩次上奏朝廷，力言借款合同喪失國權太大，要求嚴懲簽字大臣，並提出修正合同意見。他認爲：「今日提出修正合同，外人不過索我賠償損失，比之損失國權、路權既有輕重之分，比之激成內亂，不幸而見非常意外之變，其賠償損失之巨，利害尤不可同日而語。」[1]雖然王人文的出發點是維護清廷的統治，但客觀上卻推動了保路運動的進一步發展。一些四川京官，見王人文以一個外省人，身居高位，竟代川抗爭，也加入保路運動行列。而對於素來怕慣了官府的老百姓來說，得到了署理總督大人的支持，又還有什麼顧忌呢？於是保路同志會的氣勢便愈演愈烈了。

清廷對王人文的做法極爲不滿，遂把他調任爲督辦川滇邊務大臣，改派趙爾豐爲四川總督。八月三日，趙爾豐到任視事。開始時趙爾豐還假意同情保路運動，但不久即強行收回川漢鐵路宜昌至萬縣段路權。消息傳開，群眾異常激憤，八

四川保路同志會請願圖

① 王人文：《辛亥四川路事罪言》，見中國史學會編《辛亥革命》（四），上海人民出版社一九五七年版，第四百一十九頁。

月二十四日，數萬名群衆在成都集會，決定全川一律罷市罷課；一切厘稅雜捐，概行不納。九月五日，一份揭露清政府賣國罪惡、號召人民自保的《川人自保之商榷書》的檔在全川出現。這份自保商榷書成了趙爾豐鎮壓保路運動的藉口。九月七日，趙爾豐下令全城戒嚴，封閉了鐵路公司，逮捕了蒲殿俊等保路運動領導人，其理由是「假保路之名，行叛逆之事」。

消息傳開，人心大憤，人們頭頂光緒神位紙條，奔向總督衙門，要求釋放蒲殿俊等人，趙爾豐下令開槍鎮壓，打死三十多人，傷者無數。血案的消息通過「水電報」（即在木板上寫上成都的消息，然後塗上桐油，投入河中，順流而下，消息隨之傳播開來）。傳遍了四川各地。各地群衆聞風而起。九月八日，成都附近十餘縣的起義軍二十餘萬人彙集到成都，形成了群衆大起義的局面。九月二十五日，同盟會會員吳玉章、王天

四川總督趙爾豐像

傑在滎縣宣佈獨立，推蒲洵主持縣政，建立了革命政權，起義的烽火遍佈川蜀大地。此時在川的清軍已經無力對付了。

保路運動是在立憲派的領導下發展起來的。立憲派的最初目的一方面固然是保路權，但更重要的是想通過這次運動來維護立憲政治的理想和原則。他們所力爭的是立憲政治的眞正施行，但保路運動最後發展爲武裝起義，卻是他們沒有料到的，也是他們不願看到的，所以當各地起義風起雲湧時，他們便出來干預，要人們「急急回頭」，但是形勢的發展卻不是他們所能控制的了，一種全國性的革命形勢已經形成。

三 武昌起義與湖北軍政府成立

隨著兩湖、四川地區保路運動的漸次展開，武裝起義的時機成熟了。一九一一年九月二十四日，文學社與共進會舉行聯席會議，商議起義計畫。雙方的主要領導及各標營代表共六十餘人出席了會議。會議由孫武報告兩團體合併的經過，然後商討起義日期。經一致議決，定於十月六日（陰曆八月十五日中秋節）舉義，並迅即電知湖南焦達峰同時發難。會議還推舉蔣翊武爲起義總指揮，設軍事總指揮部於武昌小朝街八十五號文學社總機關部；另推劉公爲總理，孫武爲參謀長，劉復基、蔡濟民、張廷輔等爲參謀，楊時傑、楊玉如任內政，楊宏勝任交通，在漢口長清里九十八號（後遷至俄租界寶善里十四號）設政治籌備處，牟鴻勳、梅寶璣負責草擬文告，制定旗號，孫武、潘公復、陳光楚製造炸彈。隨後即分派各標營隊代表任務，整個計畫詳細周密。

不料是日散會後，南湖炮隊部分革命士兵爲同營徐某餞行，酒後放言革命，被官長喝責，幾至引發暴動，幸經鄧玉麟及時勸阻得以平息，但是八月十五日起義的消息已經洩露出去。漢口各報也有革命黨即將起義的消息，致使官方提高了警覺。總督瑞澂調集軍隊，排列機槍，保衛總督衙門；命巡警道嚴查各碼頭；命黎元洪以所統新軍一部保護漢陽兵工廠；又調集長江艦隊及本省巡防艦多艘，一律停泊江面；同時下令收繳士兵子彈和槍炮機栓，並向漢口德領事切商，多調兵艦來漢，如革命黨暴動，即開炮轟擊。在這種情況下，起義的準備工作遇到困難，加上黃興、宋教仁等人來鄂日期未定；湖南的焦達峰又派人來漢通知，說準備不及，請暫緩發難日期，原定的起義計畫只好推遲舉行。

八月十五日那天，清軍嚴陣以待，但起義並沒有爆發。清方以爲日期已過，可告無事。不料，意外的事件再次發生。十月九日，孫武、鄧玉麟等人在漢口俄租界機關配製炸彈時，發生意外。一旁觀者在旁邊看邊吸紙煙，紙煙火灰飄入炸藥之中，頓時濃煙滾滾，孫武的頭部被燒傷，被送往醫院搶救。租界內的俄國巡捕聞警趕到，搜去了尚未來得及隱藏的起義用的旗幟、袖章、文告、蓋印紙鈔等。清廷獲取了革命黨人的全部情況，準備按冊捕人，情況十分緊急。鄧玉麟、劉復基主張立即起義。下午五時，蔣翊武以臨時總司令的名義簽發了起義命令，定於晚十二時以南湖炮聲爲號起義，以「興復漢族，驅除韃虜」爲口號。命令擬好後，即派人送往各標營。但由於當時各營均閉門禁止出入，命令未能及時送達。午夜十二時，南湖炮聲未響，各標營不敢貿然行動，而此時清方已接到小朝街八十五號設有革命黨機關的密報，派軍警前往圍捕，劉復基、彭楚藩等人被捕，蔣翊武因爲留有長辮，穿一褭紅馬褂，滿臉村夫子氣，僥倖逃脫。清方又在工程第八營附近楊巨集勝家，將楊捕獲，並搜出許多炸彈。同時各機關也都被清方破獲。當晚清方連夜審訊彭楚藩、劉復基、楊宏勝三人。「三人一到法堂，俱慷慨激昂。」彭楚藩在堂上發表演說，大講革命救國的道理。劉復基、楊宏勝二人，「所供較彭楚藩尤爲激烈，在堂上大罵滿清政府不止」。審訊完畢，天已放明，清方立即將三人斬首。

瑞澂在殺害了三人之後，一面電告清廷已「弭患於初萌，定亂於俄頃」，「武昌漢口地方一律安謐」。一面又下令關閉城門，搜捕革命黨人。他揚言革命黨名冊在其手中，必須一一拿辦。這無異於把革命黨人逼上了絕路。他們認爲與其坐而待縛，不如奮起抗爭，以求死裏逃生，各營同志遂約定當晚起義。於是分途密告各營，天黑即動，一經發動後均至城內楚望台軍械庫集合，然後進攻督署。十月十日晚七時，工程第八營的程定國打響了起義的第一槍，全營暴動，熊秉坤立即集合隊伍，前往軍需房奪取了彈藥，該營督隊官阮榮發等前來彈壓，爲兵士所殺。其他軍官見此情形，不敢阻攔，紛紛逃避。隨後熊秉坤帶隊出營，直撲楚望台。楚望台設有軍械局，漢陽槍炮廠二十年來所製造的槍炮子彈及歷年所購置的外國槍炮，皆儲藏其內，只要佔領了該局，槍彈即有足夠的保證。當晚防守軍械局的正好是工程營左隊隊官原日知會幹事吳兆麟，因而楚望台很快爲革命軍所得。不久，炮隊第八標起而回應，在工程營的掩護下安全入城，到楚望台集合，方興也帶測繪學堂學生八十餘人到楚望台，同時步隊二十九標二營長蔡濟民也帶兵二十餘名奔向楚望台。隨著來楚望台的起義士兵越來越多，熊秉坤指揮失靈，一時起義軍秩序混亂。此時急需一個人出來領導，吳兆麟懂軍事，平時威望又高，因而被推舉爲革命軍總指揮。開始時他力辭不受，在衆兵士的堅持下方才接受。他於是宣佈紀律：一、「各隊受命後，彼此嚴密監視，不准有一人擅離隊伍」；二、「各隊受命後，必須照命令實行，如有不照命令，而自由行動者，共處死刑」；三、「不准侵害中外人民」；四、「各財政機關不准破壞」；五、「與我表同情之軍隊即歡迎之，否則奮力擊滅之」。①

隨後，吳兆麟發佈命令，命鄺杰、馬榮、熊秉坤各率工兵一隊，分三路進攻督署，同時命程國貞率炮隊向督署開炮，蔡濟民率步隊二十九標已回應之一隊掩護炮隊，並將電報電話線全部割斷，另由方興率測繪學生一隊防禦中和門正街及通湘門，其他人在楚望台兩端空地待命，佈置完畢，各隊均按指定地點分途出發。當晚十二時，天降小雨，月黑風高，各處電線已被割斷，全城漆黑一團，總指揮吳兆麟率敢死隊百人，到督署後側縱火，爲炮隊進攻指示方位。各路隊伍見火光忽起，士氣大振，而督署守兵見督署後院起火，頓起恐慌，特別是當他們得知瑞澂已逃走時，更是軍心動搖，紛紛棄槍逃竄，天將放亮之時，革命軍佔領了督署。

① 曹亞伯：《武昌起義》，見中國史學會編《辛亥革命》（五），上海人民出版社一九五七年版，第一百一十一頁。

那時駐紮武昌城內及城郊的新軍和軍校學生有七千多人，參加首義者約四千多，其中共進會會員和文學社成員約各占一半，其餘則由排滿主義所激起；站在起義對立面的，有憲兵營、輜重八營、第三十標旗兵營、教練隊、督署衛隊。據估計當晚和第二天參戰雙方各擁兵力四五千，但起義軍切斷電話線路，總督瑞澂、統制張彪等無法對部隊調動指揮。當炮隊向督署開炮時，瑞澂立即魂飛魄散，帶巡防內守衛兵從督署後園逃到楚豫兵船上。張彪得知總督已逃，知大勢已去，乃率輜重第八營渡江，到

瑞澂與張彪

漢口劉家廟負隅自保。清方群龍無首，革命軍得以從容佈置。倘若瑞澂、張彪等持以鎮靜，死守不逃，待到天亮後集合未回應之各營，與革命軍決一死戰，勝敗之數，尚不可知。

武昌起義時，一江之隔的漢陽、漢口對武昌所發生的情況一無所知。那時駐紮漢陽的新軍爲第四十二標一營，該營負責防守漢陽兵工廠和鋼藥廠。第四十二標的革命組織是文學社第四支部，胡玉珍任正代表，十月十日晨，胡玉珍去漢口辦事，遇到了從武昌逃至漢口的王憲章，乃知武昌革命機關已被破壞，王憲章囑咐胡玉珍立即準備起義。胡回營後把機關被破壞的消息轉告同志王纘丞。那時他們都還不知道武昌起義已經成功。王纘丞乃派人渡江去打聽消息。才知道武昌已爲革命軍佔領。胡玉珍立即與王纘丞等商量，決定回應起義。十一日晚，胡玉珍鳴槍爲號，集合隊伍，佔領了兵工廠，並把三門大炮拖上龜山，做好防衛準備。這一舉措關係重大，因爲兵工廠是雙方必爭之地，誰控制了兵工廠，誰就居於有利地位。瑞澂在逃登楚豫艦後，曾派兩魚雷艇前往漢陽，以控制兵工廠。十二日晨，當清方軍艦向龜山駛來時，遭到炮擊，被迫逃走，兵工廠得以保全，漢陽宣告光復。漢陽有當時全國最大的鋼鐵廠、兵工廠，起義軍佔領漢陽，掌握軍事工業，不僅有利於武漢戰守，鄰近各省起義軍的軍火供應亦可解決。

漢口革命黨人的行動大體與漢陽同時。那時駐紮在漢口的新軍有巡防營和新軍第四十二標第二營，第二營革命代表爲趙承武。十一日武昌起義的消息傳至漢口，晚上趙承武集合隊伍，並約法三章：挾私報仇者斬，爭權奪利者斬，擾害商民者斬，並舉排長林翼支爲指揮，率隊向劉家廟前進。林翼支也以標統名義發出佈告，若有藉端滋擾街市者，一經查獲格殺勿論。漢口局勢得到穩定，這樣，漢口除劉家廟地區外，也爲革命軍佔領，至此，武漢三鎮全部光復。

按照原定的程序，革命成功之後，立即建立軍政府，由都督任軍政府首腦。這樣，十月十一日上午，當武昌城內的戰鬥基本結束之後，革命黨人便聚集到諮議局開會，商議建立軍政府。但在確定軍政府都督的人選時遇到了難題。同盟會中的黃興、居正、譚人鳳、宋教仁是適當人選，但當時他們或在香港，或滯上海，都不在武昌，起義前預定的都督劉公則在漢口（時未光復），孫武則在醫院療傷，蔣翊武也出亡未歸。而與會的革命黨人資歷太淺，組織能力和對局勢的把握能力也差。在這種情況下，有人提議請湖北諮議局議長湯化龍出任都督，時湯化龍也應邀參加了會議，並被推爲主席。他當即表示，「革命事業，鄙人素表贊成。但是此時武昌發難，各省均不曉得，須先通電各省，一致回應，以助大功告成。況瑞澂自遁走後，必有電報到京，清廷聞言，必派兵來鄂與我們爲難，此時正是軍事時代，兄弟非軍人，不知用兵，關於軍事，請諸位籌畫，兄弟無不盡力幫忙。」吳兆麟聽湯化龍這麼一說，就提議推黎元洪爲都督，湯化龍爲民政總長，大家一致表示贊成，都督人選就這樣定了下來。

黎元洪像

黎元洪被推爲都督，也並非偶然。黎元洪時任第二十一混成協協統，在湖北新軍中素有「知兵」、「愛兵」的美譽，聲望遠在鄂軍統領張彪之上。保路風潮期間，他還以軍界代表身份簽名參加鐵路協會，與立憲派及保路運動士紳建立良好關係，因而他是一個各方面都能接受的人選。但開始時黎元洪膽小，害怕革命，拒絕接受這一職位。他本來不是革命黨人，也並不同情革命，就在武昌起義發動的當晚，他還親手殺害了革命軍總指揮派往聯絡各營的革命黨人周榮棠，當革命黨人炮轟督署時，他躲到了參謀劉文吉的家裏，被革命軍發現後，「請」到了楚望台。之後又由革命黨人把他從楚望台請到了諮議局，並被推爲都督。

黎元洪雖然態度消極甚至反動，但是吳兆麟始終恭恭敬敬，誠心誠意，吳兆麟當然也不是一味遷就討好黎元洪，他有他的顧慮。他對力主殺黎的張振武說過，「欲收新軍全體來歸之效，非借黎元洪資望不可。至於各省，若聞革命軍領袖係一小官，必少附和。吾輩欲革命速成，借黎元洪之名以號召天下，一則使各省可表同情，二則使外人不敢輕視。」[1]後來的事實表明，在當時的情況下，擁黎出任都督對革命是有利的。瑞澂聞黎已出，知大勢已去，始乘軍艦離鄂；軍民知黎已出，人心漸趨安定；外交團也以黎出，迅即承認革命軍爲交戰團體，並正式宣佈中立。此外，如漢口、漢陽光復之快，各省回應之速，都與黎出有關。可以看出擁黎這一著，雖屬迫不得已，卻於大局有利。本該由革命黨人出任的首義都督，卻不得不落到舊官僚黎元洪頭上，這件事，從另一方面說明了革命黨的主要領袖人物對這次起義的發動缺乏必要的思想準備。它預示著革命的最終結局。

十二日清晨，軍政府以黎元洪的名義陸續發出《佈告全國電》等，歷數了清廷的殘暴、腐敗種種，號召全國起而響應，推翻清政府。黎元洪眼見局勢可爲，態度漸趨積極。十月十七日，黎元洪在軍政府前主持了祭天誓師大典，在誓師詞中，他信誓旦旦：「與軍士庶民，戮力同心，殄此寇仇，建立共和政體。」

① 曹亞伯：《武昌起義》，中國史學會編《辛亥革命》（五），上海人民出版社一九五七年版，第一百三十三頁。

武昌起義後建立的湖北軍政府，就性質而言，是資產階級地方共和政府，這最鮮明地體現在它所頒佈的《中華民國鄂州約法》。該約法由宋教仁起草。宋教仁於一九一一年十月下旬隨黃興到武昌，之後便埋頭起草約法。十一月九日，約法由軍政府公佈，共七章六十條，其第一章「總綱」規定，鄂州政府由都督及其任命的政務委員與議會法司構成；第二章「人民」規定，人民一律平等，有言論、著作、集會結社、通信、信教、居住、遷徙、財產保有、營業、身體等自由，有訴訟於法司、陳請於議會、陳訴於行政官署、選舉與被選舉等權利，有納稅、當兵等義務；第三章「都督」規定，都督由人民公舉，代表政府總攬政務、公佈法律、統率水陸軍、任命官員等，任期三年，連任以一次為限；第四章「政務委員」規定，政務委員依都督之任命執行政務，發佈命令，提出議

被革命軍攻克的武昌湖廣總督署舊照

案，編制預算等；第五章「議會」規定，議會由人民選舉議員組成，議決法案，審理決算。議會可以向政務委員提出條陳、質問，要求答辯或彈劾，可以受理人民的陳請等。第六章「法司」規定，法司由都督任命之法官組成，依法審判民事訴訟及刑事訴訟，第七章爲「補則」，規定約法修改原則及實施日期。約法最重要之處，在以法律形式確定了人民的自由民主權利，它成爲以後南京臨時政府頒佈的《臨時約法》的藍本。

然而，政權的建設並非人們想像的那樣順利，因爲武漢很快就陷入了大兵壓境的境地。就當時而言，革命最終能否成功，仍然是個未知數。

四 袁世凱復出

自從袁世凱被革職回老家養「足疾」之後，政局的發展變化如此之快，是清朝統治者所沒有預料到的，而到了危急關頭才發現，原來朝廷中並無一人能夠有實力幫助朝廷挽救危局。清廷在萬般無奈之下，還得請袁世凱出山。

袁世凱這個人是晚清歷史上一個非常獨特的人物。他出生於河南項城一官僚世家，早年考科舉不中，一八八一年五月到山東登州投奔淮軍將領吳長慶，吳長慶是袁世凱叔父，也是養父袁保慶的好朋友，因此，吳對袁極為照顧，不久便提拔袁為慶軍營務處幫辦。一八八二年六月，朝鮮發生「壬午兵變」，吳長慶率兵入朝鎮壓，袁世凱隨軍前往鎮壓，幫助吳長慶誘捕朝鮮大院君，平定叛亂，又在混亂中自作主張，果斷處死搶掠朝鮮村民魚肉蔬菜的清兵，顯示出非凡的應變能力。此後，袁世凱奉命留在朝鮮，幫助朝鮮政府編練新軍，「一切悉從湘淮軍制」。一八八五年十二月初，親日的「開化派」在日本支持下發動政變，殺死親華的大臣多人，中國駐朝鮮商務委員陳樹棠處置不當，袁世凱則隨機應變，自行決定派清兵攻入王宮，平定叛亂。袁世凱此舉使李鴻章大為讚賞。一八八五年二月，日本政府派伊藤博文來天津談判，堅持要求中國從朝鮮撤兵並懲辦袁世凱，李鴻章同意中日軍隊於四個月內同時從朝鮮撤兵，但對於日本嚴懲袁世凱的要求則決不同意，最後僅同意以私人名義「行文戒飭」而已。不僅不加懲處，李鴻章很快就決定重用袁世凱。一八八五年，他向清廷保薦袁世凱「膽略兼優，能知大體「，「足智多謀」，建議清廷任命他為「辦理朝鮮交涉通商事務」全權代表。十一月十三日，袁世凱赴朝鮮上任。

一八九四—一八九五年，中日因朝鮮問題而發生甲午戰爭，中國戰敗，李鴻章失勢。袁世凱回國以後，積極活動，得到新設立的督辦軍務處大臣李鴻藻、翁同龢、榮祿等人賞識，又得到劉坤一、張之洞等人保薦，於一八九五年底到達天津小站，接管定武軍，改擴爲新建陸軍，全軍七千三百多人，按照德國陸軍制度編制訓練。戊戌變法後期，康有爲等維新派試圖調用袁世凱的這支軍隊進京包圍頤和園，逮捕慈禧太后，擁護光緒皇帝進行變法。維新派的活動，特別是調袁世凱進京等，引起慈禧太后的警惕。袁世凱離京返津後，曾想向榮祿彙報康有爲等人的計畫，但未及報告，京城已經發生政變，光緒皇帝被囚，袁也因此而被不少人視作出賣光緒皇帝的告密者。

兩年之後，當義和團運動爆發時，袁世凱又一次找到自我表現的機會。他奉命到義和團運動的發源地山東接任巡撫。他對義和團加以殘酷的鎮壓，得到了外國列強和清廷的賞識。一九〇一年，袁世凱被任命爲直隸總督，成爲繼曾國藩、李鴻章之後，權力最大的封疆大吏。正是在直隸總督任上，袁世凱發起了許多重大改革。在他的動議和指導下，該市的管理迅速發生重大變化，幾年之內，過去曾經是最爲混亂的地方之一的天津，變成了中國的樣板市。袁世凱所辦諸事中，包括引進電燈、電車、自來水、衛生設施等。拓寬改良了街道，組建了員警系統。骯髒、黑暗、狹窄的街道上，幾十年間積累起來的垃圾被清運走了，道路也亮起來了。袁世凱在天津及保定府等建立多所大學，聘用外國教習，又在全省設立中小學堂，使直隸成爲全國新式教育的中心。袁世凱還在天津試行地方自治，更是成爲全國學習的榜樣。

清廷早就想除掉袁世凱，但是，羽翼已豐的袁世凱卻沒有那麼容易就會被除掉。之所以如此，袁世凱自身所培養、凝聚的力量強大是一個原因，列強的支持是另一個重要原因。當袁世凱被開缺回籍之時，英國駐華公使朱爾典曾經召集各國公使開會，準備向清政府提出抗議，要求清政府撤銷革袁的決議，否則各國將停止正在與中國進行的貸款等一切外交談判。由於各國公使意見不一致，最終未能採取集體行動，但卻對清政府造成極大壓力。武昌起義爆發，湖北省城陷落，清政府得報後「殊深駭異」，下令將湖廣總督瑞澂革職，仍留署湖廣總督原任，戴罪圖功，克期收復武昌，同時命令軍諮府和陸軍部派兩軍南下，赴鄂剿辦，由陸軍部尚書蔭昌統率指揮，乘「專車」「迅速前往」，又令海軍部加派軍艦，由薩鎮冰督率前進，並飭程允和率長江水師即日赴援，所有湖北各軍及赴援各軍俱由蔭昌指揮調遣。[1] 清政府派出的運兵專車很快，但被運送的將士心理很

---

① 《清實錄》第六十冊，第一〇九五—一〇九六、一〇九七頁。

「慢」，蔭昌雖貴爲陸軍部尚書，也曾經在袁世凱的北洋系統中擔任過職務，但北洋各將領並不領命。

武昌起義爆發的第二天，恰逢袁世凱五十二歲生日，袁的一些老部下趙秉鈞、張錫鑾、倪嗣沖、王錫彤等前來袁養疾的洹上爲袁祝壽，壽宴正在進行之時，傳來武昌起義的消息。袁世凱意識到，復出的機會到了。倪嗣沖等勸袁乘天下大亂、民無所歸之際，黃袍加身，自開局面，但袁世凱權衡再三，認爲暫時不宜稱帝，而只能先幫助清室維持局面。①不過，袁世凱對當年清政府以「足疾」爲由把他革職一事，還耿耿於懷，不願輕易出山，他要利用這一機會，向清廷要足了身價再說。

袁世凱在待價而沽，但清廷卻如坐針氈，一向與袁世凱關係密切的慶親王奕劻及內閣協理大臣徐世昌等均建議儘快起用袁世凱以挽救危局。實際上，從一九一〇年底開始，重新起用袁世凱的傳言就已經在官場之中沸沸揚揚，而在武昌起義爆發前不久，慶親王奕劻請求辭去內閣總理大臣時，準備推薦的繼任人選就是袁世凱，不過，清廷沒有批准他的請求。英國公使朱爾典、美國公使嘉樂恒等也分別拜會慶

① 李宗一：《袁世凱傳》，國際文化出版公司二〇〇六年版，第一百五十六—一百五十七頁。

親王奕劻、攝政王載灃等，表示希望看到清政府起用袁世凱。攝政王載灃極不情願起用袁世凱，但遍觀朝中，實無一大臣能有效阻止革命向各省迅速蔓延，遂不得不決定起用袁世凱。十月十四日，清廷發佈上諭，任命袁世凱爲湖廣總督，並督辦剿撫事宜。上諭不無討好地說：該督「世受國恩，當此事機緊迫，自當力顧大局，勉任其難，毋得固辭，以副委任」。又諭：袁世凱現簡授湖廣總督，所有該省軍隊及各路援軍均歸袁節制調遣，蔭昌、薩鎮冰所帶水陸各軍並著袁世凱會同調遣。①

等待時機的袁世凱

對於清廷的這一決定，袁世凱心中有數，知道清廷對他還不完全放心，軍隊還不敢完全讓他節制調遣，遂引用當年朝廷革去他職務

①《清實錄》第六十冊，第一一〇〇頁。

讓他回籍時的原話，奏報朝廷，說舊患足疾還未痊癒，暫時還不能馬上赴任，同時提出增募新軍、調派將領等建議，要求清政府調自己的得力部下王士珍襄辦湖北軍務，調馮國璋接任第一軍總統，調段祺瑞接任第二軍總統，以及寬籌款項等。清廷被迫答應他的全部要求，並於十月二十七日任命袁世凱爲欽差大臣，所有赴援之海陸各軍、長江水師等均歸其節制，凡有關湖北剿撫事宜，均由袁隨機因應，妥速辦理，軍諮府和陸軍部不爲遙制，陸軍部尙書廕昌在馮國璋到達後即行交接返京。

袁世凱見火候已到，所開列的條件已經基本實現，便決定復出。他知道首先得讓清政府滿意，因此他命馮國璋率部猛攻漢口。革命軍在黃興的督戰下，節節抵抗，清軍難以長驅直入，乃縱火焚燒街市房屋，使革命軍無法藏身。到十一月二日，漢口全市大火，革命軍無法立足，乃全部向武昌撤離，漢口陷落。

漢口失陷後，軍政府召開緊急會議，黃興報告了漢口戰事的經過及失敗原因。他認爲有六個原因導致漢口戰事失利：（一）各隊新兵最多，秩序不整，難以指揮；（二）軍官程度太低，均不上前指揮，至戰時因與兵士穿一樣服裝，辨別不清，亦極複雜；（三）各隊戰鬥日久，傷亡過多，官與兵均已疲勞太甚，毫無勇氣，且一聞機關槍聲，即往後退；（四）兵士中在武漢附近所招者甚多，一到夜間，即潛回其家，以致戰鬥員減少，各軍官因倉促招募，也無從查實；（五）民軍軍火，全在步槍，無機關槍，一與敵接近，即較敵人損傷爲重。民軍炮隊又係山炮，子彈射出，又不開花，且射程短，不及清軍退管炮效力之遠；（六）清軍俱係北洋久經訓練之兵，秩序可觀，亦善射擊，唯衝鋒時不及民軍靈敏。故每聞民軍衝鋒喝殺聲，即往後退，民軍可恃者僅此而已。他建議部隊進行休整，待湘軍來援，再圖反攻。衆人一致表示同意。同一天，居正等人建議推舉黃興爲戰時總司令，所有各省軍隊均歸其節制調遣，並請黎元洪登臺拜將，授以全權，以示鄭重其事。黃興自到武昌以來，一直以革命黨資望號令各軍，終有名不正言不順之感，且各軍有不服從命令者，黃興也無法馭制。推舉黃興爲總司令，則可解決這一問題。此議得到黎元洪首肯。十一月三日，黎元洪在閱馬廠築一將壇，隆重舉行「登壇拜將」儀式，舉黃興爲戰時總司令，要求全體將士，均聽其指揮調遣。

此時，清廷方面又有一些新的變動。十一月一日，奕劻皇族內閣辭職，清廷任命袁世凱爲內閣總理大臣，三日頒佈《憲法信條》十九條，承認皇帝之權以憲法所規定者爲限；六日釋放了謀刺攝政王載灃的汪精衛等人。十三日，袁世凱到達北京就任。與一九〇九年他被罷免時倉皇而淒涼地逃出北京不同，此次他返回北京所乘坐的專列由河南籍士兵組成的親兵衛隊以及保衛黃河大橋的第一鎮士兵護送，大批官員和外國人在火車站迎接。從火車站一直到他的住所，沿途兩邊站滿了歡迎他的

辛亥革命武漢保衛戰之炮兵

人群。當天晚上，清政府又進一步，把京城內和京畿地區包括禁衛軍在內的所有軍隊亦交由袁世凱指揮調遣。不久之後，攝政王載灃退位。至此，袁世凱利用武昌起義後革命黨人所造成的革命局面和壓力，迫使清政府交出了幾乎所有軍政實權，他不僅成了握有實際政權的內閣總理，而且也實際控制了長江以北地區所有軍隊。①

袁世凱在接管了清廷的軍政大權後，加緊了對民軍的「和平」攻勢。十一月十一日，袁世凱派蔡廷幹與劉承恩攜函赴武昌，會晤黎元洪與黃興，探詢停戰議和意見。蔡廷幹說，他作爲袁世凱的代表前來致力於恢

①《泰晤士報》一九一一年十一月十三日、十四日。

復和平，如果可能的話，達成和解，他極力陳說共和政體不適合中國國情，認爲如果每個省是聯邦共和國的一個州的話，可能由此而發生分裂的危險，並指出，在袁世凱看來，保留清朝而限制君權是維持帝國統一的最好保障，像英國那樣的君主專制，是最穩定的政體，是廉潔政府的象徵。但是，革命軍代表並未被他的話所打動，他們表示贊成中華合衆國，中國所必需的和人民決心要求的是一個共和國，這個共和國部分仿效英國，部分仿效法國。①顯然，袁世凱與革命軍方面在建國的指導思想上存在巨大的分歧。蔡廷幹等兩手空空離開武昌，袁世凱遂決定在軍事上壓倒革命軍。

與此同時，革命軍加緊部署反攻。十一月十四日，黃興主持召開軍事會議，部署反攻漢口計畫。十六日，黃興發佈反攻漢口命令：革命軍分左、中、右三路反攻漢口，但很快失利。反攻漢口失利，使漢陽的防禦陡然緊張，恰在這時，由於海軍起義並駛回武漢參加作戰，革命軍的力量得到加強。早在十月二十日，黎元洪

① 《蔡廷幹上校來訪接談記錄》，見〔澳〕駱惠敏編，劉桂梁譯《清末民初政情內幕》（上），知識出版社一九八六年版，第七百九十二—七百九十三頁。

就曾以學生名義致函海軍提督薩鎮冰勸其反正，信內稱「刻下局勢，只要吾師肯出，拯救四萬萬同胞，則義旗所至，山色改觀，以四萬萬同胞與數千滿族競爭，以方興之民國國民，與運盡之清廷抵抗。華盛頓興美，八年血戰，吾師若出，將見不幾月而亞洲地圖之上，必有中華民國國旗飄揚也。」看信後，薩鎮冰「默無一言」。時任海軍參謀湯薌銘及江貞艦艦長杜錫珪同情革命，「不斷勸說薩先生率領海軍起義，順應潮流，爲革命建立功勞。」經湯、杜多次勸說，薩鎮冰同意把艦隊開赴九江，隨後薩離艦去了上海，湯薌銘被推爲臨時海軍總司令，他立即宣佈杜錫珪任海容艦艦長，林耐菴升任海琛艦艦長。一切佈置完畢後，宣佈起義，湯薌銘率艦隊於十九日駛回武漢，參加對清軍作戰，武漢軍民深受鼓舞。

但是，防守漢陽的任務依然十分艱巨。漢陽地勢最高，龜山的炮火可以控制整個武漢，而且漢陽擁有最大的兵工廠，清軍必定會全力猛撲。馮國璋召集清軍將領開會說，「今日之戰，則重在漢陽。漢陽之大別諸山，俯瞰武漢，如釜底一丸，下

薩鎮冰像

擲則全城瓦碎，不待攻而自破矣。爲今之計，唯有先取漢陽，爲攻心之上策。」顯然，漢陽的得失關係到整個戰局的成敗。爲此，馮國璋進行了精心策畫，到十一月二十日，清軍完成了對漢陽發動進攻的準備。革命軍方面，黃興於十一月二十日主持召開軍事會議，討論對敵辦法。經過討論，革命軍決定採取堅守漢陽以待援軍，同時進攻漢口以抄敵後路的方針。自二十一日起，革命軍與清軍連續激戰，傷亡很大。到二十六日，革命軍全線潰退，漢陽失守，革命軍退守武昌。至此，自武昌起義日起，至漢陽失陷，革命軍英勇抗擊清軍四十八天。

十一月二十七日，軍政府召開緊急會議，黃興認爲導致漢陽之役失利的原因有三點：「第一，係官長不用命；第二，軍隊無教育；第三，缺乏機關槍。有此三缺點，故每戰失利。」他主張放棄武昌，再圖恢復。此議遭到衆人反對，張振武揚言，「敢言棄武昌者斬！」黃興知道衆意難違，第二天黯然離開了武昌。黃興前後在武漢苦戰一個月，雖然漢口、漢陽先後失守，但爲全國各省的回應贏得了時間，其功績是很大的。黃興走後，軍政府任命蔣翊武爲戰時總司令。與此同時，黎元洪分別致電獨立各省都督，迅速派兵援助武昌。此時，前線的形勢對清軍十分有利，但就在這時，形勢再度發生變化，袁世凱突然停止了對革命軍的軍事行動。

五 列強的反應及其影響

袁世凱下令停止進攻，既與他自己的整體計畫有關，也與列強的態度有關。

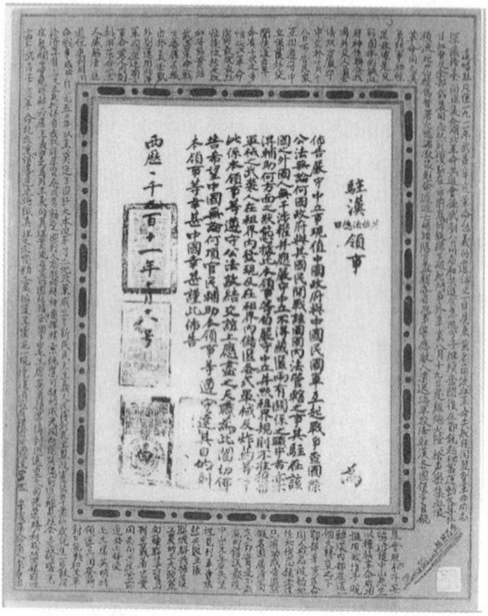

為

駐漢 英俄法德日 領事

佈告嚴守中立事現值中國政府與中國民國軍互起戰爭查國際公法無論何國政府與其國民間戰據國內法管轄之事其駐在該國之外國人無干涉權並應嚴守中立不得藏匿兩有關係之[illegible]亦不得補助何方面之狀態據此本領事等自應嚴守中立并照租界規則不准攜帶要械之武裝人在租界內發現及在租界內備匿各式軍械及炸藥等此係本領事等遵守公法敦結友誼上應盡之天職為此闔切佈告希望中國無論何項官民輔助本領事等遵守達其目的則本領事等幸甚中國幸甚須此佈告

西歷一千九百十一年十月十八號

列強宣佈中立布告

武昌起義後，十月十一日，清政府漢口道台奉湖廣總督瑞澂之命照會駐漢口的英、法、德、俄、日五國領事，請求各國派艦在武漢江面巡邏，以阻止革命軍渡江攻擊漢口，各國領事均未接受。後瑞澂逃離武昌抵達漢口，聲稱「義和團復起」，立即派人要求德國領事開炮轟擊革命軍。德國領事力主干涉，但限於一九〇一年列強討論《辛丑合約》時達成的不得由一國單獨行動的默契，遂主張召開五國駐漢口領事團會議。十月十三日，英、法、德、俄、日等五國駐漢口領事舉行會議。會上，德國領事認爲武昌起義是義和團事件的重演，主張幫助清軍對革命軍作戰。法國領事則反對進行干涉。這一主張得到英俄兩國領事的贊同，日本領事起初支持德國領事的意見，但未固執己見。於是，領事團會議決定持中立態度。十月十八日，五國駐漢口領事團正式發表「中立」宣言。①

列強之中，英國所占對華貿易額最大，在華利益最多，革命所涉及的長江流域及長江以南地區、東南亞等地，更被英國認爲是其勢力範圍。但是，在袁世凱復出之前，英國既看不出革命黨方面誰能代表整個革命黨人，同時也看不出清廷有扭轉局勢的希望。他們從清廷發佈的諭令中，感受到了一種「沮喪」的情緒，「恰像是一個最後的王朝滅亡前的呻吟」，那時清王朝的權貴都在忙著將自己的珍寶財物兌換成金條，「以便攜帶」，就連攝政王兩兄弟也已將妻子送到郊外山

① 中國史學會主編：《辛亥革命》（五），上海人民出版社一九五七年版，第二百二十七頁。

區隱蔽處。①因此，英國政府及其在華代表採取的始終是一種謹慎的「自我克制」的方法，一切行動以保護在華利益及在華英人的生命財產安全爲前提，以免刺激革命黨人。②換言之，南方的革命黨前途如何還看不清楚，但利益所在，不能得罪，北方的清政府雖是與英國立有條約的合法政府，但已經衰落，不可指望。爲此，英國採取了一項「不干涉」的「中立」政策，承認南方革命黨人的「交戰團體」地位，承認其爲實際控制局勢的政權，停止支付先前與清政府商定的借款，在清政府和革命黨人之間保持「中立」。但是，這種「中立」是暫時的，英國實際上是在等待時機，挑選新的代理人。一旦新的合適的代理人出現，英國就會改變政策，支持這位新的代理人。

袁世凱復出之後，英國認爲，自己理想中的新代理人已經出現，因此，它開始採取一切措施，配合袁世凱的行動。袁世凱贊成君主立憲制，那自然正好符合英國的基本政策，如果袁轉向共和制，那也無所謂，只要他能保證英國的利益即可。正

① 《朱爾典爵士致坎貝爾爵士函》，見章開沅等主編《辛亥革命史資料新編》第八卷，第九十九—一百頁。
② 《格雷爵士致竇納樂爵士函》，見章開沅等主編《辛亥革命史資料新編》第八卷，第九十五頁。

是基於這樣的立場，英國政府外交部於一九一一年十二月五日向日本代辦致送備忘錄，提出：「在清王朝名義的統治之下的立憲政府，將為目前危機提供最佳解決辦法，而共和制則是行不通的，可能引起中國的全面分裂。所以乍一看，列強似乎應支持現存王朝。但英王陛下政府認為，中國過去的歷史產生了這樣一種看法，外國干涉會損害而不是促進君憲制度。強烈贊成共和的南方黨人會得到許多新的擁護者，這是外國列強共同承認的事實。……總之，根據這裏收到的最後報告，革命黨和袁世凱的代表要在漢口舉行會談，討論設法找到危機解決辦法的問題，因此，英王陛下政府認為，在決定有關列強進一步採取行動以達成進一步的解決辦法之前，應當等待會談的結果。」①

列強之中另外一個因地緣等原因而具有特別優勢的日本，所採取的政策和措施與英國不完全相同。它一方面利用其情報網監視著孫中山在海外的籌款及外交活動，另一方面又不斷製造緊張氣氛，向列強建議，由日本派軍隊承擔山海關以北整個中國華北的鐵路的警戒任務，並在中國東北地區調動軍隊和軍事物資，隨時準備

① 章開沅等主編：《辛亥革命史資料新編》第八卷，第一百一十四—一百一十五頁。

採取軍事行動。同時，又通過日本駐英國代辦山座圓次郎及駐中國公使伊集院等各種管道，向英國政府提出，「日本政府從一開始便看出中國會發生目前暴亂的危機本質，但至今一直限制本身保持純粹旁觀的態度，認爲應先靜觀局勢的發展一段時期，再考慮採用適當的手段去對付，才是明智的。現在局勢一天天變得更壞了。滿清的威權已經喪失殆盡。政府當局既無權力又無誠意去挽救危局。叛亂遍佈全國，只剩下北部少數幾省還在中央政府控制下。袁世凱在進入內閣時，衆人對他寄望很高，現在他看來也未能應付所面臨的重大困難。……日本政府認爲，在這種情況下，要由中國政府單獨致力恢復社會秩序，是不可能做到的。……眼見中國局勢如此，日本政府不得不認爲，在中國擁有重大利益的列強，此時此刻不應該再保持純旁觀的態度了，起碼他們必須採取適當的手段，以維護他們在中國的利益。因此，日本政府懇切希望能首先得知英國政府對中國一連串事件的看法，以及英國人認爲應採取什麼步驟，以挽救此種局勢。」①

對於中國究竟應該採用君主立憲還是共和立憲這一重大問題，「日本政府的意

① 章開沅等主編：《辛亥革命史資料新編》第八卷，第九十五、一百零一、一百一十九—一百二十頁。

見是，共和制度不但就傳統條件來看，在原則上對中國不實際，而且就目前環境而言，中國要把這個理想付諸實行，根本也未準備就緒。」「同時，清朝很顯然地已經完全喪失威權，因此，也不可能要滿人恢復權力，重整他們的政權以統治中國。所以日本政府認爲，挽救中國局勢的唯一最好辦法是，一方面放棄空洞而不切合實際的共和制度理想，另一方面要滿清廢除獨裁制度，開始尊重漢人的權利，建立一個實際由漢人治理的政府，但名義上仍在清朝的統治之下。幸好，中國立憲的基本條文，雖然看來有些虛浮，但總算已經起草，而且攝政王已經代表皇帝，於十一月二十六日在祖墳前宣誓實施，並聲明永遠維持。在此情況下，日本政府認爲，中國最好應當至少在目前找出合乎立憲原則的政策路線，在行政上付諸實施。因此，日本政府的意見是，列強應該勸清廷承認按照上述原則以求維持王朝，同時又應該讓革命分子瞭解，他們的共和理想不但不實際，而且會危害國家的生存及民族未來的繁榮。我們這樣做，是爲了讓兩派首先停止爭戰，接著進行妥協。至於對未來的保證，在中國擁有重大利益的列強，應當利用他們的力量，一致維持清廷的存在，而又同時尊重漢人的地位。」①

① 章開沅等主編：《辛亥革命史資料新編》第八卷，第一百二十一頁。

在此前後，中外輿論和政治、外交界對中國未來國家領導人提出了三大類不同方案：一類是在現有清朝政府框架下組織責任內閣，由袁世凱出任內閣總理；第二種是維持君主立憲制，但廢除小皇帝溥儀，從清皇室內部另選成年男性來出任皇帝，亦有人建議請孔子的後裔或明朝朱元璋的後裔出任皇帝，北洋軍內部則有人建議袁世凱出任皇帝；第三種是實行共和，自薦或被薦出任大總統一職的人選則有孫中山、黃興、黎元洪、袁世凱等。以英、日為代表的列強在物色代理人時，曾經就以上各類方案進行過商討，而他們首選的方案則是維持名義上的清朝皇帝，而由袁世凱出面主持政府，以便使列強在華利益最大化。但是，正在崛起的袁世凱並不甘於任列強擺佈，他也在利用英、日等列強，以達到自己的政治目的。

一九一一年十一月十四日，袁世凱抵達北京後的次日，即派其子袁克定前去拜訪英國公使朱爾典，向朱表示：袁世凱原本希望挽救清廷，但現在卻似乎已不可能再扮演這樣一個「忠貞」的角色，因此感到很困惑，不知道下一步應該採取何種路線。「全國民意皆要求廢除王朝。黎元洪和武昌起義的領袖們，已促請袁世凱出來擔任中華民國的總統，他們保證充分支持他。相信上海、廣州及其他革命據點亦皆會跟著給予支援。一般民意希望廢棄王朝制度，並在熱河或蒙古為清朝王族安排適當的贍養。袁世凱希望在清廷下面成立立憲政府，有關這一點，唐紹儀和袁氏許多舊友都拒絕與袁合作。」他詢問朱爾典對此有何意見。朱爾典告訴他「最好的解決辦法是，保留滿清王朝作爲國家的象徵元首，而同時如所承諾地作立憲的改革。共和體的政府在我看來仍不適合於中國，而是一項冒險的嘗試。」袁克定又告訴朱爾典：起義的人士要袁氏擔任統治者，他父親可能會被擁立爲皇帝，而共和可能只是個過渡階段。他並要求朱爾典將以上談話內容轉告美國駐華公使等。①有意思的是，袁世凱與朱爾典已經約好於十一月十五日見面，但就在他們見面的前一天，卻派其子與朱爾典進行了上述對話，而傳達的資訊則是袁對挽救清廷這樣一個角色定位有困惑，革命黨人邀請袁出任民國總統，而北洋軍將領希望袁做皇帝！

十一月十五日，朱爾典拜會袁世凱。談話中，袁世凱說，黎元洪堅持廢除滿清，上海及南方革命軍皆支持成立民國，然北方民意則贊成君主立憲。今資政院既不足代表全國民意，建議在上海或天津召開各省代表大會，將其本人計畫交由大會討論通過。若北方各省支持其政策，將可形成一政府核心，最終將贏得南方支持，或最後達到武力統一。袁又說，自己面臨的困難極大，過去的幕僚已經被四處分散

① 章開沅等主編：《辛亥革命史資料新編》第八卷，第一百—一百零一頁。

準備武昌起義勝利後發行的鈔票

到各種不同的機構，而最困難的則在於國庫空虛，又無新的財政來源，故政務之執行與軍隊之補給都無法推展。對於目前的政策，他歸結爲「妥協輔之以武力」，在確實把握民意的基礎上，據此制訂計畫。最後，他還問是否能夠獲得英國政界人士中有實際經驗者的輔助，不是以顧問的身份，而是以朋友的身份來幫助他。①

袁世凱及其兒子的表態，讓英國人心領神會。而在此之前，孫中山已於十一月十三日托人致信英國外交部，說明中國革命進展情況，要求英國政府貸款一百萬英鎊給他，表示願意接受一名英國官員擔任他的參謀，並答應他擔任總統之後，將

① 章開沅等主編：《辛亥革命史資料新編》第八卷，第一百零二頁。

與英國政府和美國政府訂立優惠國家條約，此外，將聘請英國海軍官員來訓練中國海軍。因此，就在朱爾典與袁世凱談話的當天，格雷爵士代表英國外交部致函朱爾典：「希望中國事態結局，終能建立一個使中國強大起來之政府，能夠處理萬事，免於外國干涉。此一政府不但能爲我們所承認，且能獲得我們的友誼及一般性的支持。我們但願能見到強大而維持通商門戶開放之中國政府，並不在乎此政府由何人組成。不過，袁世凱乃是我們所敬重之反革命的好官，我們相信，在滿清政府未將他解職前，中國在他領導下是有進步的。」①

除了面對面地開展外交攻勢之外，袁世凱也熟練地運用現代輿論工具爲自己造勢。十一月二十日，袁世凱在北京接見英國《泰晤士報》記者。記者發現，不久前還宣稱舊疾未癒、尚須調治的袁世凱，「身體特別好，信心十足」。袁世凱向這位記者發表長篇談話，表示決心不遺餘力地重建一個穩定的政府，並避免國家分裂。抱著這樣的目標，他呼籲把現存的王朝作爲有限君主制保存下來，因爲他擔心，如果革命黨的要求得逞，王朝被推翻，就會發生內部爭吵，導致無政府狀態，那時外

① 章開沅等主編：《辛亥革命史資料新編》第八卷，第一百零二、一百零三頁。

國的利益就會受到損害，外人的生命就會受到威脅。他說，革命黨人中間早已有紛爭的跡象。各省都有自己的目標與野心。北方與南方的意見不能調和。他們的目標分歧很大。他說，他很擔心失去控制的民主會導致動亂，引起國家分裂和被瓜分。他認爲，保存現有王朝，剝奪其一切權力，僅僅把它作爲君主制的象徵保留下來，這將是保證國家完整的一種紐帶。七成的人民還都是保守的，都滿意於舊王朝的統治，十分之三的人屬於激進派。如果革命黨人能夠把現存的王朝推翻，就可能出現另外一場革命，由保守派領導，其目標是復辟滿族統治。在這樣的混亂狀態下，所有各派的利益都將受到損失，國家在數十年間將無和平可言。

正是在這次訪談中，袁世凱借這位《泰晤士報》記者的口，公佈了所謂「熱河計畫」，即清廷自願退往熱河，以待召開全國大會來決定將來中國採取何種政體，決定是採取有限君主制還是聯邦共和制。他表示，在過去一周中，他曾認眞考慮過那一計畫，而且現在仍在考慮之中。他所擔心的是，皇室過早離開可能會導致不必要的恐慌，從而導致他刻意要避免的流血事件的發生。①

①《泰晤士報》一九一一年十一月二十一日。

十二月二十二日、二十三日，袁世凱連續邀約日本公使伊集院和英國公使朱爾典，商談南北和談及中國未來政體問題。會晤中，他非常強調他與共和「毫不相干」，「即使他本人願意接受革命黨人向他提出的建議，他也無法使他的將領和他的軍隊跟從他」。他非常「眞誠」地說，「他確信共和政體將導致中國分裂和滅亡，他寧可引退返鄉，也不願意參加如此冒險的嘗試。他主張保持其國家的完整，他還相信，帝制觀念牢固地紮根於民衆的習慣和心理之中，它不能容忍因共和立憲的引進而造成對過去的劇烈破壞。」他表示，在目前國家陷入混亂狀態的情況下，他願意通過國民代表會議來作出決定，前提是皇帝要發佈上諭授權這樣做。日本公使在會談時，轉達了日本政府的立場。日本公使與袁會談後與朱爾典交換看法，表示：如果中國建立共和制，日本將被置於極其困窘的境地，若列強表示他們希望中國保持君主政體，將會對革命黨人產生預期的影響。①

與英、日公使會晤之後，袁世凱瞭解到了兩國的態度，隨即通過英國《泰晤士報》及上海本地的報紙放出消息：英國等列強不希望中國建立一個共和國。日本

① 章開沅等主編：《辛亥革命史資料新編》第八卷，第一百七十四頁。

駐中國公使伊集院已經告知他，日本在任何情況下都不會承認在中國成立一個共和國；此外，中國駐日公使汪大燮也給他發電報說，如果中國決定採用共和政體，日本準備派遣兩師軍隊前往武昌。① 袁放出的這一消息對日本公使來說無疑是一種支持，告訴國際輿論界，日本公使已經盡到其責任，清楚轉達了日本政府的政策立場。但是，在公開場合，日本使館卻害怕引起中國人民的反對而不敢承認這一事實，日本使館的一名官員在接受唐紹儀詢問時，就否認了這一消息的眞實性。英國外交部則馬上指示朱爾典，稱「袁世凱說那句話是沒有任何根據的」，「是極不眞實的」，要求朱爾典爲此向袁世凱提出抗議。② 袁雖然被「抗議」，但是，卻摸到了列強特別是英國和日本的「底牌」，知道他們暫時還不會以武力公開干涉中國實行共和，這就爲袁世凱最終贊成共和提供了可能。

① 《泰晤士報》一九一一年十二月二十五日。
② 章開沅等主編：《辛亥革命史資料新編》第八卷，第一百四十六—一百四十七頁。

第五章 創立民國

一、王朝的解體

二、共和基礎的奠定

三、危機

四、南北和談與清帝退位

五、臨時政府北遷

CHAPTER 5

第五章 創立民國

武昌起義後，各省相繼宣佈脫離清廷獨立。然而歷史並沒有按照人們所預期的那樣發展，組建新的共和國經歷了一個曲折的過程。由於清廷重新啓用袁世凱，列強也都蠢蠢欲動，革命黨人並不能完全靠武力解決問題。南京臨時政府成立後清帝尚未退位，清廷依然控制著北方的大部分地區，南北對峙的局面形成。這時候，國民普遍希望一個強有力的人出現，迅速結束這種南北分裂的局面，以奠定共和國的基礎。袁世凱成了衆望所歸的人物，他迫使清帝退位，得到了臨時大總統的職位，繼而又使盡權數，實現了在北京就職的目的。結果，臨時政府北遷，南北實現統一，清王朝徹底覆滅。這一結局是許多革命黨人沒有想到的，但又對此無可奈何，因爲袁世凱不僅手握重兵，而且得到列強的支持。更重要的是，國人也都普遍相信袁世凱能夠把中國引上一條富國強兵之路。袁世凱是被當做一個象徵甚至一種希望被各種勢力普遍接受的。袁世凱的勝利，與其說是舊勢力的勝利，不如說是袁世凱所代表的那種建國思潮的勝利。

一 王朝的解體

武昌起義後兩個月內，各省相繼宣佈獨立。倘若沒有各省回應，武昌的革命政權能否堅持下來，能堅持多久，都是一個問題。清王朝或許還能苟延殘喘一段時間，也未可知。然而武昌一呼，四方回應，星星之火，頓成燎原之勢，清廷再也控制不了局勢，很快就陷於土崩瓦解的境地。

首先起來回應武昌起義的是湖南。湖南之所以成爲「首應」之區，是因爲兩湖地區緊密的革命聯繫、資訊傳遞的便捷。湖南與湖北相連，兩省革命黨人一直互通聲氣。文學社和共進會實際上是兩省革命勢力的結合。武昌起義前，湖南革命黨人焦達峰就曾與湖北革命黨人約定，如湖北首先起義，則湖南立即回應，如湖南首先起義，則湖北立即回應。武昌起義後第三天，湖北軍政府代表到長沙，要求湖南起義回應，而在此之前，湖南巡撫余誠格已接到警報，加強了戒備。新軍在陳作新等人的宣傳鼓動下，許多人都具有排滿革命的思想。余誠格知道新軍受革命思想影響較深，必有所動，於是就決定把新軍調離長沙，以分散革命力量，並將原駐各府州縣之巡防隊兵勇調到省城，聽候調遣。革命黨人在得到了武昌起義的確切消息後，就以「子彈過少」爲由，拒絕調動，並稱如果要調動，必須發給三倍的子彈。余誠格拒絕了新軍的要求，焦達峰、陳作新就於十月二十二日發動了起義。起義軍會攻撫署，余誠格倉皇逃走，長沙光復。起義軍將撫署改為「中華民國軍政府湖南都督府」。焦達峰、陳作新被推為正、副都督。緊接著，湖南各地也隨即光復。因起義初起時軍學各界擬推諮議局議長譚延闓為都督，所有準備的各項文告都署名譚延闓，但起義後所發佈的文告，署名焦達峰，於是輿論譁然。沒多久就發生兵變，焦達峰、陳作新被殺。焦、陳死後，譚延闓繼為都督。譚態度開明，曾積極參加國會請願運動，對革命也始終抱有同情態度。當時的革命黨人無論資歷、聲望都不能與他抗衡。唯有支持他才能穩定局面。黃

長沙起義軍繳獲的大炮

興在給譚人鳳的信中說，爲了統籌全局，湖南不能再亂，如果再亂，湖北也將支持不住，其他各省回應，恐生觀望。既然譚延闓已被推爲都督，就應權且維持他的威信，共同安定湖南①革命黨從大局著眼只得擁戴譚延闓，避免了使湖南局勢進一步動盪。譚出任都督後，採取了一些措施安定地方，局勢漸趨穩定，這對湖北是一個有力的支持，它解除了武昌的後顧之憂，帶動了其他各省的獨立。

陝西也是最早回應武昌起義的省份之一。由於清廷素來輕視西北各省，常委任一些貪鄙庸劣的地方官吏，導致民怨沸騰。同盟會會員張鳳翽、錢鼎等早在新軍活動，革命力量在新軍中迅速壯大。武昌起義的消息傳到陝西後，西安將軍文瑞決定將新軍陸續調離西安，另招巡防，以保省城。十月二十二日，革命黨人發動起義，很快佔領了除滿城外的西安城。第二天猛攻滿城，城破，文瑞投井而死，西安光復。之後，革命軍成立「陝西軍政府」，以張鳳翽、錢鼎爲正、副都督。不久，關中等地州縣相繼光復。

① 周震鱗：《譚延闓統治湖南始末》，《辛亥革命回憶錄》（二），中華書局一九六二年版，第一百五十二—一百五十三頁。

陝西獨立後，山西巡撫陸鐘琦加緊防範，當時駐太原的新軍有第八十五標，駐紮城外，標統為黃國梁；第八十六標駐紮城內，標統為閻錫山。閻系同盟會會員，黃雖非同盟會員，但同情革命。陸鐘琦擔心新軍起義，命令第八十五標開往蒲州，第八十六標開往代州，以分散太原革命力量，各營以沒有彈藥為由，拒絕出發，陸鐘琦被迫答應發給彈藥。十月二十九日起義發動，起義軍迅速佔領了巡撫衙門，並打死巡撫，太原光復。當天，山西軍政府宣告成立，閻錫山當選為都督。太原起義後，清廷派第六鎮統制吳祿貞接任山西巡撫。吳祿貞素懷革命之志，此時與閻錫山等秘密會談，決定成立燕晉聯軍，派山西民軍兩個營開赴石家莊，截斷京漢路。吳的舉動深為清廷忌恨，遂派人收買吳的衛兵，於十一月七日將吳刺殺於石家莊車站。清廷任命張錫鑾為山西巡撫，並派重兵進攻山西。閻錫山被迫退出太原，撤往晉北。革命軍與清軍在大同、運城一帶展開爭奪，戰事一直持續到南北議和達成協定之時。待清帝退位之後，閻錫山才重返太原，出任山西都督。山西的回應對整個大局至關重要。孫中山指出：「使非山西起義，斷絕南北交通，天下事未可知也。」①

① 孫中山：《在太原各界歡迎會的演說》，《孫中山全集》第二卷，第四百七十頁。

東南各省是中國的經濟、政治重心，它們能否起而回應，事關全局。上海一直是革命力量的中心。武昌起義的消息傳到上海後，中部同盟會領導人宋教仁、居正、譚人鳳等立即投入援助武昌的各項活動。上海起義的任務則由陳其美和李燮和來執行。十月二十四日，陳其美等商討上海行動方案，「決議以聯絡商團，溝通士紳爲上海起義工作之重心」。上海商團是上海資產階級政治性武裝團體，其首領李平書傾向革命。商團也就成了上海起義的主要武裝力量。十一月三日，起義發動。起義軍很快佔領閘北地區和上海縣城，但在進攻江南製造總局時遇到了清軍拼死抵抗。陳其美

吳祿貞像

親率敢死隊攻打製造局，失利被俘。第二天，李燮和率起義軍再次攻擊製造局，經過激戰終於拿下，並救出陳其美。至此上海宣告光復。七日，組建滬軍都督府，以陳其美爲都督。上海起義的消息傳到杭州後，十一月四日革命黨人率新軍發動了起義。由王金髮、蔣介石、張伯歧領導的，從上海來的敢死隊也投入了戰鬥。起義軍迅速佔領撫署。杭州起義成功後，隨即組建浙江軍政府，各方推舉諮議局議長湯壽潛擔任都督。時湯在上海，杭州方面乃派人赴滬迎湯。七日，杭州各界召開代表大會，正式推舉湯壽潛爲浙江軍政府都督。

陳其美像

江蘇的獨立也至關重要。清代兩江總督駐南京，江蘇巡撫駐蘇州。江蘇巡撫程德全素以「開明」著稱，與立憲派領袖張謇等人過從甚密，上海光復後，江蘇失去了東部屏障，形勢岌岌可危，程德全於十一月五日宣佈反正並成立江蘇都督府，他也由巡撫一變而爲都督。南京的光復則要曲折得多。由於南京地理位置重要，清政府一直派有重兵把守。武昌起義後，兩江總督張人駿、江寧將軍鐵良和北洋軍張勳率所部負隅頑抗。十一月七日晚，城內的革命黨人發動起義，進攻都署，被張勳所部擊敗。城外的第九鎭聞訊後迅速向南京城開進，並猛攻雨花臺，但幾次進攻均未得手，革命軍傷亡較大，只好撤往鎭江。上海方面得知攻打南京失利的消息後，聯絡各方組建江浙聯軍，推徐紹楨爲總司令，從十一月二十四日至十二月一日，組織三萬兵力會攻南京。經過激戰，清軍全線潰退，張人駿、鐵良逃走，張勳率部逃往徐州，在城內的殘餘清兵全部投降，南京光復。各軍共推程德全爲江蘇都督，統一指揮江蘇軍政大事，江蘇局勢穩定下來，從此，武漢下游的長江流域全部爲革命軍所掌握，大大加強了革命力量。

除了上述幾省外，江西、安徽、福建、貴州、四川、廣西、廣東等省也都實現光復。在回應起義的各省中，也有一些省份由於種種原因未能成功，如直隸、山東、河南、東三省、甘肅、新疆等地，這些省份直到一九一二年清帝遜位，方隨之「易幟」。

在宣佈獨立的各省中，各自獨立的方式並不一致，但大部分是由革命黨人發動起義，奪取政權，並建立新政權來實現的。如陝西、江西、山西、雲南、上海、浙江、福建等省，基本上都是由革命黨人發動起義，革命成功後也由革命黨人控制政權。有些省份的獨立並不是由革命黨人來實現的，而是由立憲派與舊官僚帶頭實現的，或者是由革命黨人發動起義，但起義後建立的政權爲立憲派與舊官僚所把持，如湖南、貴州、江蘇、廣西、廣東、四川等省，都是如此。綜觀各省的獨立運動，革命黨人固然是獨立運動的主力軍、發起者、策動者，但新軍與立憲派乃至一些舊官僚也都起了舉足輕重的作用。沒有革命黨人的策動，新軍不會起義，但若沒有新軍的起義，革命決不會成功。若立憲派不捲入革命，清王朝也不會很快就土崩瓦解，因爲諮議局爲各省的民意機構，議員一般爲社會上有聲望之人，他們轉向革命，其影響於民眾心理者可想而知。但立憲派畢竟是立憲派，與革命黨人在政治理想上差異較大，他們可以攜手革命，但絕不可能共圖建設，因此兩派的合作註定會是短暫的，當局勢穩定之後，兩派又必然走向分裂。

二 共和基礎的奠定

隨著武昌起義的成功和各省相繼宣佈獨立，建立統一的全國性的新政府也就提上了議事日程。然而，由於勝利的到來多少有點意外和突然，革命黨人在組建新政府方面的準備便顯得不足。新的中央政府首都定在何處？未來國家的政體是採用總統制還是內閣制？第一任總統是誰？這些問題革命黨人事先都沒有達成統一的方案，因此只能是邊議邊定了。

關於建都的地點，當時武昌、上海、南京三地都在爭取。一九一一年十一月十日，黎元洪通電已獨立的各省都督，請派代表赴鄂，組織臨時中央政府，「以政府成立，照會各國領事，轉各公使，請各本國承認，庶國基可以粗定」。十二日，江蘇都督府代表和浙江都督府代表在未獲黎電的情況下，也通電各省，請各省派遣代表赴上海，會商組織臨時政府，並請各省公認伍廷芳、

各省代表齊集上海

溫宗堯爲臨時政府外交代表，開始組建統一政府的活動。由於武昌和上海都發出了邀請通電，就出現了會議地點定在何處的問題。黎元洪以武昌爲首義之區相號召，上海則以交通便利爲由，堅持在上海召開。兩者之爭，實質是權力之爭。眞正的問題是，哪兒將成爲革命的中心？哪兒將成爲未來的首都？十五日，江蘇、浙江、福建、上海等地代表齊集上海，召開了第一次會議，並將該會定名爲「各省都督府代表聯合會」。由於武昌方面的反對，二十日，在上海的各省代表作出決定，先由到滬各省代表分電黎元洪、黃興，承認武昌爲民國中央軍政府，以鄂軍都督執行政務，並請以中央軍政府名義委任伍廷芳、溫宗堯爲民國外交總、副長。二十三日，武昌方面派居正到上海與各代表商討，決定一同赴鄂，又規定各省留一人在上海，以聯絡聲氣。三十日，各省代表齊集漢口。其時漢陽已失守，清軍不斷從漢陽炮擊武昌，代表們只能在漢口英租界舉行會議。鑒於武昌情形緊急，有人主張建都上海。此議遭到章太炎強烈反對。他於十二月一日發表宣言，稱：「近見某報以武昌危急，欲於上海設臨時政府，鄙人決不贊成。無論雲、貴諸省，去此甚遠，不能輻輳；且上海政府之說一成，則援鄂之心自懈。武昌不守，江左其能安乎？托庇蔭於外人商場之下，又無一人足以任首領者，正如附贅縣疣，安能爲國人瞻仰耶？今日仍宜認武昌爲臨時政府，雖認金陵且不可，況上海邊隅之地。」①但隨著南京光復，黃興力主建都南京。此議很快得到上海和武昌方面的贊同。從十二月八日起，隨著各省代表陸續東下，南京確定了其作爲臨時政府所在地的地位。

十二月十二日，各省代表在南京召開了第一次代表大會，討論政府首腦人選問題。當時提到的候選人有四個：黎元洪、黃興、袁世凱和孫中山。由於此前十一月二十日各省代表在上海決定，承認武昌爲民國中央軍政府，以鄂軍都督執行中央軍政府的政務，這實際上也就承認了黎元洪在中央軍政府中的首腦地位。但是，十二月四日，留滬各省代表又決定南京爲臨時政府所在地，並選舉黃興爲大元帥，黎元洪爲副元帥，以大元帥負責籌組中央政府。因爲上海方面認爲，黎元洪是武昌起義的革命黨人所擁戴出來的，不是眞正的革命黨領袖，而孫中山還在海外未回，因此只有黃興是國內唯一的領袖，但黃興力辭大元帥職，並推黎元洪爲大元帥，他說他願領兵北伐，直搗黃龍，至於組織政府，則非他所能擔任。於是各省代表於十七日又改舉黎元洪爲大元帥、黃興爲副元帥，同時議決黎大元帥暫駐武昌，由副元帥代

① 湯志鈞編：《章太炎政論選集》下冊，中華書局一九七七年版，第五百二十八頁。

行大元帥職權，組織臨時政府。二十一日，黎元洪電告各省代表會議，接受大元帥名義，並委任副元帥黃興代行其職務。

在最初討論政府首腦人選時，黎、黃之外，還有袁世凱。袁手握重兵，這對民軍方面是個極大的威脅，更重要的是，他獲得列強的支持。武昌起義後，列強不斷製造輿論，宣稱非袁不可以收拾局勢。南北議和開始後，列強又公開宣稱，總統一職，非袁莫屬，倘若「任命像孫中山或黎元洪這樣的領袖為民國的總統，決不能指望會得到列強的早日承認。孫中山對中國的情況一無所知，而黎元洪則在省外毫無地位。」① 袁世凱得到列強的支持，也就擺出一副「總統寶座，捨我其誰」的架勢，一步一步地朝總統的位置走去。

革命黨也曾考慮過由袁世凱出任未來共和國總統。十一月九日，當武漢方面戰事吃緊之時，黃興即致函袁世凱，稱「明公之才能，高出興等萬萬，以拿破崙、華盛頓之資格，出而建拿破崙、華盛頓之事功，直搗黃龍，滅此虜而朝食，非但湘鄂人民戴明公為拿破崙、華盛頓，即南北各省當亦無有不拱手聽命者。」十二月九

① 〔澳〕駱惠敏編：《清末民初政情內幕》上冊，知識出版社一九八六年版，第八百一十八頁。

日，黃興又就袁世凱職位問題致電汪精衛，說「項城雄才英略，素負全國重望，能顧全大局，與民軍為一致之行動，迅速推倒滿清政府，令全國大勢早定，外人早日承認，此全國人人所仰望。中華民國大統領一位，斷推舉項城無疑。……惟項城舉事宜速，且須令中國為完全民國，不得令孤兒寡婦尚擁虛位。」①而在此前兩天，各省代表在漢口作出決定，如袁世凱反正，就推他為大總統。顯然，革命黨方面對推舉袁為大總統是有條件的，這就是袁必須贊成共和，而舉袁的目的，是為了早日統一，並獲得外人的承認。為此，十二月十五日各省代表議決，緩舉臨時大總統。實際上是在等待袁世凱的行動。由於黃興力辭不就，黎元洪又不孚眾望，而袁世凱又還在與民軍作戰，總統人選問題一時陷入僵局，正在這時，孫中山回到了上海，臨時政府的籌建出現了轉機。

孫中山是十月十二日從當地的報紙上得知武昌起義成功消息的，其時他正在美國科羅拉多州的丹佛市。他的反應是，「此時吾當盡力於革命事業者，不在疆場之上，而在樽俎之間，所得效力為更大也。故決意先從外交方面致力，俟此問題

① 毛注青編著：《黃興年譜長編》，中華書局一九九一年版，第二百二十一、二百四十五頁。

解決而後回國。」①孫中山希望通過他的活動說服各國支持中國革命，同時爲革命成功後籌建政府募集足夠的資金。他分析當時的形勢，認爲美、法兩國會同情中國革命，德、俄兩國則反對中國革命，日本是民間同情，而政府反對，英國是民間同情政府未定，因此關鍵是英國。於是他首先去了英國，十一月十一日，孫中山抵達倫敦，與英國政府接洽，希望他們對中國革命提供支持。他向英國政府提出了三點要求，一、停止向清廷借款；二、制止日本援助清廷；三、取消英屬各處的對他的放逐令，使他能取道回國。三事都得到英國政府的許諾。他又向四國銀行團提出借款一百萬英鎊。對此，列強則採取金融中立政策，既不貸款給清政府，也不貸款給革命黨。於是孫中山取道法國，十一月二十一日抵達巴黎。在法期間，他會見了若干政界、財界人士，曾向法國東方匯理銀行總裁西蒙（S. Simon）請求貸款，西蒙回答說，「不行，至少目前無法立刻照辦，四國銀行團對此態度完全一致。銀行團和他們政府決定就財政觀點方面嚴格採取中立，在目前情況下既不發行貸款，也不預付款額。」不過，「一旦民軍建立一個爲全國所接受，爲列強所承認之正規政府

①《孫中山全集》第六卷，中華書局二〇〇六年版，第二百四十四頁。

時，他們對於在財政上之幫助革命黨，將不表反對。」①

孫中山在英、法兩國那裏沒有取得預期的成功。他於十一月二十四日啓程回國，十二月二十一日抵達香港，滯港期間與廣東都督胡漢民等討論了當時的局勢。胡漢民請孫中山暫留廣東，整編廣東各軍，等有了實力，然後舉兵北伐，孫中山不同意胡漢民的觀點。孫中山認爲「今之大患即在無政府，如能創建政府，則滿清之政府固必傾覆；即袁世凱亦未必能支，必不足以爲患於新政府，不宜預防他人之不服，而一意謀以武力爭天下爲也。」②當晚，孫中山就乘船離開香港北上，二十五日抵達上海，受到各界熱烈歡迎。當時盛傳孫中山帶有鉅款回國，中外各報館也以此相問，孫中山回答說，「革命不在金錢，而全在熱心。吾此次回國，未帶金錢，所帶者精神而已。」③

黃興獲悉孫中山即將歸國以後，改變了赴南京組織臨時政府的計畫，決定等

① 《孫中山全集》第一卷，中華書局二〇〇六年版，第五百六十三頁。
② 《孫中山全集》第一卷，中華書局二〇〇六年版，第五百七十頁。
③ 《孫中山全集》第一卷，中華書局二〇〇六年版，第五百七十三頁。

孫中山回來，由孫中山出面組織政府，並希望同盟會能控制政權。他認爲，「孫先生是同盟會的總理，他未回國時我可代表同盟會，現在他已在回國途中，我若不等他到滬，搶先一步到南京就職，將使他感到不快，並使黨內同志發生猜疑。」[1]不過，當時同盟會內部對是否擁孫有不同看法。據胡漢民說，宋教仁早就有推戴黃興爲大總統，自任內閣總理的意向。章太炎則宣稱，若舉總統，以功則黃興，以才則宋教仁，以德則汪精衛。而對黃興希望由同盟會來控制政權的想法也不以爲然。他提出「革命軍起，革命黨消」的主張，希

上海各界歡迎孫中山歸國

①李書城：《辛亥前後黃克強先生的革命活動》，《辛亥革命回憶錄》（一），中華書局一九六一年版，第一百九十六頁。

望以「革命軍」劃線，打破、消除原革命黨、立憲派等之間的界限，反對革命黨人的一黨專政。可見宋、章二人都沒有推孫的意思，也不贊成以同盟會的組織來控制政權。孫中山抵達上海後聽到了「革命軍起，革命黨消」的輿論，深感驚訝。他於十二月二十六日召開了同盟會本部臨時會議。會議經過討論，發佈了《中國同盟會意見書》，全面批駁了章太炎的政治主張。意見書認為，同盟會傳播的主義是三民主義，同盟會的責任並非僅僅解決了民族主義就可以結束的，必須完成三大主義，才能說完成了革命的任務。何況，現在敵人還在頑抗，成敗未知，同盟會的責任怎麼可以結束呢？同盟會要改組為政黨，必須是在民國成立、全局大定之後才能進行。

與此同時，孫中山又召集同盟會最高幹部會議，討論政府組織形式及總統人選。會上宋教仁提議政府形式採用內閣制，孫中山極力反對，孫中山說：「內閣制乃平時不使元首當政治之冲，故以總理對國會負責，斷非此非常時代所宜，吾人不能不對唯一置信推舉之人，而復設防制之法度。余亦不肯徇諸人之意見，自居於神聖贅疣，以誤革命大計。」[1]黃興勸宋教仁取消內閣制主張，宋教仁不從，當天

[1]《胡漢民自傳》，《近代史資料》總第四十五號。

晚上繼續討論。宋仍主內閣制，孫仍力持總統制不讓，雙方「面紅耳赤，幾至不歡」。黃興於是建議由全體各省代表議決。他們赴南京出席各省代表會議，經過討論，決定組織政府採總統制並推舉孫中山參選臨時大總統。這樣，選舉臨時大總統的時機已經成熟。

十二月二十八日，各省代表議決選舉臨時大總統採用無記名投票法。候選人為孫中山、黎元洪和黃興。二十九日，來自十七省代表投票選舉。每省一票，結果孫中山得十六票，黃興得一票，孫當選臨時大總統。當天，孫中山分別致電各省代表、各省都督軍司令長及黎元洪與袁世凱，表示將就任臨時大總統，為民謀福。一九一二年元旦，孫中山由滬赴寧，正式就任中華民國臨時大總

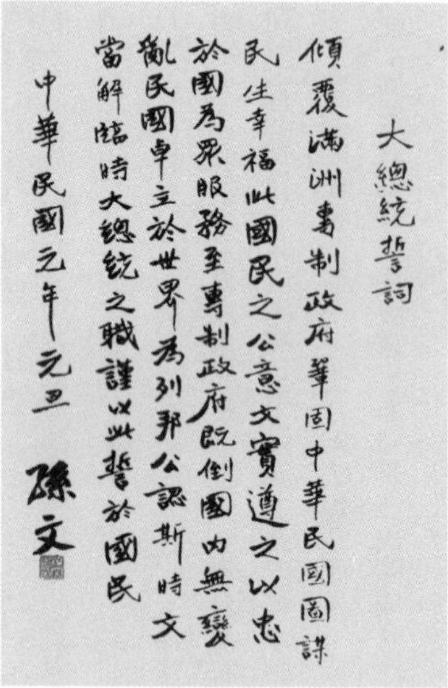
大總統誓詞

傾覆滿洲專制政府鞏固中華民國圖謀民生幸福此國民之公意文實遵之以忠於國為眾服務至專制政府既倒國內無變亂民國卓立於世界為列邦公認斯時文當解臨時大總統之職謹以此誓於國民

中華民國元年元旦 孫文

孫中山手書的大總統誓詞

統，就職儀式在當晚十一時舉行，孫在儀式上宣讀了誓詞，發佈了《臨時大總統就職宣言書》，闡明了臨時政府的內政外交方針。隨後孫中山下令定國號為「中華民國」，同時改用陽曆，以一九一二年一月一日，作為中華民國建元的開始。一月三日，各省代表又選舉黎元洪為副總統。

同一天，臨時參議院通過了各部總次長名單：陸軍總長黃興，次長蔣作賓；海軍總長黃鐘瑛，次長湯薌銘；司法總長伍廷芳，次長呂志伊；財政總長陳錦濤，次長王鴻猷；外交總長王寵惠，次長魏宸組；內務總長程德全，次長居正；教育總長蔡元培，次長景耀月；實業總長張謇，次長馬君武；交通總長湯壽潛，次長于右任。同時，黃興兼任參謀總長，成為首席部長。不設內閣總理，總統掌握大權，而各部採取了「部長取名，次長取實」，成為所謂的「次長內閣」，權力完全掌握在同盟會手裏。宋教仁沒有能夠出任部長，僅被任命為法制局長，章太炎則被聘為總統的樞密顧問。至此，中華民國南京臨時政府正式組成，中國從此正式進入共和時代。

三 危機

南京臨時政府成立時，北方大部分地區仍然控制在清廷手裏。同時新政權還面臨著三大困境：一是財政上的窘乏；二是軍隊和黨內的危機；三是外交上的困境。新政權要想生存下去，就必須解決這三大問題。

臨時政府面臨的財政困難是非常嚴重的。那時戰爭還在繼續，南北尚未統一，軍政開支很大。雖然臨時政府號稱管轄有十數省區，但控制著各省軍政大權的都督們對臨時政府在財政上根本不予支持。孫中山多次要求各省都督「將應解之部款，從速完繳」，但收效甚微。相反，各都督還以各種名目，向臨時中央政府要錢。據胡漢民回憶，「一日，安徽都督孫毓筠以專使來，言需餉奇急，求濟於政府，（孫）先生即批給二十萬。餘奉令到財政部，則言庫僅存十洋。」① 由此可見臨時政府所面臨的財政困難已經到何等程度！

造成財政困難的主要原因是由於財源短缺。此時的中央政府既不能從列強手中

① 《胡漢民自傳》，《近代史資料》總第四十五號。

當選為臨時大總統的孫中山

收回關稅，又不能實行強行徵收的革命政策。而政府的財政收入，又主要依靠關稅和鹽稅。但是關稅控制在外人手中。辛亥革命爆發後，在倫敦、巴黎等地的中國債券跌落許多，海關稅款也連續減收。這引起了各國的恐慌。列強爲了繼續有效控制中國海關，不至於因某個通商口岸的光復使該地稅權落入革命黨手中，就成立了一個由各國銀行總董組織的專門委員會，負責保管關稅收入。該委員會「決定各洋債內何款應行儘先付還」，並把「關係尤重之各銀行，即匯豐、德華、道勝三家，應作爲上海存管海關稅項之處」。同時「請總稅司將上海所積淨稅項，竭力籌維，於每星期均分，收存匯豐、德華、道勝三行，以作歸還該項洋債及賠款之用」①。這樣關稅收入全部落入外人

①《帝國主義攫奪中國關稅保管權的經過》，《中國海關與辛亥革命》，中華書局一九八三年版，第三百四十九—三百五十頁。

手中。就連「關餘」也被凍結。鹽稅方面，兩淮鹽場在臨時政府控制的區域內，「兩淮課厘、加價、復價等款，歲入近二千萬」，但這筆收入也到不了政府手中。時任兩淮鹽政總理的張謇，對政府動用鹽稅收入籌措軍餉百般阻撓，多次致電孫中山，要求「無論軍餉若何緊急，不可於鹽價商本內有絲毫挪移」，「所收鹽稅已經指抵洋債者，……千萬不可擅行挪用，以免引起外交困難問題。」①臨時政府成立之初，孫中山本擬請張謇擔任財政總長一職，想借助他的財勢幫助解決軍政開支的困難，張謇不肯擔任，後雖勉強擔任實業總長，出面向鹽商會借款二十萬元，幫助政府渡過了最初的難關，但隨後就與革命黨漸漸疏遠，最終完全倒向了袁世凱一邊。

財政的困乏直接威脅到臨時政府的生存。沒有錢，就無法組織起強有力的軍隊，從軍事上徹底打垮清廷；沒有錢，也無法使政府各部門正常運轉。怎麼辦？只有借。為此，一月三十日，財政部奉令發行南京軍用鈔票一百萬元，但由於信用不足，發行數日後即出現錢業、米市停業。二月二日，臨時政府又發行中華民國軍

① 張謇：《兩淮鹽統一電》，《張謇存稿》，上海人民出版社一九八七年版，第五百三十八—五百三十九頁。

需公債，總額爲一億元，年息八厘，以各省田賦錢糧作保，但定購者寥寥，只售出七百餘萬元。內債難籌，就借外債。臨時政府成立後，列強拒不承認，不可能借款予政府。於是只好以路礦權作抵押謀求貸款。一九一二年一月下旬，臨時政府先是以蘇浙鐵路作抵押，與日本大倉洋行簽訂了三百萬日元的借款合同。隨後又擬以廣東鐵路作抵押借款，因各股東的反對而未成。政府又擬以招商局作抵押向日本借款一千萬元，以應急需。由於各地股東反對，參議院又向政府提出質詢，故此借款也未能成立。

最大的一宗擬議中的借款當屬漢冶萍公司借款。漢冶萍公司是當時中國綜合鐵礦、煤礦、煉鋼爲一體的大型企業。盛宣懷爲公司經理，革命發生後，盛宣懷逃往日本。由於臨時政府財政窘乏，孫中山曾派人赴日本找盛宣懷籌款。盛正想取得日本借款向臨時政府輸誠以保住自己的產業，因此擬以漢冶萍公司產業抵押向日方借款五百萬日元，但日方以中國內亂爲由拒絕。盛宣懷乃依據日方的意思，建議臨時政府同意以中日合辦漢冶萍公司的方法取得日方貸款，臨時政府因急需鉅款以接濟軍費，也就同意了這一方案。這樣，經過一番緊張的幕後活動，臨時政府在南京與日本三井和正金財團簽訂了漢冶萍公司中日合辦草約。草約規定漢冶萍公司集股三千萬元，中日各半，由公司轉借臨時政府五百萬元。不過草約規定，「中華民國政府若對外

張謇像

國出讓中國礦山、鐵路、電力等權利時，應在同等條件下優先讓予三井」。消息傳出，輿論譁然。章太炎公開致書孫中山，力勸廢約。張謇也力言反對。他移書孫中山、黃興，陳述其反對之理由：「漢冶萍之歷史，鄙人知之最詳，綜要言之，凡他商業，皆可與外人合資，惟鐵廠則不可。鐵廠容或可與他國合資，惟日人則萬不可。日人處心積慮以謀我，非一日矣。然斷斷不能得志，蓋全國三島，無一鐵礦，爲日本一大憾事。而我則煤鐵之富，甲於五洲。鄙人嘗持一說，謂我國鐵業發達之日，即日本人降伏於我國旗下之日，確有所見，非過論也。……民國政府建立伊始，縱不能有善良政策，爲國民所謳歌，亦何至因區區數百萬之借款，貽他日無窮之累，爲萬國所譏笑。」①

① 《張季子九錄・政聞錄》卷四，民國叢書第三編・九十四，上海書店印行，第五頁。

孫中山當然知道中日合辦漢冶萍公司有損中國主權，但他同意簽訂合辦草約也是有不得已之苦衷。那時「每日到陸軍部取餉者數十起」，「前敵之士，猶時有嘩潰之勢」。由於輿論反對甚力，孫中山只好電告盛宣懷，「宜早設法廢去此約」，「萬不能以已由政府核准爲藉口」。三月二十二日，上海開臨時股東會，到會者全數反對中日合辦，超過公司全股十分之八，合同草約乃宣告無效。

孫中山還曾擬以租借滿洲的形式取得日本的援助。二月三日，孫中山與胡漢民會見了充當日本政界、財界聯絡人的森恪。孫表示，「余等希望將滿洲委託給日本，而日本給革命以援助」。他還向森恪說明了自己的處境及最近革命政府財政困難的情況。他說，萬一此數日間無足夠資金以救燃眉之急，許多軍隊要離散，革命政府將遭瓦解的命運。作爲最後辦法，在革命政府最後崩潰以前，在軍隊離散以前，與袁世凱締結和議，抑止天下大亂，以後慢慢籌集資金，再圖大舉。但若能獲得足夠資金以防止軍隊潰散，則將在日後實行當初之計畫以武力排袁。其後，二月五日、六日，孫中山致電森恪催促日本方面答覆。八日，益田孝復電森恪，沒有允諾提供一千萬元軍費，相反勸孫中山與袁妥協。關於滿洲租借問題則要求孫中山赴日本締結密約。孫中山辭去大總統職務後，有關這方面的交涉也就停止了。這件事情表明，孫中山本無意讓位於袁世凱，而孫中山之所以不得不讓位於袁世凱，財政困難是很重要的一個原因。

軍隊和黨內的危機也在加重。從表面來看，臨時政府控制的兵力人數不少，有軍、師、旅、團、營、連、排的編制，但士兵大多是新編入伍的城鄉失業人員，沒有受過軍事訓練，從漢口、漢陽戰鬥情況來看，軍隊作戰能力是不強的。據胡漢民回憶：「以南京之軍隊，紛無紀律，不能舉軍政時代一切之任務也。軍隊既不堪戰鬥，而乏餉且慮嘩潰。於是克強益窘，則爲書致精衛與余，謂：『和議若不成，自度不能下動員令，惟有割腹以謝天下！』」在這種情況下，願意遵守孫中山命令的人就不多了，此時革命政黨內部已陷入各自爲政、分崩離析的狀態。吳玉章說：「同盟會自廣州起義失敗以後，即已趨於渙散，而至武昌起義以後，幾乎陷於瓦解的狀態。章太炎說：『革命軍起，革命黨消』，這兩句話雖是極端錯誤的，但用來形容當時的情況，倒很合乎事實。」[1]輕易得來的勝利，沖昏了許多革命黨人的頭腦。他們認爲只要把清政府推倒，革命就算成功，別的都不在話下。新得的權益，更使不少人心滿意足，急於結束這場革命，儘快享受到手的果實。革命黨的革命精

①《吳玉章文集》（下），重慶出版社一九八七年版，第一〇四〇頁。

各國水兵設置路障保護漢口租界

神廢弛了。

外交上的困境日益嚴重。武昌起義後，列強一直堅持中立政策，而革命軍也堅持「文明革命」的方式，極力維護外國人在華的生命財產安全，以避免列強的武力干涉。臨時政府成立後第四天，孫中山即以中華民國臨時大總統的名義發佈《宣告各友邦書》，對外作出四項承諾：（一）「凡革命以前所有滿政府與各國締結之條約，民國均認爲有效，至於條約期滿爲止。」（二）「革命以前，滿政府所借之外債及所承認之賠款，民國亦承認償還之責，不變更其條件。」（三）「凡革命以前，滿政府所讓與各國國家或各國個人種種之權利，民國政府亦照舊尊重之。」（四）「凡各國人民之生命財產，在共和政府法權所及之域內，民國當一律尊重而保護之。」但各國並未對此馬上作出反應，而是等待觀望。爲了促使各國早日承認，一九一二年一月十一日，臨時政府以外交總長王寵惠的名義正式照會各國，請求各國承認。孫中山致電法國政府，希望「兩個姊妹共和國能建立友好關係」。①隨後，王寵惠又分別致電美國國務卿和英國外交大臣，盼即承認民國政府。二月，黎元洪派專使訪問了日本駐漢口總領事。「希望日本國政府能在此時率先承認中華民國。」②黃興則分別致函日本元老井上馨和山縣有朋，請求他們「鼎力扶助民國，早邀各國之承認」。③二月八日，孫中山接見美國記者麥考密克說，「我們有政府，但不合法，我們不能繼續這樣下去，……我們需要的是承認，你們應該承認我們。」④

但是，所有這些努力都失敗了。英法未給予任何答覆，美國則於二月十日由駐華使館參贊鄧尼正式告訴孫中山，美國決不會承認南京政府的。日本則更不用說了，它是反對中國實行共和政體最力的國家。由於擔心中國建立共和制度會刺激日

① 《孫中山全集》第二卷，中華書局二〇〇六年版，第十六頁。
② 《日本外交文書選譯——關於辛亥革命》，中國社會科學出版社一九八〇年版，第二百零二頁。
③ 毛注青編著：《黃興年譜長編》，中華書局一九九一年版，第二百八十頁。
④ 《孫中山全集》第二卷，中華書局二〇〇六年版，第十六頁。

本國內的共和運動，危及天皇的尊嚴和地位，因此極力反對中國實行共和。日本外務大臣內田康哉說過，「中國行共和政治對日本不利，所以我們反對，必要時，日本將以武力維持中國的君主政體」。①但日本的態度受到革命黨人強烈反對，「伍廷芳和他的朋友們宣佈，日本人的反對將使全體中國人在生死鬥爭中團結起來；革命將領已奉命在十二月三十一日再次進入戰爭狀態；並致電日本政府和日本公使，他們說戰端再起的後果完全由日本承擔。這些電文很明顯地觸動了日本人。」再加上其他列強尤其是英國的反對，日本不得不放棄武力干涉，轉而謀求與俄國在滿蒙問題上的一致，及在承認新的共和政府上與其他列強採取一致立場。

滿蒙是日、俄在華權益的集中之地，因此兩國特別「關注」辛亥革命對滿蒙的影響，他們聲稱「若革命及於滿洲，日、俄兩國將不與列強相商，立即出兵」。雖因各種因素制約，日、俄沒有直接出兵，但它們窺伺時機，亟欲破壞，以便乘機攫取更多的權益。俄國野心勃勃：「雖然中國今日之內亂，無論各國是否干涉，而俄國已先獲有最大之利益矣。庫張之鐵路，無暇修築，蒙古之殖民，以及各種之

① 陳錫祺主編：《孫中山年譜長編》上冊，中華書局一九九一年版，第六百二十二頁。

新政，無暇辦理，於是俄國乘此好時機，得擴張其勢力於蒙古。」①它對日本的表示自然心領神會，認爲「俄國和日本應特別利用目前的有利時機，以便鞏固自己在中國的地位；並消滅最近幾年來中國政府所追求的政策。」結果兩國商定，將堅持不予承認。俄國外務大臣宣稱，「只要日、俄兩國政府能顯示出強硬態度，對中國共和政府不予承認，其他列強恐亦不會急於承認。至少法國政府將同俄國政府採取同一立場。萬一其他強國違反我兩國意志而先予以承認，日俄兩國亦不必介意。而且，日、俄兩國若能堅持中國如不接受我方要求即堅決不承認其共和政府之堅定立場，相信最後中國亦必能接受我方條件，日、俄兩國政府如欲維持本國在滿洲、蒙古之特殊權利及利益，並有意進一步加以鞏固和擴張，則除此時機外將無其他良機可尋。」②

由於列強拒不承認南京臨時政府，新政府在外交上陷入了孤立無援的境地。爲了確保共和政治的建立，革命黨人不得不考慮與袁世凱進行和談。

---

① 章開沅等主編：《辛亥革命資料新編》第三卷，湖北人民出版社二〇〇六年版，第二百八十三頁。

② 《日本外交文書選譯——關於辛亥革命》，中國社會科學出版社一九八〇年版，第四百零三頁。

四 南北和談與清帝退位

革命黨人需要和談，袁世凱也同樣需要和談。袁世凱深知，靠武力可以收復地盤，獲得軍事上的勝利，但卻收拾不了人心，解決不了政權的合法性問題。解決政權合法性問題，還要靠南北雙方坐下來談判，找到一種大家都可以接受的妥協方案。

十一月二十七日，清軍攻下漢陽後，袁世凱便請英使出面調停。在英方的調停下，黎元洪提出三項停戰條款：（一）停戰十五天，在此期間內，目前所佔領的土地應各自駐守；（二）已加入革命黨的所有省份的代表在上海集會，他們將選出全權代表與袁世凱所指派的代表進行談判；（三）如有必要，停戰繼續延長十五天。十二月一日，袁世凱對黎元洪所提停戰條款修改爲：（一）雙方各自駐守現已佔領的土地，不得秘密地進行偵察活動；（二）停戰期限定爲三天；（三）在上述期間內，軍艦不得利用停戰的機會在武昌或漢口南北兩岸停泊，從而獲得一個更有利的位置，在停戰期滿以前，軍艦必須退往武昌下游若干距離的地方；（四）在停戰期間內，任何一方不得增調援軍，修建炮臺，或在其他方面增加軍事力量；（五）爲了防止對這些條件的違犯行爲，英國總領事應作爲證人在停戰協定上簽字。[1]同一天，袁世凱向報界發表談話。他說：「余愛中國之民，較之共和黨人主持急進者，有過之無不及」，他之所以要出來主持大局，謀求和談，並不是「爲名譽權利起見」，而是「欲爲中國恢復秩序，意在有益於中國，使無波折耳」。因此，他希望「恢復和平，建設一堅固之政府」，他的總方針是「留存本朝皇帝，即爲君主立憲政體，從前滿漢歧視之處，自當一掃而空之」。[2]

這一次，袁世凱的和平姿態爲革命黨方面接受。停戰從十二月三日上午八時至六日上午八時。但是在十二月二日，革命軍攻克南京，袁世凱遂於十二月四日向英使提議，停戰屆滿後延長十五天，包括武昌和南京，南軍（不包括秦晉及北方義軍）不北上，北軍不南下，雙方指派代表討論大局。隨後袁世凱指派唐紹儀爲他的議和全權代表，革命軍方面指派伍廷芳爲議和全權代表。十二月九日，唐紹儀乘專車離開北京南下，十一日抵達漢口，但革命派堅持以上海爲會談地點。於是唐紹儀又乘船前往上海，遂有了上海議和之舉。

十二月十八日，南北議和正式開始，到當月底止，會談一共進行了五次，除討

---

① 《英國藍皮書有關辛亥革命資料選譯》上冊，中華書局一九八四年版，第一百零三頁。

② 白蕉：《袁世凱與中華民國》，《近代稗海》第三輯，四川人民出版社一九八五年版，第十五頁。

論雙方停戰問題外，主要是爭論國體問題，也就是在中國實行君主立憲，還是採取民主共和？

袁世凱所派代表唐紹儀在國體問題上的態度是耐人尋味的。袁世凱本人多次公開聲稱主張君主立憲，反對民主共和，他還對梁鼎芬說過，「決不辜負孤兒寡母」，以至一些原本對袁世凱不信任的王公大臣也認爲「袁宮保決不會當曹操」。①不過，據英國記者莫理循的觀察，袁世凱在國體問題上具有很大的靈活性，他身邊的許多人都贊成共和，他所委派的議和代表唐紹儀，從一開始就表示自己信奉共和思想，並把建立在袁世凱領導下的共和國作爲唯一可能的解決辦法，莫理循斷言：「袁世凱派唐紹儀去上海時完全清楚唐紹儀的意圖，……因爲唐紹儀同扔炸彈的汪兆銘聯繫密切，又因爲汪兆銘在北京時幾乎天天同袁世凱進行聯繫（有一次汪兆銘來看我，就是同袁世凱談了三個小時以後來的），你就可以看出袁世凱已經多麼深地介入共和運動，又多麼容易使我相信袁世凱會同意實行共和並出任第一任總統。」②

① 溥儀：《我的前半生》，群衆出版社一九七八年版，第四十一頁。
② 〔澳〕駱惠敏編：《清末民初政情內幕》上冊，知識出版社一九八六年版，第八三五—八三六頁。

但袁世凱決不會輕易宣稱贊成共和，因爲這是他與南方討價還價的重要砝碼。他指示唐紹儀：「我方應堅決主張君主立憲，應以《十九條》爲談判基礎。估計革命黨方面必加拒絕。但總要堅持到底，直至爭論到最後，方能考慮調停辦法，藉以博取天下之同情。」[1]

革命軍方面，在國體問題上未曾有半點讓步。孫中山回到上海後，即公開宣稱，「革命之目的不達，無議和之可言也」[2]。但革命黨方面又多次公開表示，只要袁世凱贊成共和，就推他爲總統。對革命黨來說，推舉袁世凱以儘早結束戰爭，實現南北統一，並爭取國際社會的承認，這在當時的情況下議和中的不失爲一種策略。對袁世凱來說，他心裏想著總統的職位，但嘴裏又不便說出來。唐紹儀雖然宣稱贊同共和，但又煞費苦心地要尋求一種合法依據，於是就出現了下面這樣耐人尋味的對話：

[1] 《日本外交文書選譯——關於辛亥革命》，中國社會科學出版社一九八〇年版，第二百八十九—二百九十頁。

[2] 孫中山：《建國方略》，《孫中山全集》第六卷，中華書局二〇〇六年版，第二百四十六頁。

唐言：現時民軍主張共和立憲，應如何辦法？

伍言：民軍主張共和立憲，君如有意，願爲同一之行動。

唐言：願聽。……

唐言：共和立憲，我等由北京來者無反對之意向。

伍言：甚善。

唐言：但此爲同胞之事，今日若無清廷，即可實行，既有清廷，則我等欲爲共和立憲，必須完全無缺之共和立憲，方爲妥善。黃興有電致袁內閣云：若能贊成共和，必可舉爲總統。此電由汪君轉楊度代達袁氏，袁氏謂此事我不能爲，應讓黃興爲之。是袁氏亦贊成，不過不能出口耳。共和立憲，萬眾一心，我等漢人，無不贊成。不過宜籌一善法，使和平解決，免致清廷橫生阻力。且我共和思

議和中的唐紹儀與伍廷芳

想尚早於君，我在美國留學，素受共和思想故也。今所議者，非反對共和宗旨，但求和平達到之辦法而已，請示辦法。

伍言：今日已言及此，則我等最注意者，宜使中國完全無缺，不爲外人瓜分。皇室之待遇、旗兵之安置，自有善法。前此湯、程、張各都督，與我已有電致攝政王，只請遜位，其餘一切優待。總之，君既贊成共和，則我等所求者息事後之和平辦法而已。蓋承認共和，則一切辦法皆可商量。①

雙方最後商定的辦法，就是召開國民會議，聽從國民公決，但在召開國民會議的地點問題上，雙方發生分歧，南方堅持在上海召開，北方則主張在北京召開，結果在十二月三十一日雙方只能達成這樣的協定：「伍代表提議國民會議在上海開會，日期定在十一月二十日（即陽曆一九一二年一月八日），唐代表允電達袁內閣，請其從速電覆。」②

---

① 伍廷芳：《南北代表會議問答速記錄》，《伍廷芳集》上冊，中華書局一九九三年版，第三百九十一—三百九十一頁。

② 轉引自陳錫祺編：《孫中山年譜長編》上冊，中華書局一九九一年版，第六百一十一頁。

然而還沒等到一月八日，和談出現了危機，當袁世凱得知孫中山於一月一日在南京正式就任臨時大總統時，勃然大怒，他一面以唐紹儀逾權爲由，罷免了唐紹儀的議和權，否認唐紹儀與伍廷芳議定的條款，此後所有與革命黨方面的交涉事宜一律由他自己處理。一面又迫使清廷出內帑備戰，準備重新開戰。同時他還致電孫中山稱：「君主、共和問題現方付之國民公決，所決如何，無從預揣，臨時政府之說，未敢與聞。」孫中山覆電解釋說，「文不忍南北戰爭，生靈塗炭，故於議和之舉，並不反對，雖民主、君主不待再計，而君之苦心，自有人諒之。倘由君之力，不勞戰爭，達國民之志願，保民族之調和，清室也得安樂，一舉數善，推功讓能，自是公論。文承各省推舉，誓詞具在，區區之心，天日鑒之。若以文爲有誘致之意，則誤會矣。」與此同時孫中山還致電陳炯明，稱：「和議無論如何，北伐斷不可懈。」七日他在覆黎元洪電中又對北伐用兵方略作了佈置，以湘、鄂爲第一軍，由京漢路前進，寧、皖爲第二軍，向河南前進。與第一軍會合於開封、鄭州之間，淮、揚爲第三軍，煙臺爲第四軍，向山東前進，會於灤州、秦皇島；合關外之軍爲第五軍，山、陝爲第六軍，向北面前進，合擊北京。孫中山還在參議院表示，「和議一破，本總統當親督江、皖之師」①南北形勢再

① 陳錫祺主編：《孫中山年譜長編》上冊，中華書局一九九一年版，第六百一十九、六百二十二—六百二十三頁。

度緊張。

不過，和談的道路並沒完全堵死，南北雙方的秘密磋商仍在繼續。唐紹儀也沒有退出談判，只是轉入了地下。十一月十四日，唐紹儀致電伍廷芳，稱：「前云孫君肯讓袁君，有何把握，乞速詳示。」孫中山當即覆電伍廷芳，請他轉告唐紹儀：「如清帝實行退位，宣佈共和，則臨時政府決不食言，文即可正式宣佈解職，以功以能，首推袁氏。」①

袁世凱得到孫中山的保證後，加快了逼宮的步伐。一月十六日，袁世凱要求宣統皇帝退位，同時以全體國務員的名義密奏太后，內稱：「海軍盡叛，天險已無，何能悉以六鎮諸軍，防衛京津？雖效周室之播遷，已無相容之地。」「東西友邦，有從事調停者，以我只政治改革而已，若等久事爭持，則難免無不干涉，而民軍亦必因此對於朝廷，感情益惡。讀法蘭西革命之史，如能早順輿情，何至路易之子孫，靡有孑遺也。」②

① 陳錫祺主編：《孫中山年譜長編》上冊，中華書局一九九一年版，第六百二十九頁。
② 溥儀：《我的前半生》，群眾出版社一九七八年版，第四十頁。

良弼像

隆裕太后完全給嚇呆了，她連忙召集御前會議，討論國體問題。在所有的王公大臣中，只有奕劻和溥倫表示贊成退位，其他人都反對退位，以良弼爲首的一些貴族還組織了「宗社黨」，反對議和，反對退位。結果，良弼被革命黨人彭家珍炸死。這使宗社黨成員個個膽戰心驚，紛紛逃離北京。也就在這時，又傳來了北洋軍將領段祺瑞等從前線發來的要求清帝退位的電報，並說如不退位，將帶兵入京，至此，清廷已無路可走，只有同意退位了。

就在和議即將達成之際，突然袁世凱在清帝退位以後如何結束南北兩個政權對立的問題上節外生枝，他要求在清帝退位後將南京臨時政府取消，由他在北方另立政府。孫中山堅持袁世凱不得於民國未舉之先，接受清朝統治權以自重。雙方僵持不下，和談幾至破裂，爲此，孫中山於一月二十七日致電各國駐華公使，揭露袁世凱企圖獨攬大權的陰謀，說：「民國之願讓步，爲共和，非爲袁氏也！」今袁要北京政府和南京政府同時取消，其意不過「保得一人而獨攬大權也」。同一天，孫中山還特電宣佈袁世凱破壞和議的罪狀，並宣稱：「此次停戰之期屆滿，民國萬不允再行展期，若因而再啓兵釁，全唯袁世凱是咎，舉國軍民，均欲滅袁氏而後朝食。」① 袁世凱對此置若罔聞，結果雙方再次發生武裝衝突。二月三日，袁世凱建議再停戰一星期以便談判。二月四日，孫中山、黃興電示伍廷芳繼續與袁世凱協商清帝退位條件。在這一次爭論中，列強再次爲袁世凱撐了腰，結果是不了了之，問題並沒有眞正解決，這給後來留下了許多隱患。

現在只剩下最後一個問題，這就是如何處置退位後的清室問題。最初清廷提出要保存大清皇帝稱號，並且世世相承，仍居皇宮等。孫中山、黃興對此極爲不滿，爲此，黃興於一月十八日致電伍廷芳說，「議和愈出愈奇，殊爲可笑！第一條仍保持大清皇帝之名稱及『世世相稱』字樣，可謂無恥之極。第二條『仍居宮禁』是與未退位無異。」。② 同一天，孫中山也電示伍廷芳對清室的優待條件提出修正，

---

① 白蕉：《袁世凱與中華民國》，《近代稗海》第三輯，四川人民出版社一九八八年版，第二十三、二十四頁。

② 毛注青編著：《黃興年譜長編》，中華書局一九九一年版，第二百六十二頁。

「一、名號定爲宣統皇帝，刪去『世世相承』四字。二、退居頤和園。三、經費由國會定之。」經過雙方反覆磋商，最後於二月九日通過了一個《關於大清皇帝辭位後之優待條件》，規定：一，大清皇帝辭位之後，尊號仍存不廢，中華民國以待各外國君主之禮相待；二，大清皇帝辭位之後，歲用四百萬兩，俟改鑄新幣後，改爲四百萬圓，此款由中華民國撥用；三，大清皇帝辭位之後，暫居宮禁，日後移居頤和園，侍衛人等照常留用；四，大清皇帝辭位之後，其宗廟陵寢，永遠奉祀，由中華民國酌設衛兵，妥愼保護；五，德宗崇陵未完工程，如制妥修，其奉安典禮，仍如舊制，所有實用經費，均由中華民國支出；六，以前宮內所用各項執事人員，可照常留用，惟以後不得再招閹人；七，大清皇帝辭位之後，其原有之私產，由中華民國特別保護；八，原有之禁衛軍，歸中華民國陸軍部編制，額數俸餉，仍如其舊。」

清廷接受了這一優待條件，並於一九一二年二月十二日頒發了皇帝退位詔書，內稱「全國人民心理多傾向

末代皇帝溥儀

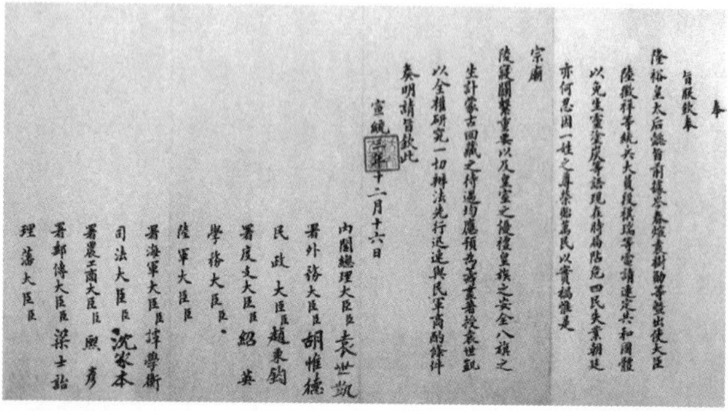
奉
旨朕欽奉
隆裕皇太后懿旨前據[illegible]出使大臣
陸徵祥等統兵大員段祺瑞等電請速定共和國體
以免生靈塗炭等語現在時局阽危四民失業朝廷
亦何忍因一姓之尊榮貽萬民以實禍惟是
宗廟
陵寢關繫重要以及皇室之優禮皇族之安全八旗之
生計蒙古回藏之待遇均應預為籌畫着袁世凱
以全權研究一切辦法先行迅速與民軍商酌條件
奏明請旨欽此
宣統三年十二月十六日
內閣總理大臣臣袁世凱
署外務大臣臣胡惟德
民政大臣臣趙秉鈞
署度支大臣臣紹英
學務大臣臣
陸軍大臣臣
署海軍大臣臣譚學衡
司法大臣臣沈家本
署農工商大臣臣熙彥
署郵傳大臣臣梁士詒
理藩大臣臣

清帝退位詔書

共和，南中各省既倡議於前，北方諸將亦主張於後，人心所向，天命可知。予亦何忍因一姓之尊榮，拂兆民之好惡。是用外觀大勢，內審輿情，特率皇帝將統治權公諸全國，定為共和立憲國體，近慰海內厭亂望治之心，遠協古聖天下為公之義。袁世凱前經資政院選舉為總理大臣。當茲新舊代謝之際，宜有南北統一之方，即由袁世凱以全權組織臨時共和政府，與民軍協商統一辦法。總期人民安堵，海宇乂安，仍合滿、漢、蒙、回、藏五族完全領土為一大中華民國。」①

這道退位詔書為清朝二百六十多年的歷史畫上了永久的句號，也為革命黨人、立憲派

① 第二歷史檔案館編：《中華民國史檔案資料彙編》第二輯，江蘇人民出版社一九八一年版，第七十二頁。

和舊官僚等圍繞著國家權力的分配問題所進行的鬥爭暫時畫上了句號，但是，革命和變革過程中所存在的深層的矛盾和問題，如國家的主權和統一、人民的民主權利等，並未得到根本性的解決，在不久的將來，它們就會借著任何一個事件，重新浮出，引發新的矛盾和衝突。

五 臨時政府北遷

清帝宣佈退位後，袁世凱立即將退位詔書全文電達孫中山、伍廷芳、黎元洪及各部總長、參議院，同時又以「全權組織中華民國臨時政府首領袁」的名義，將清帝退位條件及退位詔旨，照會各國駐華公使。第二天，他致電南京臨時政府，宣佈贊成共和。

孫中山在得悉清帝退位詔書及袁世凱贊成共和的電報後，立即向參議院提出辭呈，同時他又向參議院推薦袁世凱繼任臨時大總統。二月十五日，參議院舉行了臨時大總統選舉會，十七省議員，每省一票，袁世凱以全票當選，至是袁世凱的初步

迎袁使團抵京

目的已經達到。不料卻又發生了建都問題的爭議。孫中山在辭呈中強調要把臨時政府設在南京，希望借此牽制袁世凱，但二十四日參議院投表決的時候，二十八票中有二十票主北京，五票主南京，二票主武昌，一票主天津，與孫中山的本意相反。孫中山接到參議院的議決案，異常氣憤，立即招黃興等人商議，並依法向參議院提請復議。十五日，參議院再次投票表決，結果二十七票中，十九票主南京，六票主北京，二票主武昌。參議院最後決定定都南京。

袁世凱是不願南下就職的。他的勢力在北方，離開了北京，也就等於沒有了依靠，所以他一面表示自己願意南行，一面又說「捨北而南，則實有無窮窒礙」。並要脅說，「今日之計，唯有由南京政府將北方各省及各軍隊妥籌接收以後，世凱立即退歸田里，爲共和之國民」①。爲此，二月十八日，孫中山電袁世凱，

① 白蕉：《袁世凱與中華民國》，《近代稗海》第三輯，四川人民出版社一九八五年版，第二十六頁。

告知已派定教育總長蔡元培爲歡迎專使，偕同唐紹儀前往北京，歡迎袁世凱南下就職。

蔡元培一行於二月二十二日自滬起程北上，二十六日抵達北京。當天，袁世凱會見了蔡元培等人，並表示一俟北方各處情形稍定，即南下就職，蔡元培對此深信不疑。不料，二十九日晚，駐北京的第三鎮曹錕所部嘩變，焚燒了東安門外及前門外一帶，商民被害者千餘家，專使團招待所也遭亂兵襲擊，所有文件被劫掠一空，蔡元培等逃至一美國人家中躲了起來，宋教仁則在一日本人家裏躲了一夜。第二天，天津、保定駐軍也相繼而起。兵變的原因，據說是因裁餉及剪發兩事，實則爲袁世凱蓄意指使。但當時蔡元培乃至孫中山都未識破這一點。

京、津、保兵變後，北方各地商會、諮議局、團體、報館通電反對袁世凱南下，段祺瑞等北方軍人也發出通電，強硬要求

就任臨時大總統的袁世凱

臨時政府設於北京，北京的外交使團也擔心庚子拳民的事變重演，決定派兵進京，南方各省又出現了遷就袁世凱的輿論。在這種情況下，蔡元培致電孫中山，建議改變臨時政府地點。孫中山在得知北京兵變後的第一個反應，就是派兵北上平亂。南京臨時政府甚至做好了軍隊北上的準備。但三月四日，袁世凱致電孫中山，稱北方局勢已定。六日，蔡元培也電告孫中山，稱京津各處漸趨平靜，「目下只宜準備，不必亟亟出發」，並告以「外交團不以運兵爲然」。孫中山只好再次讓步，同意了袁世凱在北京就職的要求。三月十日，袁世凱如願以償地在北京宣誓就任臨時大總統，發誓要「發揚共和之精神，滌蕩專制之瑕穢，謹守憲法，依國民之願望，蘄達國家於安全強固之域」。

袁世凱既在北京就職，孫中山就只寄希望於用法律來約束袁世凱了。三月十一日，孫中山在南京頒佈了《中華民國臨時約法》，該約法在憲法頒佈之前，具有與憲法同等的效力。這個後來在中國近現代史上發生了極大影響的「民元約法」，內容共有七章五十條。按照約法規定，中華民國由中華人民組織之；中華民國之主權屬於全體國民；中華民國人民一律平等，無種族、階級、宗教之區別；中華民國人民得享有人身、居住、財產、言論、出版、集會、結社、通信、信仰等自由；人民有請願、訴訟、考試、選舉及被選舉權利；人民有納稅，服兵役等義務。關於政府的組織形式，約法規定，中華民國以參議院、臨時大總統、國務員、法院行使其統治權，參議院行使立法權，待國會成立後參議院解散，其職權由國會行使；臨時大總統、副總統由參議院選舉，臨時大總統代表全國，接受外國使節等，國務總理及各部部長均稱爲國務員，國務員輔佐臨時大總統，負其責任。

《臨時約法》和此前頒佈的臨時政府組織法大綱有很大的區別，即不是採取總統制，而是採取內閣制。這顯然是爲了防止袁世凱專權而作的改變。既然是採用內閣制，那麼內閣總理人選就顯得非常重要了。孫中山、黃興堅持必須由同盟會員出任內閣總理，而袁世凱則提議由唐紹儀擔任總理。雙方一度爭持不下，最後趙鳳昌提議，唐紹儀出任總理，同時加入同盟會。這一方案爲各方接受，結果參議院通過了唐紹儀任內閣總理一案，唐隨後也由孫中山主盟加入了同盟會。三月二十九日，參議院又通過了內閣各部人選，結果陸征祥長外交，趙秉鈞長內務、段祺瑞長陸軍、劉冠雄長海軍、王寵惠長司法、蔡元培長教育、熊希齡長財政、宋教仁長農林、陳其美長工商，交通由唐紹儀兼任。

一九一二年四月一日，這是一個具有象徵意味的日子，孫中山與舊內閣成員赴參議院舉行正式解職典禮。孫中山在解職詞中稱其任職的三個月均爲「中華民國草創之時代」，並說他解職以後將以中華民國國民的身份，「與四萬萬人協力造成中華民國之鞏固基礎」。四天以後，參議院議決臨時政府遷往北京。孫中山的解職與臨時政府北遷，標誌著南京臨時政府的結束。也意味著在這場南北較量中，南方革命黨人的失敗。

袁世凱何以能取代孫中山？是袁世凱手中握有強大的武裝力量嗎？是，也不是，因爲武昌起義後，革命軍的力量也很強大，袁世凱並沒有在軍事上取勝的絕對把握。是因爲袁世凱手中有錢嗎？是，也不是，因爲當時臨時政府遭受財政危機時，袁世凱也面臨著同樣的問題。是因爲帝國主義支持了袁世凱嗎？是，也不是，因爲帝國主義雖然大造「非袁不可」的輿論，但基本上還是保持「中立」的。即是說，武力與財政上的優勢以及帝國主義的支持都是造成袁世凱取勝的原因，但又都不是決定性的因素。那麼，導致袁勝孫敗的關鍵性因素在哪裏呢？從孫中山一方面說，是由於革命黨內部的分化，從袁世凱一方面說，是由於袁世凱迎合了當時國內思想界大部分人的期望。

革命黨內部的分歧從它誕生的那一天起就存在，武昌起義爆發後則更加激烈。章太炎、劉揆一公開倡言「革命軍起，革命黨消」，要求取消同盟會。南京臨時政府成立後，章太炎正式脫離同盟會，而與立憲派、舊官僚聯合，在上海組織中華民國聯合會，並在總統人選、建都地點等問題上與孫中山唱反調。宋教仁雖然沒有脫離同盟

北京天安門城樓上“慶祝中華民國成立”的標語

會，但也曾打算「選擇同盟會中穩健分子，集爲政黨，變名更署，與同盟會分離」。①他在革命進行的方略上與孫中山有所不同。他所欣賞的是葡萄牙式的革命，即革命之時宜速而短，革命之地宜於中央，革命之力宜借用政府軍隊。②當革命成功之後，孫、宋之間的裂痕更深了，他以革命黨中穩健派的人物出現，勸孫中山遷就袁世凱。參加武昌首義的同盟會員孫武，則因在南京臨時政府中得不到要職，與一批不得志的革命黨人劉成禺等，組織民社，推黎元洪爲首領，處處與同盟會對抗。可以說，南京臨時政府時期，只有黃興還能處處維護孫

① 章太炎：《致張繼、于右任書》，見湯志鈞編《章太炎政論選集》下冊，中華書局一九七七年版，第五百八十七頁。

② 宋教仁：《葡國改革之大成功》，《宋教仁集》上冊，中華書局一九八一年版，第三百二十七頁。

中山的權威，其他的人或多或少都有些離異傾向。就連孫中山指派的與北方談判議和的代表伍廷芳和溫宗堯也對孫中山頗有微詞。據莫理循說，溫宗堯說過，如果他有一支手槍，他就親手殺死孫中山。①革命黨內部之渙散，由此可見一斑。

反觀袁世凱。袁自晚清改革以來，就以開明務實著稱，他所推崇的，是德國式的富國強兵之路，這與孫中山所追求的美、法式的道路大異其趣。但袁世凱所主張的德國式的改革方案極容易博得舊官僚、立憲派及一些聲稱穩健的革命黨人的同情，因此他不但能獲得北方各省的支持，而且也能獲得南方一些省份的好感。事實上，當袁世凱宣佈贊成共和後，人們不是把他當做一個總統來接受，而是把他當做一種象徵乃至一種希望來接受。可以說，袁世凱的勝利，是德國派治國思想在中國的勝利。

不過，袁世凱並沒有像人們所希望的那樣，把中國引向一條現代化的共和之路，而是走了一條相反的路。

---

①〔澳〕駱惠敏編：《清末民初政情內幕》上冊，知識出版社一九八六年版，第八百四十一頁。

第六章　再造共和

一、從臣民到國民

二、各派政治力量的分化

三、動盪不安的政局

四、帝制與共和的較量

五、救國的新方向

CHAPTER 6

第六章

再造共和

民國建立後，整個社會呈現出一派新的氣象，同時各派政治勢力也開始重新分化組合，大體形成了三種勢力，即國民黨、進步黨和舊官僚派。雖然它們之間在政治態度和活動方式上大有差異，但大都對袁世凱抱有幻想，對民國前途表示樂觀。然而袁世凱自執政之日起便開始集權，他先是向內閣制挑戰，致使內閣總理半年之內三易其人；接著又派人暗殺宋教仁，強行通過善後大借款，迫使國民黨人不得不起來進行「二次革命」。「二次革命」後，國民黨的勢力基本上被摧毀，進步黨人則仍然幻想把袁世凱引上憲政的軌道，希望袁世凱實行開明專制。不料袁世凱「專制」成而「開明」無望，卻又「帝制」繼起，共和遭到毀滅性打擊。國民黨、進步黨乃聯合起來，發動護國戰爭，迫使袁世凱取消帝制，民國得以恢復。不過，共和的招牌雖然再次掛起，共和的制度卻始終沒有眞正建立起來。經此波折，人們終於認識到，政制的變革有賴於思想的變革，要在中國眞正建立起共和制度，還必須實現思想的啓蒙。有了這種認識，思想界開始出現一些新動向。

一 從臣民到國民

革命往往意味著摧毀舊的權威。皇帝都可以廢掉，還有什麼不可以改變的呢？革命使得許多在昔日王朝統治下根本不可能的社會變革成爲可能。這樣，自從南京臨時政府成立後，改革社會習俗就成了人們注目的重要焦點。唐紹儀、蔡元培、宋教仁、汪精衛等發起組織社會改良會，以期以人道主義和科學知識訓練國民，使之養成共和國民的資格。該會曾公開發表宣言，內稱：「自吾人企畫共和政體以來，外人之覘吾國者，動曰程度不及。今共和政體定矣。吾人之程度果及與否，立將昭揭於世界。人之多言，於吾無加損也，而吾人不可以不自省。蓋所謂共和國民之程度，固不必有一定之級數，而共和思想之要素，則不可以不具。尙公德，尊人權，貴賤平等，而無所謂驕諂，意志自由，而無所謂僥倖，不以法律所不及而自恣，不以勢力所能達而妄行，是皆共和思想之要素，僥而人人所當自勉者也。我國素以道德爲教義，故風俗之厚，軼於殊域，而數千年君權之影響，迄今未沫，其與共和思想抵觸者頗多，同人以此建設茲會，以人道主義去君權之專制，以科學知識去神權之迷信，條舉若干事，互相策勵，期以保持共和國民之人格，而力求進步，以漸達於大道爲公之盛，則斯會其蒿矢矣。」。①

崇尚公德、尊重人權、貴賤平等、意志自由，這些都是共和思想的基本要素，社會改良會就是要把這些思想普及到每一個國民頭腦中去。但由於中國受幾千年君主專制的影響，要一下子把舊思想、舊觀念從人們的頭腦中清除出去，絕非易事，甚至可以說，政權的變更相對較易，而社會風俗的轉變更難。但是在民國成立後的第一年間，連續頒佈了一系列改革舊習俗的法令法規。內容涉及社會生活的方方面面，其中主要的有以下幾個方面。

第一，限期剪辮。「編發之制」是清朝統治的一個象徵，辛亥革命後，革命黨人視「辮子」爲奴性的表現，多次限令剪除，孫中山還爲此專門發佈「剪辮令」，令文說：「滿虜竊國，易於〔吾〕冠裳，強行編發之制，悉從腥膻之俗。當其初，高士仁人或不屈被執，從容就義；或遁入緇流，以終餘年。痛矣，先民慘罹荼毒，讀史至此，輒用傷懷！嗣是而後，習焉安之，騰笑五洲，恬不爲怪。矧茲縷縷，易萃黴菌，足茲疾癘之媒，殊爲傷生之具。今者滿廷已覆，民國成功，凡我同胞允

① 《宋教仁集》下冊，中華書局一九八一年版，第三百七十七頁。

宜滌舊染之汙，作新國之民，茲查通都大邑剪辮者已多，至偏鄉僻壤留辮者尚復不少。仰內務部通行各省都督，轉諭所屬地方一體知悉。凡未去辮者，於令到之日，限二十日，一律剪除淨盡，有不遵者，（以）違法論。」①不過剪發遇到的阻力非常大，這一方面是因爲人們頭腦中還保留有傳統觀念，另一方面是因爲有些人擔心，「萬一大清復辟，視無辮爲革命黨，必有殺身之禍」。②在這種情況下，孫中山關於剪辮的命令不得不一再限期，直到他辭去大總統職務，社會上的辮子仍未全部剪除。

第二，改良風俗。其中改變稱謂和廢除跪拜禮就極具象徵意義。有的舊稱謂看似小事，卻反映出人們的等級觀念，與民主共和、人人平等的宗旨背道而馳。爲此孫中山下令革除前清官廳稱呼。令文說，「官廳爲治事機關，職員乃人民之公僕，本非特殊之階級，何取非分之名稱。查前清官廳，視官等之高下，有大人、老爺等名稱，受之者增慚，施之者失體，義無取焉。光復以後，聞中央地方各官廳，漫不

① 《孫中山全集》第二卷，中華書局二〇〇六年版，第一百七十七—一百七十八頁。
② 陳逸薌：《故鄉興化見聞》，《辛亥革命回憶錄》（八），中華書局一九六四年版，第二百零六頁。

別察，仍沿舊稱，殊爲共和政治之玷。嗣後各官廳人員相稱，咸以官職，民間普通稱呼則曰先生、曰君，不得再沿前清官廳惡稱。」①跪拜之禮與皇權觀念、忠孝觀念相連，卻與平等的觀念不相容。因此孫中山在各省代表會議上即提議廢除跪拜禮，規定普通相見爲一鞠躬，最高規格爲三鞠躬。這一提議得到全體代表贊成。②

孫中山在擔任臨時大總統期間，身體力行。據說有一次一位八十餘歲的長者專程從揚州到南京瞻仰大總統風采。當長者見到孫中山時，立即擲杖跪地，行見君主的三跪九叩之禮。孫中山急忙把長者扶起，並告訴他，總統在職一天，就是國民的公僕，是爲全國人民服務的。長者問，「總統若是離職後呢？」孫回答說：「總統離職以後，又回到人民的隊伍裏去，和老百姓一樣。」隨後，孫中山派車將長者送回住處，長者高興地說：「今天我總算見到民主了。」③

第三，保障人權。南京臨時政府成立後，孫中山依據人權平等的原則，通令

①《孫中山全集》第二卷，中華書局二〇〇六年版，第一百五十五頁。

②袁希洛：《我在辛亥革命時的一些經歷和見聞》，《辛亥革命回憶錄》（六），中華書局一九六三年版，第二百八十八頁。

③郭漢章：《南京臨時大總統府三月見聞錄》，《辛亥革命回憶錄》（六），第二九四頁。

戶、惰民、乞丐、家奴、優娼、隸座等所謂「賤民」，「對於國家社會之一切權利，公權若選舉、參政等，私權若居住、言論、出版、集會、信教之自由等，均許一體享有，毋稍歧異，以重人權，而彰公理。」[1]此外，政府還頒佈了禁止刑訊、禁止買賣人口、禁止販賣「豬仔」及保護華僑等法令，以保障民權。這些舉措看似瑣碎，卻處處滲透著民主共和與人權平等的精神，而這種精神又隨著法令的推行逐漸滲透到民間，使民主共和的觀念逐漸深入人心，整個社會也就呈現出一種新的氣象。

當然，共和國民的養成，絕非一朝一夕可以達到，也絕非通過社會風俗的改良得以實現。不過，民國初年的這一系列變化，讓人感到一切都是那麼美好。雖然一切都處在草創階段，但人們對新生的共和制度充滿了信心，對共和國的未來，懷著無限美好的幻想。丁文江曾說過這樣一段話：「這個國家裏每一個認眞思考的人，當然認識到我們目前所處的極爲嚴重的財政窘境，但是他們有一個普遍的希望，那就是現在我們有了一個眞正的帶頭人，我們總會渡過難關的。我們懂得，維新的工

---

① 《孫中山全集》第二卷，中華書局二〇〇六年版，第二百四十四頁。

孫文手書“共和”二字

作同以前相比並不重要，也不是困難孫中山手書「共和」二字少了，但是隨著一旦徹底弄清楚了源頭，我們所做的努力將成爲無法估量的現實。同時很少會有走錯方向或浪費精力的機會。」①這裏，丁文江一方面表明自己對未來充滿信心，另一方面又把所有的希望寄託在「帶頭人」身上，而不是寄託在共和制度的完善與實施方面。這種觀念本質上與共和國民的觀念是相悖的。丁文江是一位科學家，受到西方文化的洗禮，也親身體驗過西方的共和制度，他的認識尚且如此，普通人的認識可想而知。可以說，當共和到來的時候，普通人尚不知道「共和」爲何物，只是天真地懷著一種共和賜福的想

① 〔澳〕駱惠敏編，劉桂梁等譯：《清末民政情內幕》上，知識出版社一九八六年版，第九百四十頁。

法。而這種心態，很容易使共和走上迷途，形成一種「名為共和，實則專制」的偽共和局面。

二 各派政治力量的分化

共和國民的養成有賴於共和制度的建設。然而，當共和到來的時候，那些曾經並肩戰鬥的政治力量卻開始了重新的分化組合。人們追求著兩黨政治的共和形式，卻沒有把握住眞正的共和精神。

讓我們先來看一看革命黨人的情況。當革命初起時，革命黨人都集結到「反滿」的旗幟之下，現在清王朝滅亡了，民族革命的目的已經達到，許多人認為革命已經成功，今後所要致力的是建設。孫中山和黃興都有類似的想法。孫中山雖然對袁世凱懷有戒心，但總的說來他對共和理想的實現仍然充滿信心，對袁世凱也基本上是信任的，所以當他辭去臨時大總統職務以後，就決心以在野身份從事實業建設。他認為滿清退位，中華民國成立後，民族、民權兩主義已經達到，只有民生主義尚未著手，今後所要致力的即在此事。他希望在十年之內，築二十萬里鐵路。八月底，孫中山應袁世凱之邀北上。八九月間，孫、袁在北京多次會談。他們談得最多的，就是孫中山的實業計畫和民生政策。隨後袁世凱正式授予孫中山籌畫全國鐵路全權，組織鐵路總公司，以利進行。

孫中山的實業計畫和樂觀態度都是基於對袁世凱的信任。他多次在公開場合表示自己支持袁世凱。在北京期間，他宣佈自己決不受第二次總統之職，並戒飭同盟會員不應頑固守舊，對政府仍持攻擊態度。① 在接受著名記者黃遠庸的採訪時，孫中山回答了黃遠庸提出的關於袁世凱的三個問題：

問：究竟先生對於袁總統之批評如何？

答：他是狠〔很〕有肩膀的，狠〔很〕喜歡辦事的，民國現在狠〔很〕難

① 黃遠庸：《記者眼中之孫中山》（其三），《遠生遺著》上冊卷二，商務印書館一九八四年影印版，第一百二十一－一百二十二頁。

得這麼一個人。

問：他的新知識新思想，恐怕不夠麼？

答：他是狠〔很〕清楚的，像他向來沒有到過外國的人，能夠這麼清楚，總算難得的。

問：他有野心沒有？

答：那是沒有的。他不承認共和則已，既已承認共和，若是一朝反悔，就將失信於天下，外國人也有不能答應的。除非他的兵不僅能夠打勝全國，並且能抵抗外國，才能辦到。這是怎麼能夠的事情。況且現在已經號令不行於地方，他若改變宗旨，於他有甚麼利益呢？①

黃興的態度與孫中山接近。臨時政府北遷之後，黃興出任南京留守。但黃興任職一個多月後，就電請袁世凱撤銷南京留守一職。與孫中山一樣，黃興也主張對

① 黃遠庸：《記者眼中之孫中山》（其四），《遠生遺著》上冊卷二，商務印書館一九八四年影印版，第一百三十頁。

政府取穩健態度，與袁世凱提攜，以消除南北猜疑，共圖建設，這是他辭職的根本原因。從黃興的本意講，他希望通過此舉，消除外間對他的猜疑，表明他對袁世凱的支持，其心地之光明磊落，自不待言。但此舉畢竟對革命黨人不利，卻有利於袁世凱的集權。對袁世凱來說，黃興請辭正是求之不得的事，所以他表面上挽留一番之後，即嘉獎允許。六月一日，袁世凱發佈命令，所有南京留守機關取消。黃興辭職之後，也決心從事實業。九月份，黃興也應袁世凱之邀北上，與袁世凱會談。袁世凱以接待孫中山的禮儀規格接待了黃興。黃興就蒙藏問題、外交問題等向袁世凱貢獻了自己的想法，同時也向袁世凱表示自己將致力於實業建設。與孫中山不同的是，黃興決定從農林、礦業入手。

與孫、黃的選擇不同，同盟會的宋教仁希望通過組織政黨來參與政權，實現自己的政治理想。而其入手之法，就是將同盟會改組爲公開的政黨，以組織責任內閣，限制袁世凱的權力。這樣，一九一二年一月二十二日，同盟會在南京召開會員大會，討論同盟會何去何從的問題。討論的焦點集中在以下五個問題上：（一）革命是否已經完成？（二）同盟會是否應該繼續保持秘密狀態，進行革命活動？（三）同盟會是否應該吸收立憲派人士的參加？（四）同盟會是否仍應以三民主義、尤其是民生主義爲綱領？（五）同盟會是否應繼續以孫中山爲領袖？會上出現了兩種不同的意見。宋教仁等人認爲，武裝革命已經結束，同盟會應該成爲公開的政黨，從事憲法、國會之運動；胡漢民等人認爲，革命的目的並未達到，特別是讓權給袁世凱後，前途尤多危險，因此，同盟會宜保存並推廣從前的秘密工作，不宜傾重合法的政治競爭而公開一切。①經過辯論，結果宋教仁等人的意見占了上風，同盟會改組已成定局。這樣，到三月三日，同盟會再次在南京召開本部全體大會，正式宣佈同盟會改組爲公開的政黨，舉孫中山爲總理，黃興、黎元洪爲協理。八月二十五日，同盟會又與統一共和黨、國民公黨、國民共進會、共和實進會合併，正式成立國民黨。改組後的國民黨以「保持政治統一、發展地方自治、厲行種族同化、採用民生政策、維持國際和平」爲宗旨。顯然，以宋教仁爲代表的革命黨人在民國建立後希望走一條政黨政治的共和之路。這樣，民國建立以後，原來的革命黨內部就因政見的不同而出現分裂。

共和建立後原立憲黨人的心態也有一些變化。他們基本上都持擁護袁世凱的立場，但同樣希望中國從此走上一條憲政共和的道路。在袁世凱當選爲臨時大總統

①《胡漢民自傳》，《近代史資料》總第四十五期。

宋教仁像

後，梁啓超即致書袁世凱，爲袁世凱獻計獻策。民國元年四月，梁啓超寫成《中國立國大方針》，明確表示了他擁護共和的態度，並系統提出了建設共和的構想。梁啓超指出，中國既已建立共和，就應當順應時勢，致力於把中國建設成爲世界級的強國。美國是世界上最大的共和國，但中國不能模仿美國，因爲中美兩國的國情不同。第一，美國建國，以清教徒爲中堅，素有自治傳統，中國則久處專制之下，素無自治習慣；第二，美國十三州獨立以前，與其母國英國政府之關係十分淺薄，中國則正好與美國相反，數千年來以一政府維持一國；第三，美國建國時，人數僅三百餘萬，中國則合五大族四萬萬人爲一國；第四，美國地處新大陸，建國伊始，無人與爭，中國當建國之初，即已成爲列強角逐的目標。所以中國絕不能效仿美國，取放任主義，而應該實行保育政策，建立強有力政府，同時組建政黨內閣。①對於中國實行共和的前途，梁啓超同樣充滿了樂觀，他認爲中國的共和試驗將成爲世界的模範。②

一九一二年九月底，梁啓超自日本神戶啓程歸國。在回國後的演說中，多次強調立憲黨人對於國體主張承認現在之事實，對於政體則求貫徹將來之理想，也即是擁護共和國體，實行立憲政體。立憲政體的實行有賴政黨，爲此，梁啓超回國後也開始了組建政黨的活動。一九一三年二月，梁啓超正式加入共和黨，在此之前的一九一二年十月二十七日，共和促進會、國民協會、共和統一會、民國新政社、共和建設討論會五團體合組民主黨，以湯化龍爲總幹事，奉梁啓超爲領袖，其綱領與共和、統一兩黨相似。自梁啓超歸國並正式加入共和黨之後，他便極力運動三黨合併，以對抗在國會中勢力占優的國民黨，結果一九一三年五月二十九日，三黨正式合併，組成進步黨。舉黎元洪爲理事長，梁啓超、張謇、湯化龍等爲理事。其黨義爲：（一）取國家主義，建設強善政府；（二）尊人民公意，擁護法賦自由；

① 梁啓超：《中國立國大方針》，《飲冰室合集　文集之二十八》，第七十六頁。
② 梁啓超：《憲法之三大精神》，《飲冰室合集　文集之二十九》，第九十四頁。

（三）應世界大勢，增進平和實利。進步黨的成立標誌著民國初年各派政治勢力的重新分化組合大體完成，結果形成了國民、進步兩黨對峙的形勢。

進步黨號稱穩健，其實質就是採取與現政府合作的態度，而這一態度的理論依據，就是所謂「國權主義」。國權主義是十九世紀中後期在歐洲興起的一種新的國家主義理論形態，其最大特點就是信任政府，強調干涉。在民國初年，對國權與民權的不同主張，直接反映了一個人的政治傾向，進步黨以國權黨自居，國民黨以民權黨自詡。國權主義的流行，正好迎合了袁世凱集權的需要。袁世凱也就在「力謀國權統一」的旗號下，一步步地剪除異己，走向專制。

三 動盪不安的政局

袁世凱在北京宣誓就任大總統的第二天，孫中山在南京頒佈了《中華民國臨時約法》。這個對後來政局發生很大影響的「民元約法」，和前此頒佈的臨時政府組織法大綱的最大區別，便是政府的組織形式，由原來的美國式總統制，改成了法國式的內閣制，這顯然是爲了防止袁世凱專權而作的一種改變。然而在第一任內閣產生後不到半年的時間，內閣總理即三易其人，由唐紹儀而陸征祥而趙秉鈞，導致政局動盪不安，險象環生。內閣總理之爭，表面上是用人之爭，實質上是總統制與內閣制之爭，也即是一種權力之爭。袁世凱不甘於做一個傀儡總統，他需要的是實權，因此他必須打破內閣對他的限制，否則就無法集權於一身。這樣，袁世凱與內閣總理的衝突勢不可免。雖然臨時約法規定政府取責任內閣制，但當時的人們普遍希望革命之後有一個強有力的政府出現，因而內心較多地同情總統制，所以當袁世凱蔑視責任內閣制時，輿論普遍傾向於支持袁世凱，這導致袁世凱在集權的路上越走越遠。

儘管民國初年內閣一再遭到挫折，同盟會並沒有放棄單獨組閣的努力，特別是宋教仁，自從他辭去了農林總長一職後，即傾全力於國會的選舉運動，以期實現其政黨內閣的主張。按照《臨時約法》的規定，約法實施後十個月內，由臨時大總統召集國會，推薦總統；國會組織法及議員選舉法，由參議院制定。一九一二年八月十日，袁世凱正式頒佈了《中華民國國會組織法》與《參議院議員選舉法》，此後各政黨爲了在國會選舉中獲勝展開了競選活動。爲此同盟會改組爲國民黨，宋教仁希望國民黨停止一切運動，來專注於選舉活動，以便在國會裏獲半數以上的議席，進而組成一黨的責任內閣。爲了達到選舉獲勝的目的，宋教仁決定離京南下，開展競選活動。他先到長沙，然後轉道武漢、南京、上海，所到之處發表演說，宣傳政見，同時抨擊袁世凱政府。他的政見，簡單說來，就是主張責任內閣制。二月初，選舉揭曉，結果國民黨在議員選舉中大獲全勝，總計在參衆兩院中共獲三百九十二席，而共和、統一、民主三黨加起來才獲二百二十三席。這意味著，只要國民黨議員不選袁世凱爲總統，袁就不可能登上正式總統的寶座。顯然，宋教仁已成爲袁世凱實行集權統治的一個障礙，袁世凱欲更進一步專權，必須搬掉宋教仁。

不幸的事終於發生了。一九一三年三月二十日晚十點半，宋教仁在黃興、廖仲凱等人陪同下，乘馬車抵達上海滬寧車站，準備乘車返回北京。十時四十五分，突然有人自身後向宋教仁連發三槍，其中一槍擊中宋教仁，子彈由後腰上部斜掠腎臟，穿過大腹，直入下腹皮膚而止。兇手當場逃逸。宋教仁立即被送往附近的醫院，二十二日凌晨四時四十七分逝世。宋教仁初入醫院時，神智極爲清醒。他自知將不起，授意黃興代擬致袁世凱電，請袁世凱「開誠心，布公道，竭力保障民權，俾國家得確定不拔之憲法」①。

---

① 朱宗震、楊光輝編：《民初政爭與二次革命》上編，上海人民出版社一九八三年版，第二百二十三頁。

宋教仁至死都不知道袁世凱就是暗殺他的眞凶，袁世凱則在宋案發生後表演了一齣賊喊捉賊的鬧劇。他責令江蘇都督程德全緝拿兇手。二十三日，英巡捕將重大嫌犯、時任江蘇巡查長的應夔丞捕獲。第二天又在應家中捕獲兇手武士英，並搜出五響手槍一支及應與內務部秘書洪述祖、總理趙秉鈞的往來密電三本及信函多件。公共租界組織法庭對應、武進行了預審。因證據確鑿，乃將案犯連同證據一同移交中國法庭審理。四月二十四日，就在上海地方檢察廳準備開庭審理的前一天，武士英突然在獄中暴病身亡。二十五日，在黃興、陳其美的敦促下，江蘇都督程德全、民政長應德閎通電公佈了宋案主要證據四十四件。證據表明，案情涉及總理趙秉鈞及臨時大總統袁世凱，至此，案情眞相大白，原來刺殺宋教仁的幕後主使人就是袁世凱，而趙秉鈞也是這一陰謀的策畫者，洪述祖是中間的聯絡者，應

"宋案"證據

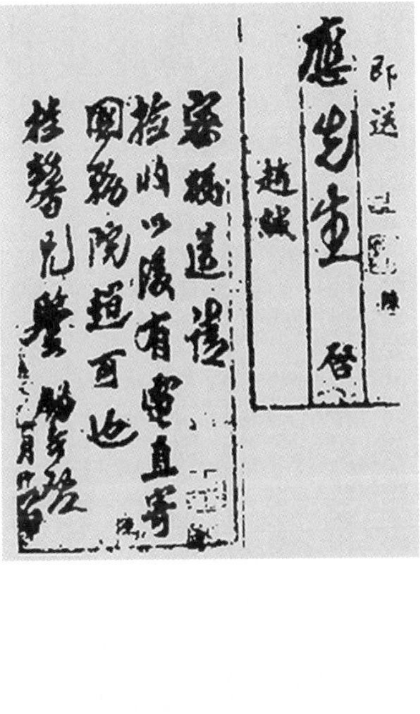

夔丞不過是執行暗殺的工具，武士英又是應夔丞的鷹犬罷了。國民黨人終於認清了袁世凱的眞實面目，決心倒袁。

當宋教仁遇刺時，孫中山正在日本。三月二十五日，孫中山返抵上海，當晚即赴黃興寓所與黃興、陳其美、居正、戴季陶等會商應付宋案辦法，結果意見不一。以黃興爲代表的一部分國民黨人主張法律解決，以孫中山爲代表的一部分國民黨人主張武力解決。然而，無論是法律解決還是武力解決，國民黨人都面臨許多無法解決的實際困難，若以武力解決，則武力不足恃，革命黨人的軍事力量，主要集中在蘇、皖、贛、湘、粵等省，自黃興辭去南京留守一職後，革命黨人已經沒有一個軍事指揮中樞，而各省擁有兵權的革命黨人又對使用武力缺乏信心，在這種狀況下，即使武力討袁，也絕無取勝的希望。若以法律解決，則法律不足恃，因爲袁世凱並未把法律放在眼裏，法律解決也陷於幻滅。

就在國民黨內部還在爲法律解決還是武力解決爭論不休的時候，袁世凱卻於四月二十六日在未經國會討論通過的情形下，與英、德、法、俄、日五國銀行團簽訂了二千五百萬英鎊的「善後大借款」。此事再次引起軒然大波。國民黨人紛紛通電反對大借款。在強大的經費支持下，袁世凱的態度更趨強硬。他聲稱現在絕非調和南北問題，而是地方不服從中央，中央如何統一的問題。他威脅要武力解決國民黨，並讓梁士詒等轉告國民黨，「我現已決心，孫、黃等無非意在搗亂，我決不能以受四萬萬人財產生命付託之重而聽人搗亂者，彼等皆謂我爭總統，其實若有相當之人，我亦願讓，但自信政治經驗軍事閱歷外交信用，頗不讓人，則國民付託之重，我亦未敢妄自推諉，彼等若有能力另組政府者，我即有能力毀除之。」①

面對袁世凱的武力威脅，國民黨人依然沒有放棄調和的努力，依然沉浸在法律解決的幻想之中。但實際上，袁世凱已不準備再接受調停，當他一切佈置妥當，便決定與國民黨公開決裂。當時國民黨僅有三個都督：廣東胡漢民，江西李烈鈞及安徽柏文蔚。一九一三年六月九日、十四日和三十日，李烈鈞、胡漢民和柏文蔚先後被免職。三都督被免，堅定了孫中山武力倒袁的決心。孫中山於是命令李烈鈞回江西發動反袁起義。七月十二日，李烈鈞在湖口成立討袁軍總司令部，宣佈江西獨立，號召國民起來誅殺「國賊袁世凱」，「鞏固共和政體」，二次革命爆發。黃興見事已至此，只有起兵反袁。七月十五日，黃興就任江蘇討袁軍總司令職，並以江蘇都督程德全的名義宣佈江蘇獨立。隨後，安徽、上海、廣東、湖南、福建、四

---

①黃遠庸：《最近之大勢》，《遠生遺著》下冊卷三，商務印書館一九八四年影印版，第一百二十三頁。

川也紛紛宣佈獨立和武力討袁。但是，在袁世凱強大的軍事壓力下，各省又紛紛取消獨立。二次革命失敗，孫、黃亡命日本。此次革命，非但未能達到去袁的目的，相反卻使袁世凱的地位更加鞏固，革命的力量幾乎喪失殆盡。

是什麼原因導致了二次革命的失敗？孫中山在事後多次談到這一問題，並把失敗的責任歸於黃興。孫中山之外，親與二次革命的陳其美、柏文蔚也都認爲黃興應對二次革命的失敗負主要責任。平心而論，黃興力主法律解決，或許錯失了武力討袁的最佳時機，但即使按孫中山的計畫，宋案之後立即起兵討袁，國民黨也絕無取勝的希望。因爲從當時的形勢看，武力反袁的舉動既得不到國內人民的理解，

黃興頒發的委任狀

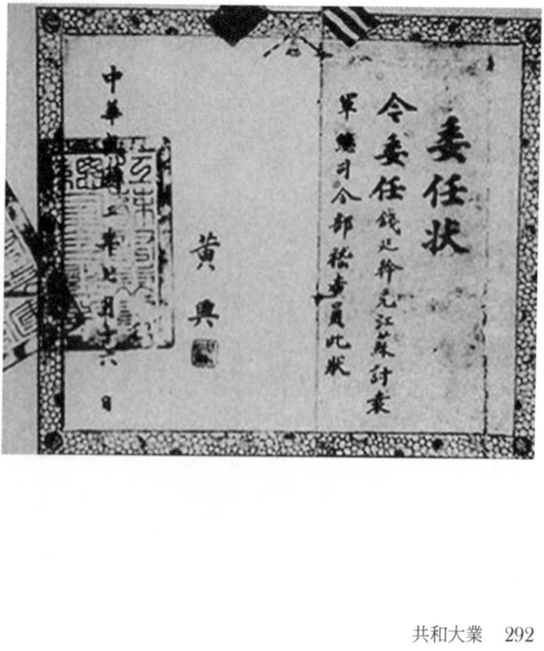

也得不到外國的同情，國民黨處於十分孤立的境地。以國內情形而言，在經歷了一九一一年反清革命的動盪之後，一九一三年的中國人民對和平、穩定、秩序的渴望超過了一切。在袁世凱的眞面目沒有充分暴露之前，人民絕不會輕易加入反袁陣營。在普通人的心目中，袁世凱代表的是中華民國，是民主共和。因而當二次革命發生後，非國民黨的報紙大都把國民黨人指爲「暴徒」，目爲「亂黨」。在反清革命的時候，立憲派成了革命黨人的盟友。但在二次革命時，舊的立憲派人士卻成了袁世凱的幫兇。再看看外人的態度。列強一直是支持袁世凱的，他們同樣把國民黨人的討袁活動看做是一場「暴亂」。一九一三年七月二十九日，倫敦《泰晤士報》的一篇社論說：「這是疑忌和貪婪的政客製造出來的暴亂。」同年八月六日《紐約時報》的一篇社論也認爲，「當前的所謂反抗，與其說是人民對北京政府不滿的起義，不如說是失意政客、干祿之徒要自行上臺的一種努力。……內戰不可能持續很久，其結果，袁世凱作爲中國的統治者，地位將更加強固，這是世人應當引以爲幸的事。」[1]正是基於這種認識，當孫中山試圖謀求日本的支持時，日本方面明確

① 轉引自薛君度著：《黃興與中國革命》，湖南人民出版社一九八〇年版，第一百五十六頁。

告訴他，如果他要反袁，就會失去日、英的同情。在上海還發生駐華公使團阻撓上海獨立和驅逐孫中山、黃興等人出租界的事件。更重要的是，列強給袁世凱的大借款，保證了袁世凱有充足的財力應付當時的危機。失去了內外的支持，二次革命註定要失敗。可以說，這是一次「不合時宜」的革命。它的悲劇性的意義在於：它爲共和而戰，卻促成了專制。

二次革命後，袁世凱的威信達到了頂點，然而人們所期待的一個安定、良善的政治秩序並沒有隨之出現，相反，袁世凱卻趁著撲滅二次革命的餘威，在省制與憲法問題上大做文章，繼續集權，致使政局一直動盪不安。

省制問題本質上是一個中央與地方的關係問題，也即是中央與地方的許可權劃分問題。民國初年，由於破壞方終，建設未始，省制至爲紛亂，各省自爲風氣。那時各黨派在省制問題上爭論最激烈的問題之一是省長簡任或民選，及省長是否有解散議會之權。一九一二年七月，參議院經過三讀，通過了由法制局制定的省官制案。即仿照普魯士的做法，將地方政權分爲自治機關和官治機關兩種。省長執行官治，由中央簡派；議會執行自治，由各省選任。省長既不得解散議會，議會也不得彈劾省長。此案的本意，是在廢省存道，因此遭到寧、贛、川各省都督反對。爲此，袁世凱召集前清時期曾任督撫的沈秉堃、孫寶琦、李盛鐸、齊耀琳等在總統府開會，研討地方官制問題。總統府秘書長梁士詒、法制局參事金棨昌也出席了會議。結果大家一致同意採用「虛三級制」。這一制度的唯一宗旨，「在廢省存道縣為二級制度，省既暫不可廢，則姑存省總監而廢去省議會，省有官治而無自治，故名為虛三級制。」①此製成了後來熊希齡內閣廢省計畫的先聲。梁啓超在《政府大政方針宣言書》中介紹熊內閣在省制問題上的主張時說，之前地方官制存在兩個問題，一是軍政民政，許可權雜糅；二是行政區域太大，政難下逮。為此擬仿漢宋之制，改定地方行政為兩級，以道為第一級，以縣為第二級，中央則設巡按使按察諸道。②

熊希齡、梁啓超本意是想徹底改革中國的地方制度，並將北洋軍閥的勢力漸漸引入憲政的軌道，但袁世凱也自有他的軌

熊希齡像

① 黃遠庸：《虛三級省制案之輪廓》，《遠生遺著》下冊卷三，商務印書館一九八四年版，第十頁。
② 梁啓超：《飲冰室合集》（四）文集之二十九，中華書局影印，第一百二十頁。

道。他要集權，必須得到各部屬的支持，廢省計畫觸犯了地方實力派的利益，若果然推行，恐難服衆，所以袁世凱不但不支持廢省計畫，反以省長官的地位爲誘餌，收買人心，既可以鎮壓各方的反抗，維持一己的地位，又可以贏得部屬的歡心。不久，熊內閣垮臺，廢省計畫也未能實現。但袁世凱對各省都督掌握一省軍政大權的局面感到不安，一心想裁撤都督。一九一三年一月，袁世凱下令各省一律設置民政長，由中央任命，實行軍、民分治。此令公佈後，江蘇、江西、福建、湖北、山西、四川等省均設置了民政長，其餘各省均以都督兼任民政長，另置民政輔助人員，其名稱數額各不相同，有設布政使及提法使的，有設民政、度支、提學使的。那些都督不兼民政長的省份，民政長實亦聽從都督支配，軍民分治徒有其名。二次革命後，袁世凱認爲裁都督的條件已經成熟，乃於一九一四年六月三十日下令裁撤各省都督而設立將軍諸名號。同時，袁世凱還公佈了《省官制》，下令各省的民政長一律改爲巡按使，巡按使爲全省最高行政長官，由大總統任命，各省的行政公署則改爲巡按使公署。公署內設政務廳，輔佐巡按使掌理全省事務。

與省制問題並行的另一重要問題就是憲法問題。共和國家不可無憲法。南京臨時政府成立後，孫中山曾頒佈《中華民國臨時約法》，該約法具有臨時憲法的效力。按照《臨時約法》的規定，約法施行十個月後由臨時大總統召集國會，中華民國憲法由國會制定，據此第一屆國會於一九一三年四月八日正式成立。之後，憲法問題成了衆人矚目的焦點。當時爭論的主要問題是：是先選總統後定憲法還是先定憲法後選總統？憲法該由誰來制定？憲法該由誰來公佈？憲法應規定總統制還是內閣制？圍繞這些問題，袁世凱與國民黨、憲法起草委員會展開了鬥爭，結果，由憲法起草委員會起草的憲法草案流產，代之而起的是一個袁記「約法」。

袁世凱干憲的第一步，就是先取得正式總統的職務。在國會成立之初，大多數議員都主張先定憲法後選總統，就是進步黨領袖梁啓超也是主張先定憲法後舉總統。因爲總統的地位和權力都根據憲法而產生，只有依憲法選舉總統，才能使民國走上法制的軌道。因此國會於六月底，議決先定憲法，再舉總統，並由參衆兩院各選出三十人，組成憲法起草委員會，立即趕制憲法。但是袁世凱以不選舉正式總統，列強不予承認爲由，要求先選總統再定憲法。爲達此目的，他策動黎元洪聯合直隸、山東、河南、黑龍江、陝西、甘肅、浙江、四川、貴州、雲南、廣西、福建、新疆等省都督致電國會，要求速選總統。在這種情形下，進步黨隨即改變主張，附和袁世凱。二次革命後，正式總統的職位已經非袁莫屬，國民黨中原來堅持先定憲法的議員也爲大勢所屈，不能堅持原意。這樣，國會乃於九月五日通過了選舉總統案，並由國會中的憲法起草委員會草擬總統選舉法，交由國會通過，再由國會以憲法會議的名義，將總統選舉法公佈。依總統選舉法，一九一三年十月六日，由參衆兩院組織的總統選舉會正式舉行投票，選舉總統。那一天，袁世凱預先收買好的「公民團」數千人，於議員入場後，將議院重重包圍，聲稱若不選舉公民所屬望的總統，選舉人不能出議場一步。選舉人不得不俯首聽命，忍餓終日，進行選舉。是日共投票三次，前兩次袁得票雖多，但不滿法定人數，直到第三次袁才當選，「公民團」才高呼「大總統萬歲」的口號而散。十月十日，袁世凱正式就任大總統職，他在就職宣言中發誓要擁護共和。他說：「余故以最誠摯親愛之意，申告於國民曰：余一日在職，必一日負責！顧中華民國者，四萬萬人之中華民國也。」①但實際上，中華民國在袁世凱的心目中，不過是他個人的私產而已。

取得了正式總統的職務後，袁世凱下一步就是要爭取憲法公佈權。當時，憲法起草委員會在天壇起草憲法。袁世凱唯恐憲法於己不利，乃決定從根本上推翻憲法草案，而要推翻憲法草案，非破壞憲法會議不可，欲破壞憲法會議，又非破壞國會不可。而要破壞國會，只有取消國民黨籍的議員資格，致使國會不能正常召開。於

① 白蕉：《袁世凱與中華民國》，《近代稗海》第三輯，四川人民出版社一九八五年版，第五十七頁。

是，袁世凱於十月二十五日通電各省軍民長官，宣稱行政權爲少數議員所操縱，形成「國會專制」的局面。顯然，問題的焦點還是總統制與內閣制的問題。袁世凱不滿內閣權力過大，他的目的是要在憲法中規定總統制。此電發後，各省都督、民政長紛紛致電，發表他們對憲法的意見。奇怪的是，他們大多對憲法的具體內容避而不談，卻專門指責國民黨，要求撤銷憲法草案。袁世凱得到他們的支持，乃藉口「二次革命」，於十一月四日下令解散國民黨，並撤銷國民黨的國會議員資格，追繳議員證書，被追繳者共四百三十八人。於是參、衆兩院因不足法定人數不能開會。一九一四年一月十日袁世凱又藉口國會職權事實上業已停止，下令停止所有國會議員職務，國會因之無形瓦解，而《天壇憲法草案》也因此成了歷史上的一個名詞。

當國會因不足法定人數陷於癱瘓之後，袁世凱於十一月二十六日下令組織政治會議。政治會議由中央和各省所派代表組成，其中各省代表二人，蒙藏事務局酌派數人，總理舉派二人，各部總長舉派一人，法官二人，大總統代表八人，後又增加二人，總計八十人，以李經義爲議長。政治會議一經成立，袁世凱就向該會議諮詢修改民國元年的《臨時約法》。政治會議本係袁世凱的御用機關，自然秉承袁氏意旨，於一九一四年一月二十四日議決成立約法會議，作爲增修約法的機構。五月一日，袁世凱正式公佈了增修後的《中華民國約法》，該約法名義上經約法會議議定，實則「字字皆袁氏手定者也」[1]。大總統因之擁有了無上的權力，對此，約法會議解釋說：「本會議……以議會政治之萬不宜於今日之中國也，於是以總攬統治權，屬之於國家元首，以重大總統之權；而又不能無所限制也，於是有對於全體國民負責之規定；以國勢至今，非由大總統以行政職權急起直追，無以救危亡也，於是凡可以掣行政之肘，如官制官規之須經院議任命，國務員、外交員以及普通締結條款之須得同意等項，皆刪除。凡可以爲行政之助者，如緊急命令，緊急財政處分等，悉與增加；以國權脆弱，亟宜注重軍防也，於是特定陸海軍之統率及編制權，

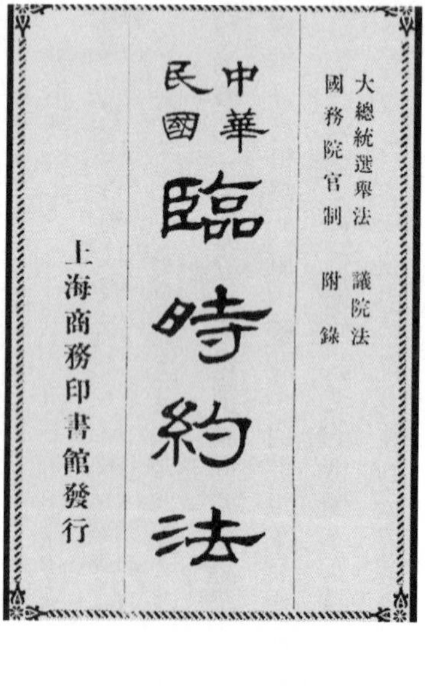

上海商務印書館出版的中華民國臨時約法

① 梁啓超：《袁世凱之解剖》，《飲冰室合集》（四）文集之三十四，中華書局影印，第十五頁。

以揚國威而崇兵備；以共和建設，來日方長，非策勵殊勳，不克宏濟艱難也，於是設各項特別榮典，以符優待而勸有功；以大總統之職責既重，必須有審議政務機關，以備諮詢也，於是有參政院之設，以維持共和立憲之精神。」① 實際上，經此修改，共和立憲的精神已喪失殆盡。

至此，袁世凱終於將政治、軍事、財政大權集於一身。設若袁世凱就此止步，政治或許還有轉機的一天，不料袁世凱還不滿足，他指使約法會議修正了大總統選舉法，規定大總統任期十年，且可連選連任，大總統繼任人由現任大總統推薦，根據這個選舉法，袁世凱不僅成爲終身總統，而且可以把總統職位傳給子孫。但這還不是袁世凱的最終目標，他的最終目的是當皇帝，於是又有國體問題的發生。

① 白蕉：《袁世凱與中華民國》，《近代稗海》第三輯，四川人民出版社一九八五年版，第九十四—九十五頁。

四 帝制與共和的較量

袁世凱的帝制思想起於何時，不得而知，前清時代他力主君主立憲，盛讚德國式治國思想，大概他本人夢想自己能成爲一個德皇式的人物。據稱，袁世凱膽敢稱帝，也曾受到德皇威廉的慫恿。民國初年袁世凱的兒子袁克定赴德國，威廉二世宴請他時，力陳中國非帝制不能圖強，並讓袁克定轉告其父，德國全力支持中國實行帝制。①袁世凱心裏很矛盾，他想做皇帝，但又顧慮重重。自從就任臨時總統以來，一直信誓旦旦要維護共和。二次革命後，袁世凱的所作所爲漸漸暴露出帝制自爲的跡象，到一九一四年，北京流行一種傳說，稱共和不適於國情，非改弦更張，不足以救亡。有人揣度這種傳說就是袁大公子散佈的。是年六月，清室遺老勞乃宣作《續共和正解》，連同其辛亥年間所作的《共和正解》一同刊印，取名爲《正續共和解》，以周召共和爲例，強指共和政體即爲君主政體。接著又有宋育仁等聯合國史館的守舊派人員上書呈請宣統復辟。袁世凱還下令內務部查辦，結果宋育仁被

① 劉成禺、張伯駒著：《洪憲紀事詩三種》，上海古籍出版社一九八三年版，第六十七—六十八頁。

逮捕，押回原籍。袁世凱的意思是要自己做皇帝，而不是讓清帝復辟。

國體問題的公開化是在一九一五年。是年一月間，袁世凱的兒子袁克定經楊度介紹，宴請梁啓超。談次間袁克定流露出變更國體之意。楊度問梁啓超：「設改共和爲君主，將奈何？」梁答以只問政體不問國體。①袁世凱以爲梁啓超不會反對，於是加快帝制運動的步伐。八月上旬，袁世凱的美籍顧問古德諾（Frank J. Goodnow）發表《共和與君主論》，認爲根據中國的歷史習慣和社會經濟狀況，中國用君主制較共和制爲宜。幾天後，由楊度發起組織的籌安會出籠了，該會援引古德諾的言論，爲袁世凱的帝制自爲做輿論準備。楊度組織籌安會，有其自身的目的，史家李劍農認爲，楊度的潛意識，就是急於接近政權。辛亥革命以來，他替袁氏出力不少，終不能與梁士詒輩並駕並驅，分嘗鼎之一臠，熊希齡組閣時，他想取得一個交通總長的位置，都不能達目的，因窺得袁氏父子的隱衷，極力和袁克定要好，想替袁家製造一個世襲皇冠，或許可以取得袁帝國第一任的內閣總理，所以籌安會的出現，可以說是袁氏借重楊氏，也可以說是楊氏借重袁

①《密謀帝制之淵源》，見李希泌等編：《護國運動資料選編》上冊，中華書局一九八四年版，第十七頁。

氏。[1]但是，僅僅從利祿之心仍然解釋不了籌安會出現的原因，事實上，它的出現還有深厚的文化背景。在籌安會的六君子中，楊度、嚴復、劉師培都是學貫中西的學者，而孫毓筠、李燮和、胡瑛則都是革命元勳，從表面看，無論是楊、嚴、劉，還是孫、李、胡，贊成改共和爲帝制，都是不合邏輯的。但是，聯繫到當時世界範圍內的國家主義思潮，這一現象也就不難理解了。也就是在一九一五年，英國著名哲學家濮蘭德（J. C. Bland）發文認爲，中國的問題是傳統社會文化秩序解體而形成「權力眞空」卻又沒有新權威產生所致，因此中國問題的解決也有賴於一個新權威的形成。他的結論，自然是把中國的前途完全寄託於袁世凱一人身上。「中國安定與否，全視袁總統一人建設之力如何。」[2]這種權威主義、國家主義的治國思想最易引起中國知識界的共鳴，加之一九一五年正值第一次世界大戰高潮，德國正表現出其「強大」的一面，大有席捲全歐之勢，德國也就成了中國知識界心目中「後來居上」的趕超模範。中國知識界對德國最感興趣的自然是它的立憲政制和國家主

① 李劍農：《中國近百年政治史》，商務印書館一九四八年版，第四百二十二頁。
② 濮蘭德：《中國之將來》，《東方雜誌》第十二卷第七號。

義。可見，籌安會也是一種文化思潮的產物，楊度、嚴復等人所推崇的，與其說是袁世凱，不如說是一種工具化了的「權威」。

籌安會正式成立於一九一五年八月二十一日，它自稱是要從學理的層面來探討國體問題。但實際上它從一開始就越出了學理層面捲入實際帝制活動中去。它先是邀請該會各省代表入京，投票議決國體問題。繼而組織形形色色的公民團，向參政院投遞請願書。九月一日，參政院開會，投遞請願書的便絡繹不斷，但明眼人一看便知，這實際上是袁世凱在背後操縱。九月十九日，原有的請願團體又聯合組成一個全國請願聯合會，再向參政院請願，九月二十八日，參政院議決，組織國民代表大會，以國民投票的方式表決國體問題。一個月後，國體投票結束，結果一千九百九十三票，全部主張君主立憲，並一致推戴袁世凱為中華帝國皇帝。此事從發議到結束，辦理之神速，態度之一致，讓人不可思議。因而引起人們的普遍懷疑。

其實，所謂討論，所謂請願，所謂表決，所謂推戴，全都是袁世凱及其黨羽一手導演出來的。這就是國體問題的眞相。但袁世凱似乎意猶未盡，還要繼續表演。十二月十一日，自稱國民代表大會總代表的代行立法院上書勸進，袁假意推辭，並說自己曾向參議院宣誓，願竭力發揚共和，今若帝制自為，則是自背誓詞。這樣，代行立法院於當日再次集會，擬就第二次推戴書，當晚進呈，第二天，袁世凱就申令承認帝位了。其令稱：「天下興亡，匹夫有責，予之愛國詎在人後？但億兆推戴，責任重大，應如何厚利民生？應如何振興國勢？應如何刷新政治，躋進文明？種種措置，豈予薄德鮮能所克負荷？前次掬誠陳述，本非故為謙讓，實因惴惕交縈，有不能自已者也。乃國民責備愈嚴，期望愈切，竟使予無以自解，並無可諉避！第創造弘基，事體繁重，詢不可急遽舉行，致涉疏率，應飭各部院就本管事務會同詳細籌備，一俟籌備完竣，再行呈請施行。凡我國民，各宜安心營業，共謀利福，切勿再存疑慮，妨阻職務。各文武官吏，尤當靖供爾位，力保治安，用副本大總統軫念民生之至意！除將國民代表大會總代表推戴書，及各省區國民代表推戴書發交政事堂，並咨復全國國民代表大會總代表代行立法院外，合行宣示，俾眾周知！」① 至此，所謂國體問題有了最後的結果，袁世凱於十二月三十一日下令改中華民國為中華帝國，以中華民國五年一月一日為洪憲元年元旦，並於當日登基。

何以袁世凱及其黨羽膽敢偽造民意，推行帝制？這是因為他們認為，外能爭取

---

① 白蕉：《袁世凱與中華民國》，《近代稗海》第三輯，四川人民出版社一九八五年版，第二百零四頁。

各列強的同情與支持，內能控制爲數不多的反對力量。就外而言，德、日兩國都曾表示過支持袁世凱稱帝，英、美、法、俄也都默認此事之進行。就內而言，他們認爲，二次革命後，反對袁世凱的國民黨人即使是要反抗，也是沒有實力了，而進步黨人是不會積極反對的，因爲君主立憲也曾是他們的奮鬥目標，至於北洋軍閥，那是袁氏的親信，即使有一二人不熱心此道，但也絕不會有反對行爲的，如此還會有問題嗎？但是，袁世凱錯誤估計了形勢，他太自信，太傲慢，梁啓超指出，袁氏其人「因生平游泳官海，著著成功之故，則以爲自身之能力智識極偉大，舉中國人舉世界人莫之能及」①。事實

袁世凱稱帝後在天壇祭天

① 梁啓超：《袁世凱之解剖》，《飲冰室合集》（四）文集之三十四，中華書局影印，第十三頁。

上，自帝制運動公開化後，反袁的運動也開始了。

當袁世凱帝制運動逐漸公開之後，即使在袁世凱認為最可靠的地方，也出現了反袁活動。列強方面，當國體問題發生時，英、俄等國皆表示反對的態度，日本則對此不置可否。當帝制進入最後階段，且帝制成功的希望很小時，日本突然改變態度，糾合英、俄、意、法四國，向袁世凱提出警告。國內方面，無論是國民黨、進步黨還是北洋派，都有反袁力量存在。就國民黨而言，二次革命後，國民黨首領孫中山、黃興、李烈鈞等均避居海外，孫中山在日本籌組中華革命黨，以發動第三次革命為職志，一些沒有加入中華革命黨的國民黨溫和派人士，另組「歐事研究會」，擁黃興、岑春煊為首領，對帝制運動也持堅決反對態度。不過那時國民黨在國內的力量已被袁世凱摧毀殆盡。中華革命黨與歐事研究會雖然派人回國運動反

梁啓超像

袁，但畢竟力量太小，無法對袁世凱構成威脅。

在反對帝制活動中起關鍵作用的是梁啓超及其進步黨。進步黨在帝制活動公開化之前，一直持擁袁立場，他們的本意，是想帶袁世凱走上立憲政治的軌道，但對袁世凱要推行帝制，則是絕對不贊成的，因爲他們認爲，政體一旦確立，就不應輕易改動。他們現在反對帝制，其理由正如他們從前之反對革命。因此，自國體問題發生以來，梁啓超就公開表示反對，他先是致書袁世凱，勸他「稍捐復古之念，力爲作新之謀」。[1]繼而又針對古德諾及籌安會的謬論，發表《異哉所謂國體問題者》一文。此文未發表之前，袁世凱派人以巨金賄賂梁啓超令其勿發表，繼又派人以恐嚇手段威脅梁啓超。梁沒有屈服，並以稿示袁。袁無奈，只好加強了對梁啓超的監視。袁世凱大概連做夢也沒有想到，梁啓超並沒有停留在文字上的反對，而是在暗中做武力討袁的準備。在武力討袁的活動中，蔡鍔是一個關鍵性的人物。蔡鍔於一九一四年辭去了雲南都督一職，回到北京。梁、蔡是師生關係，袁世凱也特別警惕他們之間的聯合，但蔡鍔處處謹愼小心，裝出一副贊成帝制的樣子，終於擺脫

[1] 梁啓超：《上總統書》，《飲冰室合集》（四）文集之三十四，中華書局影印，第四頁。

了袁世凱的監視，稱病出京，然後秘密潛回雲南。蔡鍔到了雲南，立即聯絡舊部發動雲南起義，護國之役爆發了。

梁啓超、蔡鍔選擇雲南作爲反袁基地，這並不是偶然的。因爲雲南、貴州向來爲進步黨人的地盤，辛亥革命時蔡鍔被舉爲雲南都督。之後蔡命唐繼堯率滇軍入黔，貴州也納入雲南的勢力範圍。一九一三年蔡鍔雖然被舉爲統一共和黨總幹事，與國民黨發生關係，但蔡鍔爲梁啓超弟子。梁、蔡關係極密，因此實際上蔡是進步黨人的保護者。滇、黔兩省爲進步黨人的活動場所。二次革命後雖然蔡鍔自請離滇，但雲南軍界多爲蔡鍔舊部，當全國大部分地區都爲北洋軍人控制時，雲南、貴州仍然是進步黨人的活動地盤。所以梁啓超特別看重滇、黔。與進步黨人一樣，中華革命黨也選擇了雲南作爲反袁基地，這是因爲自二次革命失敗後，舊革命黨在國內的地盤完全喪失，南方各省軍隊中的勢力基本上爲北洋系取代，革命黨人要想在東南沿海一帶活動比辛亥革命以前更加困難。因此不得不把眼光投向兩廣、雲貴一帶。但那時廣東的龍濟光已爲袁世凱收買，廣西的陸榮廷態度曖昧，也不易發動。此時可以利用的，只有雲南、貴州兩省，特別是雲南，最爲理想，因爲那裏的中下級軍官如羅佩金、李日垓、黃毓成、趙復祥、鄧太中、楊蓁等都是堅定的反袁派。因此革命黨方面也把雲南作爲反袁的基地。就在蔡鍔入滇之前，中華革命黨方面的方聲洞、李烈鈞已先期抵達雲南。其間李、蔡之間還曾互通聲氣。這樣，當李烈鈞、蔡鍔先後抵達雲南之後，一條包括了舊革命黨人、進步黨及地方實力派的反袁聯合陣線形成了。

一九一五年十二月十九日，蔡鍔抵達雲南，二十三日，唐繼堯與雲南巡按使任可澄即聯名致電袁世凱，要求立即取消帝制，並將楊度、孫毓筠、嚴復、劉師培、李燮和、胡瑛、段芝貴、朱啓鈐、周自齊、梁士詒、張鎮芳、袁乃寬等明正典刑，以謝天下。唐還要求袁世凱於二十四小時內對此作出答覆。此電發後，袁未予理睬。二十五日，唐繼堯即通電全國，宣佈獨立，並廢除將軍、巡按使名義，組織護國軍政府和護國軍，誓師討袁。

護國軍初起之時，力量十分弱小，蔡鍔所統的第一軍三個梯團，總共也不過三千餘人。但護國軍士氣高昂，戰事開始後節節勝利。四川、貴州、廣西繼起回應。特別是廣西獨立對袁世凱是一個沉重的打擊。袁自知大勢已去，乃於一九一六年三月二十二日下令撤銷帝制，但同時他又自稱大總統。爲了保住總統的職位，袁世凱以徐世昌、段祺瑞、黎元洪三人的名義，致電護國軍，要求停戰，商量善後辦法，但護國軍方面，非袁世凱去位，決不罷手。而此時，形勢再度向對護國軍有利的方面發展。廣東、浙江相繼獨立。康有爲、張謇、湯化龍、伍廷芳、唐紹儀也都致電袁世凱，迫其下野。袁世凱只好再度讓步，四月二十一日，他下令免去徐世昌國務卿一職，任命段祺瑞爲國務卿兼陸軍總長，組織責任內閣，但袁世凱並不想把軍政大權眞正交與段祺瑞，段祺瑞也就不肯眞正爲袁出力，並力請辭職。袁世凱知道段祺瑞無法改變南方的態度，於是又轉而倚重馮國璋。馮國璋自籌安會發生後即有反對帝制的表示，但他又感念舊恩，不願與袁決裂。許多人都以總統一職誘他倒袁。馮頗爲心動，於是就像袁世凱當年對待清室一樣，他倡議在南方召開各省代表會議，討論袁世凱的去留問題。

由馮國璋倡議的南京會議於五月十八日召開，會議由馮國璋主持，獨立各省未派代表與會。會議並沒有出現袁世凱所希望的那種一致挽留的局面，相反主張退位者占大多數。袁世凱看到南京會議於己不利，乃決計備戰，於五月二十九日特頒告令，解釋不退位的理由，並詳述帝制發生的原委，爲自己推卸責任，同時也爲繼續用兵提供依據。顯然，袁世凱還在幻想著能挽回局面，但事實上已是不可能的了。四川的陳宧與湖南的湯薌銘先後於五月二十二日和二十九日宣佈獨立。陳、湯二人都是袁世凱所恃的忠實鷹犬，現在也背棄了袁世凱，這不能不使袁世凱備感痛心。從此袁世凱一病不起，於六月六日死去，臨終前袁世凱把段祺瑞和徐世昌找來，把大總統印交付給徐世昌。退位的問題，也就不解決而自解決了。第二天，黎元洪繼任大總統，不久國會恢復，軍務院撤銷，民國復活，共和得以再生。

五 救國的新方向

袁世凱的帝制活動促使人們進行反思：政治何以會敗壞到這等地步？人們在痛苦中懺悔，在懺悔中達到一種新的認識，這就是：要救中國，還必須啓發國民的政治意識，培養國民的獨立人格，相對於政制的建設而言，思想的覺悟與人格的獨立更爲重要。民初著名記者黃遠庸在他的《懺悔錄》中寫道：「今日無論何等方面，自以改革爲第一要義，夫欲改革國家，必須改造社會，欲改造社會，必須改造個人。社會者，國家之根柢也；個人者，社會之根柢也。……繼自今，提倡個人修養，提倡獨立自尊，提倡神聖職業，提倡人格主義，則國家社會，雖永遠陸沉，而吾之身心固已受用不盡矣。」①

① 黃遠庸：《懺悔錄》，《遠生遺著》上冊卷一，商務印書館一九八四年版，第一百三十四頁。

黃遠庸的懺悔和認識具有相當的普遍性。自一九一四年以來，知識界因受政治失敗的刺激而產生一些新的動向。「人格自覺」的呼聲越來越強烈。是年五月，章士釗創辦《甲寅》雜誌於東京，它預示著一種新思潮即將來臨。章士釗在《甲寅》上反覆撰文，申論國家與人民的關係，強調國民的獨立自主精神，藉以打破人們頭腦中傳統的國家觀念，喚醒人們的自覺心。最能體現這一時期因民主政治失敗而導致國民自覺的，要算陳獨秀提出的「愛國心與自覺心」的問題了。一九一四年底，陳獨秀在《甲寅》雜誌發表了題爲《愛國心與自覺心》的文章。陳獨秀認爲，國家是保障人民權利、謀益人民幸福的機關，人民之所以建立國家，其目的即在保障權利，共謀幸福。如果國家不能保障人民的權利，謀益人民的幸福，則存之無所榮，亡之無所惜。愛國心出於感情，自覺心則出於理智，所謂愛國，必須愛保障人民權利謀益人民幸福的國家；所謂自覺，就是自覺國家的目的與情勢。不知國家的目的而愛國是盲目的，不知國家情勢而愛國則是危險的。在他看來：「國人無愛國心者，其國恒亡，國人無自覺心者，其國亦殆，二者俱無，國必不國。」[1]在這裏，

[1] 陳獨秀：《愛國心與自覺心》，見任建樹主編《陳獨秀著作選編》第一卷，上海人民出版社二〇〇九年版，第一百四十六頁。

陳獨秀實際上提出了一種與忠君思想完全不同的民主的愛國主義，這種愛國主義的原則簡單說來，就是把國內民主化與國權的確立聯繫起來，認定只有發揚民權，才能發揚國權，保持獨立，而專制政治只能導致亡國賣國。

愛國心與自覺心的爭論，成了新文化運動的先聲。一九一五年九月，陳獨秀在上海創辦《青年雜誌》（自第二卷起改爲《新青年》），吹響了思想革命的號角。思想革命的核心就是要使每一個人都實現「倫理的覺悟」。陳獨秀說：「自西洋文明輸入吾國，最初促吾人之覺悟者爲學術，相形見絀，舉國所知矣；其次爲政治，年來政象所證明，已有不克守缺抱殘之勢。繼今以往，國人所懷疑莫決者，當爲倫理問題。此而不能覺悟，則前之所謂覺悟者，非徹底之覺悟，蓋猶在惝恍迷離之境。吾敢斷言曰：倫理的覺悟，爲吾人最後覺悟之最後覺悟。」①

《新青年》封面

① 陳獨秀：《吾人最後之覺悟》，《獨秀文存》，安徽人民出版社一九八七年版，第四十一頁。

所謂「倫理的覺悟」，就是強調宗法時代的舊道德與現代生活絕不相容。由於袁世凱大搞尊孔活動，人們越發看清了帝制與孔教的關係，因此打倒儒家倫理就被認爲是再造共和的前提。陳獨秀指出，「儒者三綱之說，爲一切道德政治之大原：君爲臣綱，則民於君爲附屬品，而無獨立自主之人格矣；父爲子綱，則子於父爲附屬品，而無獨立自主之人格矣；夫爲妻綱，則妻於夫爲附屬品，而無獨立自主之人格矣。率天下之男女，爲臣、爲子、爲妻，而不見有一獨立自主之人者，三綱之說爲之也。」① 陳獨秀把這種別尊卑貴賤的道德稱爲奴隸道德，並認爲它是造成民德墮落的原因，因而也就是造成政治敗壞的原因，中國要想鞏固共和，就必須先將反對共和的舊思想舊倫理，一一洗刷乾淨不可。「因爲民主共和的

李大釗像

① 陳獨秀：《一九一六年》，《獨秀文存》，安徽人民出版社一九八七年版，第三十四頁。

國家組織社會制度倫理觀念和君主專制的國家組織社會制度倫理觀念全然相反——一個是重在平等精神，一個是重在尊卑階級——萬萬不能調和的。」①陳獨秀之外，李大釗、胡適、吳虞、魯迅等都對舊的倫理道德進行了深刻的批判，如胡適對婦女問題、貞節問題上舊倫理道德的批判，吳虞對孝的批判，魯迅對「吃人」的禮教的批判等等。他們對舊道德的批判都是基於一種自然的倫理觀和進化的倫理觀，也就是說，一時代有一時代的道德，舊的道德只能適用於舊的時代，新的時代必須運用新的道德，否則，政治永無革新之機，中國永無復興之望。

陳獨秀所說的倫理的覺悟並不是單指倫理道德問題，擴而大之是指整個中國文化的問題。在陳獨秀看來，中西文化的差別是一種時代的差別，中國文化仍是一種古代文化，而西方文化已是一種近代文化。因此，相對於西方文化來說，中國文化是一種落後文化。中國的唯一出路就是學習西方文化。在陳獨秀看來，西方文化的精髓就是「民主」與「科學」，即「德先生」和「賽先生」。他斷言：「只有這兩位先生，可以救治中國政治上道德上學術上思想上一切的黑暗。」並表示，「若

① 陳獨秀：《舊思想與國體問題》，《獨秀文存》，安徽人民出版社一九八七年版，第一百零三頁。

因爲擁護這兩位先生，一切政府的壓迫，社會的攻擊笑罵，就是斷頭流血，都不推辭。」①

通過改造國民的思想，進而實現國家的改造，這樣的救國思路，並不是陳獨秀、胡適等人的首創，在此之前嚴復、梁啓超就提出過，但蔚然成爲一種思潮，爲大多數人所接受，則是一九一七年前後的事情。所以，當新文化運動興起後，新思潮的傳播便蓬蓬勃勃地開展起來。但是，由於新文化運動是在「救亡」的前提下開展起來的，它必須服從於現實的政治需要，又擔負著爲中國的現代化尋求出路的使命，因此啓蒙思想家們在理論選擇時表現出龐雜甚至矛盾的現象。各種各樣的西方思想都被當做「新文化」介紹進來，其中有十八世紀歐洲啓蒙思想家的學說，又有十九世紀帶有反啓蒙特徵的歐洲自由主義、功利主義的學說，還有二十世紀初年歐美最新流行的學說。除了陳獨秀對法國文明、胡適對美國實用主義情有獨鐘之外，無政府主義者則介紹西方的無政府主義，社會主義者則介紹歐洲的社會主義思潮，留學德國的哲學家們則介紹康德、黑格爾、費希特等一流的德國思想家，留學英國

① 陳獨秀：《〈新青年〉罪案之答辯書》，《獨秀文存》，安徽人民出版社一九八七年版，第二百四十三頁。

的則試圖介紹洛克、休謨、邊沁、穆勒。面對如此衆多、紛至遝來的各種學說，中國人又該如何作出選擇呢？正當中國人感到有點無所適從的時候，西方文化危機爆發了，第一次世界大戰及其帶來的瘋狂的破壞，空前未有的慘烈，以及戰爭所表現出來的恐怖、非理性、非人道給西方式的樂觀與自信以沉重的打擊。一種對西方文化的懷疑與不安，對西方制度未來的悲觀情緒產生了。就是在西方內部，也對自己的文化傳統抱有嚴厲的批評和懷疑態度，斯賓格勒、羅素、柏格森、倭鏗就是其中的代表人物。中國思想界又進到了一個新的轉捩點，馬克思主義就在這種背景下進入了中國人的視野，一條新的救國道路又展現在中國人民面前。

REFERENCES

主要參考文獻

一、史料、報刊

陳旭麓等主編：《辛亥革命前後》（盛宣懷檔案資料選輯之一），上海人民出版社一九七九年版。

第二歷史檔案館編：《中華民國史檔案資料彙編》第二輯，江蘇人民出版社一九八一年版。

馮自由：《革命逸史》，新星出版社二〇〇九年版。

復旦大學歷史系編：《中國近代對外關係史資料選編》，上海人民出版社一九七七年版。

葛懋春編：《無政府主義思想資料選》，北京大學出版社一九八四年版。

故宮博物院明清檔案部編：《清末籌備立憲檔案史料》，中華書局一九七九年版。

胡濱譯：《英國藍皮書有關辛亥革命資料選譯》，中華書局一九八四年版。
李希泌等編：《護國運動資料選編》，中華書局一九八四年版。
宓汝成編：《中國近代鐵路史資料》，中華書局一九六三年版。
清華大學歷史系編：《戊戌變法文獻資料系日》，上海書店出版社一九九八年版。
上海社會科學院歷史所編：《辛亥革命在上海史料選輯》，上海人民出版社一九八一年版。
四川省檔案館編：《四川保路運動檔案選編》，四川人民出版社一九八一年版。
王鐵崖編：《中外舊約章彙編》，生活·讀書·新知三聯書店一九五七年版。
武漢大學歷史系編：《辛亥革命在湖北史料選輯》，湖北人民出版社一九八一年版。
謝纘泰：《中華民國革命秘史》，《廣東文史資料：孫中山與辛亥革命史料專輯》，廣東人民出版社一九八一年版。
徐載平、徐瑞芳：《清末四十年申報史料》，新華出版社一九八八年版。
張靜廬輯注：《中國近現代出版史料》，上海書店出版社二〇〇三年版。

張蓉初譯：《紅檔雜誌有關中國交涉史料選譯》，生活・讀書・新知三聯書店一九五七年版。
張枬、王忍之編：《辛亥革命前十年間時論選集》，生活・讀書・新知三聯書店一九六〇年版。
章伯鋒、李宗一主編：《北洋軍閥》，武漢出版社一九九〇年版。
章開沅主編：《辛亥革命史資料新編》，湖北長江出版集團、湖北人民出版社二〇〇六年版。
政協全國文史資料委員會編：《辛亥革命在各地》，中國文史出版社一九九一年版。
中國近代經濟史資料叢刊編輯委員會主編：《中國海關與辛亥革命》，中華書局一九八三年版。
中國史學會編：《戊戌變法》，神州國光社一九五三年版。
中國史學會編：《辛亥革命》，上海人民出版社一九五七年版。
中國史學會編：《義和團》，上海人民出版社一九五七年版。
朱有主編：《中國近代學制史料》，華東師範大學出版社一九八七年版。
朱宗震、楊光輝編：《民初政爭與二次革命》，上海人民出版社一九八三年版。

鄒念之編譯：《日本外交文書選譯——關於辛亥革命》，中國社會科學出版社一九八〇年版。

（清）朱壽朋編：《光緒朝東華錄》，中華書局一九五八年版。

《東方雜誌》

《國粹學報》

《近代史資料》

《臨時政府公報》

《民報》

《青年雜誌》

《清議報》

《新民叢報》

〔美〕《紐約時報》（New York Times）

〔英〕《泰晤士報》（Times）

二、文集

陳獨秀：《獨秀文存》，安徽人民出版社一九八七年版。
黃遠庸：《遠生遺著》，商務印書館一九八四年版。
梁啓超：《飲冰室合集》，中華書局影印一九八九年版。
秦力山：《秦力山集》，中華書局一九八七年版。
任建樹主編：《陳獨秀著作選編》，上海人民出版社二〇〇九年版。
宋教仁：《宋教仁集》，中華書局一九八一年版。
孫中山：《孫中山全集》，中華書局二〇〇六年版。
湯志鈞編：《章太炎政論選集》，中華書局一九七七年版。
伍廷芳：《伍廷芳集》，中華書局一九九三年版。
嚴復：《嚴復集》，中華書局一九八六年版。
張謇：《張謇存稿》，上海人民出版社一九八七年版。
章士釗：《甲寅雜誌存稿》，商務印書館一九二一年版。
章太炎：《太炎文錄初編》，上海書店出版社一九九二年版。
中國李大釗研究會編注：《李大釗全集》，人民出版社二〇〇六年版。

三、年譜、傳記資料

陳善偉：《唐才常年譜長編》，香港中文大學出版社一九九一年版。

陳錫祺主編：《孫中山年譜長編》，中華書局一九九一年版。

丁文江、趙豐田編：《梁啓超年譜長編》，上海人民出版社一九八三年版。

胡漢民：《胡漢民自傳》，《近代史資料》一九八一年第二期，總第四十五期。

李宗一：《袁世凱傳》，國際文化出版公司二〇〇六年版。

樓宇烈整理：《康南海自編年譜》（外二種），中華書局一九九二年版。

毛注青編著：《黃興年譜長編》，中華書局一九九一年版。

尚明軒等編：《孫中山生平事業追憶錄》，人民出版社一九八六年版。

湯志鈞編：《章太炎年譜長編》，中華書局一九七九年版。

章念馳編：《章太炎生平與學術》，生活·讀書·新知三聯書店一九八八年版。

Chan Lau Kit-ching，Anglo-Chinese Diplomacy in the Careers of Sir John Jordan Yuan Shikai，1906-1920，Hong Kong University Press，1978.

四、論著、論文

〔澳〕駱惠敏編，劉桂梁等譯：《清末民初政情內幕》，知識出版社一九八六年版。

〔法〕托克維爾：《舊制度與大革命》，商務印書館 一九九六年版。

〔日〕近代日本思想史研究會著：《近代日本思想史》第一卷，商務印書館一九八三年版。

〔日〕實藤惠秀：《中國人留學日本史》，生活・讀書・新知三聯書店一九八三年版。

〔美〕馬士著，張匯文等譯：《中華帝國對外關係史》，上海書店出版社二〇〇六年版。

〔美〕斯塔夫里阿諾斯著，吳象嬰、梁赤民譯：《全球通史：一五〇〇年以後的世界》，上海社會科學院出版社一九九二年版。

白蕉：《袁世凱與中華民國》，《近代稗海》第三輯，四川人民出版社一九八八年版。

蔡寄鷗：《鄂州血史》，龍門聯合書局一九五八年版。

蔡樂蘇、張勇、王憲明：《戊戌變法史述論稿》，清華大學出版社二〇〇一年版。
曹亞伯：《武昌革命眞史》，上海書店一九八二年版。
陳志讓：《軍紳政權：近代中國的軍閥時期》，廣西師範大學出版社二〇〇八年版。
刁振嬌：《清末地方議會制度研究——以江蘇諮議局爲視角的考察》，上海人民出版社二〇〇八年版。
丁守和主編：《辛亥革命時期期刊介紹》，人民出版社一九八二年版。
戈公振：《中國報學史》，中國新聞出版社一九八五年版。
宮崎滔天著，林啓彥譯：《三十三年之夢》，花城出版社一九八一年版。
侯宜傑：《二十世紀初中國政治改革風潮：清末立憲運動史》，中國人民大學出版社二〇〇九年版。
霍啓昌：《幾種有關孫中山先生在港策進革命的香港史料試析》，《回顧與展望——國內外孫中山研究述評》，中華書局一九八六年版。
金冲及、胡繩武：《辛亥革命史稿》，上海人民出版社一九八〇年版。
金冲及：《二十世紀中國史綱》，社會科學文獻出版社二〇〇九年版。

李劍農：《中國近百年政治史》，復旦大學出版社二〇〇二年版。
林家有主編：《辛亥革命運動史》，中山大學出版社一九九〇年版。
劉成禺、張伯駒：《洪憲紀事詩三種》，上海古籍出版社一九八三年版。
溥儀：《我的前半生》，群眾出版社一九七八年版。
桑兵：《清末新知識界的社團與活動》，生活．讀書．新知三聯書店一九九五年版。
桑兵：《晚清學堂學生與社會變遷》，學林出版社一九九五年版。
申報館：《最近之五十年——申報館五十周年紀念》，申報館一九二三年版。
石泉：《甲午戰爭前後之晚清政局》，生活．讀書．新知三聯書店二〇〇三年版。
史扶鄰：《孫中山與中國革命的起源》，中國社會科學出版社一九八一年版。
孫中山研究學會編：《回顧與展望——國內外孫中山研究述評》，中華書局一九八六年版。
唐德剛：《袁氏當國》，廣西師範大學出版社二〇〇四年版。
王先明：《晚清士紳基層社會地位的歷史變動》，《歷史研究》一九九六年第一期。

王芸生：《六十年來中國與日本》，生活・讀書・新知三聯書店一九八〇年版。
吳經熊、黃公覺著：《中國制憲史》，《民國叢書》第四編・二十七，上海書店印行。
吳長翼編：《八十三天皇帝夢》，文史資料出版社一九八三年版。
蕭功秦：《危機中的變革：清末政治中的激進與保守》，廣東省出版集團、廣東人民出版社二〇一一年版。
熊月之：《中國近代民主思想史》，上海人民出版社一九八六年版。
徐爽：《舊王朝與新制度：清末立憲改革紀事》，法律出版社二〇一〇年版。
薛君度著，楊愼之譯：《黃興與中國革命》，湖南人民出版社一九八〇年版。
嚴昌洪、許小青：《癸卯年萬歲——一九〇三年的革命思潮與革命運動》，華中師範大學出版社二〇〇一年版。
楊聯陞：《國史探微》，新星出版社二〇〇五年版。
張朋園：《梁啓超與民國政治》，吉林出版集團有限責任公司二〇〇七年版。
張玉法：《清季的革命團體》，臺灣「中央」研究院近代史研究所一九七五年版。

張仲禮：《中國紳士》，上海社會科學出版社一九九一年版。
章開沅、林增平：《辛亥革命史》，人民出版社一九八〇年版。
政協全國文史資料委員會編：《辛亥革命回憶錄》，中華書局一九六一—一九六三年版。
鐘叔河：《走向世界：近代中國知識份子考察西方的歷史》，中華書局一九九七年版。
仲芳氏：《庚子記事》，中華書局一九七八年版。
周葉中、江國華主編：《博弈與妥協——晚清預備立憲研究》，武漢大學出版社二〇一〇年版。
朱維錚：《重讀近代史》，上海文藝出版集團、中西書局二〇一〇年版。
朱英：《關於晚清市民社會研究的思考》，《歷史研究》一九九六年第四期。
朱英：《明清經濟政策與改革措施》，華中師大出版社一九九六年版。
朱育和、歐陽軍喜、舒文：《辛亥革命史》，人民出版社二〇〇一年版。
朱育和主編：《民族復興與中國共產黨》，清華大學出版社二〇〇四年版。

五、圖片資料

商務印書館編譯所：《大革命寫眞畫》，商務印書館辛亥年（一九一一）十月版。

張筱強等編：《圖片中國百年史》，山東畫報出版社一九九四年版。

辛亥革命網（www.xhgmw.org）

THE END

後記

本書是在朱育和、歐陽軍喜、舒文合著的《辛亥革命史》（人民出版社二〇〇一年版）的基礎上編寫而成，同時又吸收了學界近十年來辛亥革命史研究的成果。清華大學歷史系朱育和先生擔任了本書的編寫顧問，對本書的編寫提出了許多寶貴的意見，我們對此深表感謝。

我們還要感謝人民出版社副總編喬還田先生對我們的信任，他的支持和鼓勵是本書得以順利完成的保證。

本書由歐陽軍喜、王憲明、蔡樂蘇、舒文共同編寫。由於我們水準有限，錯謬之處在所難免，敬請讀者朋友們批評指正。

二〇一一年六月於清華園

國家圖書館出版品預行編目資料

共和大業/金冲及主編. 一 初版.一臺北市
華品文創，2011.10
面； 14.8×21公分
ISBN 978-986-86929-8-5(平裝)

1.中國史 2.現代史

628.7 100020173

華品文創出版股份有限公司
Chinese Creation Publishing Co.,Ltd.

《共和大業》

主 編：金冲及
作 者：歐陽軍喜、王憲明等著
總經理：王承惠
總編輯：陳秋玲
財務長：江美慧
印務統籌：張傳財
美術設計：vision 視覺藝術工作室
出版者：華品文創出版股份有限公司
地址：100台北市中正區重慶南路一段57號13樓之1
讀者服務專線：(02)2331-7103 (02)2331-8030
讀者服務傳真：(02)2331-6735
E-mail：service.ccpc@msa.hinet.net
部落格：http://blog.udn.com/CCPC

總經銷：大和書報圖書股份有限公司
地址：台北縣新莊市五工五路2號
電話：(02)8990-2588
傳真：(02)2299-7900
印 刷：卡樂彩色製版印刷有限公司

初版一刷：2011年11月
定價：平裝新台幣380元
ISBN：978-986-86929-8-5

本書中文繁體字版由人民出版社授權出版

Chinese Creation